美国内科医师协会临床教学丛书
ACP Teaching Medicine Series

医学院的导师制

Mentorship in Academic Medicine

原　著　[美] Holly J. Humphrey
主　译　曾学军　黄晓明

译　者（按姓氏笔画排列）：
王　玉　余鸿雁　孟　婵　黄程锦

中国协和医科大学出版社

图书在版编目（CIP）数据

医学院的导师制／（美）汉弗莱（Humphrey，H. J.）著；曾学军，黄晓明译. —北京：中国协和医科大学出版社，2014. 1

（美国内科医师协会临床教学丛书）

书名原文：Mentorship in Academic Medicine

ISBN 978-7-81136-955-7

Ⅰ. ①医… Ⅱ. ①汉… ②曾… ③黄… Ⅲ. ①医学院-导师制-研究-美国 Ⅳ. ①R-40 ②G642. 42

中国版本图书馆 CIP 数据核字（2013）第 223109 号

美国内科医师协会临床教学丛书

医学院的导师制

原　　著：［美］Holly J. Humphrey
主　　译：曾学军　黄晓明
责任编辑：顾良军

出版发行：中国协和医科大学出版社
（北京东单三条九号　邮编 100730　电话 65260378）
网　　址：www. pumcp. com
经　　销：新华书店总店北京发行所
印　　刷：北京佳艺恒彩印刷有限公司

开　　本：700×1000　1/16 开
印　　张：17
字　　数：220 千字
版　　次：2014 年 1 月第 1 版　　　2014 年 1 月第 1 次印刷
印　　数：1—4000
定　　价：38. 00 元

ISBN 978-7-81136-955-7

（凡购本书，如有缺页、倒页、脱页及其他质量问题，由本社发行部调换）

撰稿人

Clarence H. Braddock III, MD, MPH, FACP
Associate Dean for Medical Education
Stanford School of Medicine
Stanford, California

William T. Branch Jr., MD, MACP
Professor of Medicine
Emory University School of Medicine
Director, Division of General Internal Medicine
Grady Campus
Atlanta, Georgia

Jada Bussey-Jones, MD, FACP
Associate Professor of Medicine
Director, Primary Care Center
Emory University School of Medicine
Atlanta, Georgia

Capt Gerald Dodd Denton, MC, USN, MD, MPH, FACP
Associate Professor of Medicine
Vice Chair, Educational Programs
Uniformed Services University
Bethesda, Maryland

Thomas R. Hecker, PhD
Assistant Dean for Administration
University of Pennsylvania School of Medicine
Philadelphia, Pennsylvania

Col Paul A. Hemmer, MC, USAF, MD, MPH, FACP
Vice Chairman, Educational Programs
Uniformed Services University
Bethesda, Maryland

Stacy Higgins, MD, FACP
Assistant Professor of Medicine
Program Director, Primary Care Track
Emory University
Atlanta, Georgia

Holly J. Humphrey, MD, MACP
Professor of Medicine
Dean for Medical Education
University of Chicago Pritzker School of Medicine
Chicago, Illinois

Joseph C. Kolars, MD, FACP
Professor of Medicine
Senior Associate Dean for Education and Global Initiatives
University of Michigan Medical School
Ann Arbor, Michigan

Victoria A. Mulhern
Executive Director, Faculty Affairs and Professional Development
University of Pennsylvania School of Medicine
Philadelphia, Pennsylvania

Darcy A. Reed, MD, MPH
Associate Program Director, Internal Medicine Residency
Assistant Professor of Medicine
Mayo Medical School
Rochester, Minnesota

Steven F. Reichert, MD, FACP
Clinical Assistant Professor
Weill Medical College of Cornell University
New York, New York
Residency Program Director, Internal Medicine
Flushing, New York

Arthur H. Rubenstein, MD, MBBCh, MACP
Dean
University of Pennsylvania School of Medicine
Executive Vice President
University of Pennsylvania Health System
Philadelphia, Pennsylvania

Kelly Smith, MPP
Communications and Residency Advising Manager
University of Chicago Pritzker School of Medicine
Chicago, Illinois

Lawrence G. Smith, MD, FACP
Dean
Hofstra University School of Medicine
Chief Medical Officer
North Shore-LIJ Health System
Great Neck, New York

Abey K. Thomas, MD
Fellow, Division of Nephrology
New York Hospital Queens
Flushing, New York

Ian L. Tong, MD
Clinical Instructor
Stanford University Hospitals
Stanford, California
Medical Director, Veterans Outreach
Palo Alto, California

Thomas R. Viggiano, MD, MEd
Professor of Medicine and Medical Education
Associate Dean, Faculty Affairs
Mayo Medical School
Mayo Clinic
Rochester, Minnesota

Delese Wear, PhD
Professor of Behavioral Sciences
Northeastern Ohio Universities
Rootstown, Ohio

Scott M. Wright, MD
Professor of Medicine
Johns Hopkins Bayview Medical Center
Baltimore, Maryland

Joseph Zarconi, MD, FACP
Professor of Internal Medicine
Northeastern Ohio Universities College of Medicine
Rootstown, Ohio

我是站在巨人的肩膀上学习医学。所以我要把这本书献给我的系主任、老师，同时也是我人生中最重要的导师，亚瑟·鲁宾斯坦博士（Dr. Arthur Rubenstein）。我也要把这本书献给芝加哥大学的我的学生、住院医生和总住院医生们，所谓“教学相长”，是他们给了我导师的热情和灵感。

致　　谢

This book is meant to be a helpful guide to all who care about guiding the next generation. The seeds for this endeavor were planted decades ago by my mentors, to whom I owe my career. Ideally, I would call them all out by name, but that would require a book of its own.

I wish to acknowledge the professional support provided by Dana Levinson and Kelly Smith, who assisted with every aspect of the preparation of this book. They provided far more than the technical expertise and the focus on detail that every good editor relies on—they also nurtured my demeanor through their good humor and generosity of spirit. Their expertise and disposition create an atmosphere of professionalism and a good deal of enjoyment.

Preface for Chinese edition of Teaching Medicine Series

"Alone we can do so little; together we can do so much"[1]

——Helen Keller

Five years ago I was approached by some brave and imaginative leaders of the American College of Physicians with the idea of developing a book about medical teaching, one that would set down "for the record" the most important lessons that doctors might learn as they pursued careers that included training students, residents and fellows. An outline of important topics was assembled and the work began. Very quickly, however, one book became six as we decided to include the College's already successful book, "Teaching in Your Office" along with all the other subjects essential for physicians who want to teach medicine, or even become career educators. Thus, an actual book series was planned, a collection of books that would include one on the theory of education; another on methods for teaching; a third on teaching in the office; a fourth on teaching in the hospital; a fifth on mentoring; and, finally, a sixth on leadership careers in medical education. Obviously, the project had grown beyond the capacity of one editor, especially this one, so a team was assembled, with each book assigned to one or more editors-each an authority in his or her field-and authors were recruited. And so, *TEACHING MEDICINE* was created. That was in 2010. What has happened since then?

The academic medical community's reaction to *TEACHING MEDICINE* has been quite positive. The project's real success, of course, will be determined by something less easily measured, its impact upon its readers, more specifically, the extent to which the teaching they do in the lecture hall, the seminar room, in the hospital or in the office will be better received and more effective. Can teachers learn to teach better? One of my heroes, C. Roland Christensen once wrote, "The most fundamental observation I can make about [discussion] teaching is this: however mysterious or elusive the process may seem, it can be learned."[2] I agree, and I suspect the entire *TEACHING MEDICINE* team does as well.

But there is another message here, and that is from its very inception, *TEACHING MEDICINE* was the work of a team, including some of the most experienced, insightful and creative medical educators in the United States. And so it is with great pride and excitement that I am now able to report that the *TEACHING MEDICINE* team has expanded. We now have colleagues in Beijing. Committed medical educators in their own right, they have worked together to translate volumes of the book series while adapting it for use by clinical teachers in China. And more than just expanding the ranks of individuals who have worked on this series, the Chinese edition also represents a collaboration among two major organizations, the American College of Physicians and Peking Union Medical College. No other organization in the United States has meant more to internal medicine than the ACP, which was founded in 1915 and now represents 133, 000 general internists and internal medicine subspecialists; many (or perhaps most) view teaching as among their most important activities. And no medical school in China is better suited to join forces with the ACP in the field of medical education than Peking Union Medical College. Founded in 1906, PUMC is considered among China's leading institutions for training physicians, including internists and other medical specialists. Having recently had the opportunity to visit PUMC and witness first hand the skill and passion with which the faculty there approach their responsibilities as teachers, and their desire to teach better, I cannot be more proud than to see PUMC faculty join the *TEACHING MEDICINE* team and make available these texts to colleagues in China.

On behalf of the ACP and my editors, and my friend and colleague in Beijing, Zeng Xuejun, MD, PhD, without whom none of this collaboration would have been possible, I encourage medical teachers in China to join with like-minded colleagues locally, but also now with colleagues from the U. S., and let us all reflect on how we teach. What else can we do to help our students and residents become better doctors? How as faculty can we work as a team and help each other in our careers as medical educators? Helen Keller was correct. We can do so much more together than we can alone. And when our team expands, just as our world grows small, to include both faculty in the U. S. and in China, then the possibilities become that much more exciting.

To our new readers in China, I hope you find these books interesting, practical and worthwhile. Welcome to the global team of medical teachers.

Jack Ende, MD, MACP
August, 2012

1. Helen Keller, circa 1903
2. Christensen CR, Garvin DA, Sweet A. Education for Judgment. Boston, MA: Harvard Business School Press, 1991, p. 15

序

——为“美国内科医师协会临床教学丛书”(中文版)而作

孤掌难鸣，众志成城

——海伦·凯勒

五年前，美国内科医师协会（American College of Physicians，ACP）几位雄心勃勃而又富有想象力的前辈向我提出了关于编写有关临床教学书籍的想法，目的是“记录下”临床教师在培训医学生、住院医师和专科医师等的职业生涯中必须掌握的教学内容与技巧。工作开始之初，先编写了一份重要写作大纲。稍后，我们决定将ACP已有的成熟教材（《门诊教学》）以及热衷临床教学、甚至希望成为职业教育者的临床医师所必须掌握的其他内容编入此书。于是，本书由一册变为六册，系列丛书的出版计划正式出台：第一册阐述教育理论；第二册列举教学手段；第三册讲授门诊教学；第四册讲授医院教学[①]；第五册介绍导师制；第六册探讨医学教育中的领导力。很显然，一名主编已无法担当如此重任。于是，我们分别为每册指定一名或数名该领域权威人士担任主编，组成了一支编委会，并招募作者进行撰写。这样，“临床教学丛书”诞生了，那一年是2010年。然而自那以后又发生了什么？

整个医学学术界对“临床教学丛书”的问世有相当好的反响。但这套丛书是否真正成功主要还取决于一个相对较难衡量的指标——它对于读者的影响；具体地说，作为读者的教师们在阅读本书后，是否能学会更好的教学方法，让他们在报告厅、讨论室、医院或门诊的教学活动更有效、更能被学生接受？我心目中的偶像之一，C·罗兰·克里斯滕森曾写到：“我对于教学活动［讨论］最根本的认识是：无论教学过程显得多么神秘和难以捉摸，依然是可以学会的。”我很认同此点，并且我坚信整个“临床教学丛书”的团队亦然。

另外有一点值得关注的是：“临床教学丛书”自编写之初就是一个团队的工作，那时是由来自美国的团队完成编写，他们之中包括了多位全美最有经验、最具洞察力和创造力的医学教育者。而现在，我

①医院教学是指传统意义以病房为主的临床教学。

十分欣喜而自豪地向大家宣布，“临床教学丛书”的团队又将壮大：我们在北京拥有了新的伙伴，一群执著的医学教育者凭借自身努力，正在将这一系列丛书进行编译，使之符合中国国情，能够更好地应用于临床教学。此外，“临床教学丛书”的中文版也代表着 ACP 和北京协和医学院（PUMC）这两大机构之间的合作。ACP 是美国最具影响力的内科学术组织，它成立于 1915 年，目前拥有 133,000 名普通内科和内科专科医师，他们中的许多人（或许可以说是绝大多数）将教学作为其最重要的活动之一。在中国，也没有一家医学院能比北京协和医学院更适合在医学教育领域与 ACP 进行合作。PUMC 成立于 1906 年，是中国医师培训（包括内科医生和其他医学专科医生的培训）的先驱。我最近有幸造访 PUMC，并亲自见证了那里教师的能力、热情、责任感以及不断提升教学的渴望，因此，我无比骄傲地看待 PUMC 的教师们加入“临床教学丛书”的团队，并将这些书籍提供给中国的其他同事。

请允许我代表 ACP 和我的编辑们，以及在北京的朋友和伙伴曾学军医师（MD，PhD）——本次合作的重要促成者，鼓励中国的临床教师加入到当地以及美国的志同道合的伙伴团队中，交流彼此教学的方式。如何帮助我们的医学生和住院医师成为更好的医生？如何让教师们在工作中团队合作，互相帮助，成为更好的医学教育者？海伦·凯勒说得对，“孤掌难鸣，众志成城”！如果我们的队伍在壮大，有如世界在变小。美国和中国的教师们共同参与，医学教育的成果将更加鼓舞人心。

中国的读者朋友，希望您能觉得此书有趣、实用，值得一读。欢迎加入全球临床教师团队。

Jack Ende，MD，MACP

2012 年 8 月

（张　昀译，沈　悌校）

1. Helen Keller，约 1903.
2. Christensen CR，Garvin DA，Sweet A. ducation for Judgment. Boston，MA：Harvard Business School Press，1991，p. 15.

导言：医学教育中的导师制和职业精神培养

我情愿终生奔波劳碌至殚精竭虑，工作得越辛劳，人生就越丰盛。生命本身就值得予以歌颂赞叹，它不是一根燃烧殆尽的蜡烛，而是绽发光辉的熊熊火炬。在传递这火炬给下一代之前，我会把它高举手中，让它绽放出最耀眼的光芒。

——乔治·萧伯纳

当我被邀请编写这本关于导师制和职业精神培养的书时，我迫不及待地抓住这个机会，这完全不同于我平时应对邀请的习惯。通常，面对这样的邀请，我会谨慎做出承诺。我需要核对这个机会和我的日程及家庭职责是否有冲突，反复权衡利弊再决定我是否有足够的精力承担任务。

但面对这个邀请则完全不同。在很多方面，我把我整个事业归功于我的导师们，我是他们的智慧、教导、慷慨的受惠者，所以受邀担任这样一本关于导师制的书的主编，我的回答当然是欣然同意。另外一个原因是，芝加哥大学医学院从 2009 年夏天开始实施新的课程，该课程设计是基于学术研究发现，强调体验式学习，而导师制是其基础组成部分。

我为什么对这一话题如此有热情？作为一名有几十年经验的医学院校资深教师，我会思索和评估在职业生涯中做出的各种选择。回首往事，我曾经多次站在十字路口为下一步的选择和决定而痛苦。这其中最重要的决定包括：①选择临床教育家的职业道路；②决定是从事呼吸科还是重症，还是两者兼顾；③作为夫妻双方都是医生的家庭，决定何时和如何要孩子；④好几次几乎要做出离开医学院校的决定。

当我在来自孩子和年迈父母需求的压力和越来越多的工作责任之间挣扎时，也曾几次萌生去意。是什么改变了我的想法？首先，也是最重要的支持力量来自我的丈夫，他不仅分担了很多家庭责任，同时也是家中热情、幽默的领导，让我的每一天都充满快乐。另外还有来自我的导师们坚定而灵活的支持力量。他们帮助我让最初的梦想变为现实，结果总是超乎我的想象。我的导师们有几个共同点，一都是男性，二他们的妻子都是有自己事业的职业女性。

在我拥有真正的导师之前，我还有很多榜样，他们都是比我高年的住院医生和教职员工。这些临床医生向我展示如何热情、正直和乐观地面对挑战和困难。他们中的一些人最后成为我的导师。传统的导师（一对一的导师）对我个人和职业的发展影响很大，同伴导师同样也深深影响了我的事业。在作为住院医生和专科培训生的那些年里，我从同伴导师那里吸取经验，从上级医生那里学习知识和技能，从同事那里获得观点和力量。当我成为住院医生项目负责人后，在最初几年里，由于年龄和阅历的相似性，我和手下总住院医生的关系仍像同伴导师一样。随着时间的推移，我和他们的关系发生了变化，成为他们的导师的同时，我也开始体会到“逆向导师”的价值和益处。

“逆向导师”这一概念来自于商业领域，一些机构的年资低的年轻人会教高层管理人员使用新技术和计算机应用（1）。正是我的学生教会我使用播客（podcast），带我上 Facebook 和 Twitter。“逆向导师”的真正益处还不在于这些高新技术的教学，而是双方在目标一致的工作中建立的良好关系。在过去的许多年里，我和我的总住院医生每周有 2 小时的例会时间，在这段时间里我不仅学到了很多 PPT 的实用技巧，更重要的是，我能得到很多一线医生的信息，比如实习医生如何应对压力？哪个住院医生失恋了？哪个住院医生经济有困难？这些信息如果没有总住院医生的帮助我是不可能得到的。他们让我眼观四路，耳听八方。我的事业也得到了导师互助网络的支持和帮助，比如内科项目负责人协会（the Association of Program Directors in Internal Medicine）、美国内科医师协会（ACP）、美国内科医学委员会（the American Board of Internal Medicine）和美国医学院联合会（the Association of American Medical College）等。这些组织激发新想法和观点，在我刚成为项目负责人的时候，帮助我在医学学术机构不断发展。互助网络越来越被认为是导师制和职业精神教育的重要工具，帮助大家在相互学习和信任的环境中分享知识（2）。

我们如何看待导师制和它对职业精神的影响？许多年后，在我经历了很多导师指导后，我才开始真正体会到从我的导师们那里学到了什么。医学并不仅仅是一门学科，更是一个职业，我需要了解职业的历史和美德、正确的职业态度和行为。支持和孕育职业精神文化，在医生的日常行为和交往中传扬职业精神，让职业价值代代相传，这些都是医学领导者和医学教育者需要密切关注的话题。很多人认为医生的职业精神近年来在日益衰弱，其中的原因有来自时代的变迁，也有来自资本主义和公司文化的不良影响。我们可以说随着时代和职业的变化“职业精神”的概念在发生变化，但是医生这个职业的核心信念和原则还在，没有哪项活动能像导师制那样维护职业精神的真谛，重塑职业价值所在。导师和学生之间的紧密关系不仅能发展个人友谊，也能塑造学院和医学的文化。所以，导师的意义需要深入探索，本书的目的正在于此。

导师制的概念和“职业精神”一样，包涵的意义丰富，仁者见仁，智者见智。医学生、住院医生还是教师，他们在哪里接受教育或工作，对导师关系的需求是什么，他们的职业目标是什么，他们能接受到什么样的导师指导。这些人背景不同，他们对导师制的理解也有所不同。在职业发展的不同阶段（从医学生到住院医生到教职员工）了解导师制的最佳实践和举措相信对大家都会有帮助。同样需要思考的是，这些最佳实践和举措如何因材施教，充分考虑到个人特质（如性别、种族）或专业群体（如外国医学院校毕业生、临床教育者）需求的不同。

本书从理论和实践两方面全面探讨了导师制，复习了该学术领域的相关文献，研究了导师制的不同定义，并提出实用的建议。全书分为三个部分：第一部分，职业精神培养和导师制及榜样作用；第二部分，连续一贯的导师制；第三部分，特殊人群的导师制。

第一部分第一章，劳伦斯·史密斯教授（Lawrence G. Smith）为本书建立框架，讨论了学术医学领域职业精神的教育和维护所面临的挑战。他探讨了职业精神发展不同阶段的需求和关注点，明确指出导师制和榜样作用作为职业精神教育重要工具的作用和意义。第二章的作者是我，在这一章中，我介绍了导师制的基本概念，包括理论、实践和作用，尤其是在微妙复杂领域对学生的影响，比如职业选择、个人满足感和职业精神等。接下来章节的作者是戴勒斯·威尔（Delese Wear）和约瑟夫·扎科尼（Joseph Zarconi），主要讨论了怎样运用导师制培养医学职业中的质疑和探究的精神，鼓励学生成为独立思考者和患者权益倡导者。本章的观点在以往导师制和职业精神的相关讨论中很少提及，让我们重新思考我们的假设，在与年轻一代医学生的交往中提供了全新的视角和方法，反思随着时代的发展医学职业精神到底意味着什么。第一部分最后一章的作者是达西·里德（Darcy A. Reed）和斯科特·赖特（Scott M. Wright），他们讨论了榜样在医学职业精神培养和人文关怀中的作用。里德和赖特强化了威尔和扎科尼的观点，提醒我们英雄的重要意义和追求英雄主义的价值。

第二部分描述了医学教育不同阶段的导师制。首先，杰拉尔德·丹顿（Gerald Dodd Denton）和保罗·海默尔（Paul A. Hemmer）讨论了医学生的导师制，重点在于教师、实习项目负责人、学系领导如何培养医学生的职业精神和如何鼓励和发展教师成为医学生的导师。住院医生阶段是职业生涯中职业精神培养最重要的阶段，但是住院医生阶段的众多要求和期望又让导师制往往让位于更迫切紧急的事情。约瑟夫·科勒尔（Joseph C. Kolars）提醒我们此阶段导师制的价值，并介绍了建立住院医生和导师之间互助互惠关系的原则、技巧和实践经验。随后几个章节主要讨论针对教师的导师制。比如托马斯·维佳诺（Thomas R. Viggiano）对医学院校针对教师的导师制进行了全面深入的研究综述和最佳经验介绍，史黛西·希金斯（Stacy Higgins）、小威廉·布兰奇（William T. Branch，Jr）和杰达·伯西琼斯（Jada Bussey-Jones）阐述了同伴导师制可以作为传统导师制补充，尤其对于临床教育者很有价值。因为医学院校临床教师的职业发展往往被忽视，也由于导师常常短缺，需要寻找其他途径保证这部分教师在个人及专业方面得到有利于他们发展的指导，同伴导师制是一个很好的选择。第二部分的最后一章，托马斯·赫克（Thomas R. Hecker）、维多利亚·马尔赫恩（Victoria A. Mulhern）和亚瑟·鲁宾斯坦（Arthur H. Rubenstein）介绍了研究领域教师的成功导师制，不仅注重导师关系本身的策略，还介绍了如何孕育发展一种导师制的价值被充分认识和肯定的环境。

第三部分重点在针对特殊人群的导师制，有特殊的需求和挑战。虽然当今选择医学的男女比例已接近相等，但在高级教师和医学院校领导人中女性的人数明显不足，在很多专科男女比例也很不协调，而且女性比男性更容易离开学术医学界，凯利·史密斯（Kelley Smith）和我专门就针对女性的导师制中需要考虑的问题进行了探讨。

在医学领域如何招收更多少数种族的医学生、住院医生和教职员工并让他们不流失，这个问题一直面临很多挑战，这部分人群对优秀导师的需求也往往被忽视。克拉伦斯·布拉多克（Clarence H. Braddock Ⅲ）和伊恩·唐（Ian L. Tang）分享了他们针对少数种族医学生、住院医生和教师的导师制的观点、挑战和策略。第三部分的最后史蒂文·赖歇特（Steven F. Reichert）和阿贝·托马斯（Abey K. Thomas）关注了另一个易受伤害的特殊住院医生人群，国外医学院校毕业生，他们在所有在美国接受培训的住院医生中占了相当比例，最后一章介绍了如何支持他们继续医学教育，如何在美国医疗体系下开始未来的职业生涯的策略和好的经验。

在前言的开头，我强调了我对于导师制重要性的强烈信念。本书的最后我总结了从我的导师身上学习到的东西，是他塑造了我的职业素养，事实上，也正是导师塑造了许多人的职业人生。

Holly J. Humphrey，MD，MACP

芝加哥，伊利诺伊州，2010 年

（黄晓明译）

参 考 文 献

1. **Murphy J, Adamst A.** Exploring the benefits of user education: a review of three case studies. Health Information and Libraries Journal. 2005;22(Suppl 1):45-58.
2. **Kram KE, Higgins MC.** A new approach to mentoring. Wall Street Journal. 22 September 2008:R10-R11.

目　录

如需进一步的信息，请访问：

www.acponline.org/acp_press/teaching

第 一 部 分

职业精神培养和导师制及榜样作用

第1章

医生职业精神教育

Lawrence G. Smith，MD. FACP

然而我们应该如何教会本性善良的人热爱真理？更为迫切的是，我们该如何在这个浮躁的时代完成这一使命？

——丹尼尔·贝里根①

要点：

- 在当今医疗环境下，我们迫切需要一种能反映现代医疗实践的医学教育新模式，以适应青年一代文化、学习方式的转变，并更好地为患者服务。
- 医生职业精神和行为特质的养成是一个分阶段的个人转变过程，此过程需要由导师和榜样引导。
- 医生的职业倦怠现象在医疗行业中非常普遍，并对职业精神造成了巨大威胁。医学教育者必须努力营造一个积极、支持的工作环境，以使倦怠的医生及早获得帮助，从而预防可能出现的职业障碍。
- 越来越多的证据表明，某些个人特质与医生的自愈力有关。但医学教育者应该如何提高医生的自愈力从而减少职业倦怠，尚需进一步研究。

①丹尼尔·贝里根（Daniel Berrigan）美国牧师、和平运动者和诗人，20世纪60年代著名的反越战人士。

- 医学教育者只有更加理解新一代医生才能找到培养职业精神的最佳方法。
- 新的医学院入学遴选方法能预测哪些学生将在职业精神等医学非认知领域表现突出。
- 职业精神难以评估。研究表明，好的职业精神评估手段应参考同事的反馈意见，并承认个人发展的需求。
- 导师制是青年医生职业精神培养中的关键环节。

长久以来，医学教育者一直将培养专业的临床医生作为医学教育体系的终极目标之一。这一目标的实现有赖于传统教学手段的应用，以及导师制的构建和学习榜样的树立。传统的教学手段包括通过讲课、实验以及传统的临床见习来教授医学的基础核心课程，接着进行病房为主的专科轮转。然而，旧的医学教育模式已不能适应当今的医疗环境，它已经跟不上新一代人文化和学习方式的转变。同时仅进行病房轮转也已不能充分满足临床教学的需要。

过去，职业精神教育的核心团队是医学院校任职的医生、专家教授及科研人员。如今，肩负教学任务的住院部医生①成为教学团队的主体。而这些承担了大部分日常教学工作的临床医生往往仅比医学生资深几年而已，同为受训者，他们可能知道该如何完成临床工作，但尚不能成为职业精神的学习榜样。医生群体有历史悠久的教学传统，他们愿意慷慨地奉献自己的时间和精力，成为行为榜样来培养下一代医生。但该传统正在面临来自时间、医疗服务效率、专业差距等多方面的压力挑战，这些压力导致导师制往往难以有效实现。

在接受医学教育的过程中，医学生应当逐步培养职业精神并最终成为能独当一面的医生。本章将列举和讨论医学职业精神教育领域的

①住院医学（hospital medicine）是近年来在北美逐渐兴起的医学新领域，相对应的职业是住院部医生（hospitalist），他们主要在医院住院部工作，承担住院患者的医疗任务，同时也从事教学、科研和管理工作。医学院校毕业生完成 3 年住院医生培训即可成为住院部医生。

各种威胁和挑战，尤其强调如何努力向青年医生灌输符合现代医疗实践的职业价值观和态度。

❖ 医学职业精神教育面临的威胁和挑战

新千年以来，由于医疗体系的巨大变化，医学教育者正面临许多新的挑战（框 1-1）。越来越多的数据表明医疗行业劳动力紧缺，确切地说是美国本土培养的医生不足。医科毕业生的过度专科化和地域分布不合理也导致医生的专业技能与大众的需求不匹配。有观点认为，近年来的医科毕业生临床技能不够扎实，对专业不够投入，而且缺乏医德。此外，新生的医生群体教育债务负担过重①，会影响其专业、执业地点及方式的选择。同时，传统的教育模式跟不上新一代人的学习方式，尤其是新技术的使用。大多数传统模式才刚开始探索如何通过教育技术的使用来改善教学。另外，随着医疗模式不断发生变化、临床工作重心从病房转向门诊，转向慢性病的控制、大量新技术也不断涌现，传统的教育模式已跟不上这种转变。上述医疗现状的变化产

框 1-1　医学教育者面临的挑战

- ✓ 患者人口学资料的变化
- ✓ 与医学生的代沟
- ✓ 来自医院教学部门的巨大压力
- ✓ 慢性病的负担重
- ✓ 医生劳动力与患者需求的不均衡
- ✓ 旧医疗模式造成的资源过度浪费
- ✓ 消费主义
- ✓ 医疗服务的管理
- ✓ 利益冲突
- ✓ 医学生的债务负担
- ✓ 高新技术/数据推动下的医疗服务

---

①由于美国医学院学费昂贵，大部分医学生和住院医生需要借贷教育贷款来完成学业，毕业后为及早还清欠贷，毕业生会选择收入相对较高的专科作为其专业。

生于社会环境的变迁：人口老龄化、慢性病负担重是整个医疗系统面临的挑战；数据的公开性威胁了医生的自主权；“奥斯勒”式的医院①已变成一种崇尚高新技术、电子化、讲究时效、缺少人情味的高速患者“流水线”（1-5）。另外由于医生高度专科化，一个患者往往有多名医生，却没有一个主管医生（6）。而限制住院医生工作时间的新规定更是催生了新的排班制度，它强调的是工作的交接而不是医生和患者的隶属关系。所有这些都传递出希望变革的呼声。

医学教育的四大支柱是科学、人道主义、公众健康以及职业精神，这也是医疗实践的基石。但显而易见，在新的医疗模式下这些理念需要重新诠释。医学知识库的扩展无比迅速，要求未来的医生精通生物医学各领域的细枝末节是不可能的。然而，基础研究、转化医学和临床研究的核心概念，以及如何通过循证医学将它们应用于临床实践仍然是成功的医学院课程的必备内容。但令人担忧的是，医学院未能教会医学生如何将这些科学概念持久转化为复杂的临床思维，将分子生物学应用于临床显然远比应用于生理学困难。尽管如此，医生应该绝对投入地学习当前先进的科学知识和专业临床技能，这是医生这个职业与社会的一种契约。

医学实践的理论基础进展迅速，旧的学习模式已经站不住脚。医学教育者需要意识到，成人学习最高效的方式是主动学习，他们能自己掌控学习进程，关注解决问题、推理和自主学习（见“临床教学”系列丛书之《临床教学的理论和实践》）。技术革新改变了教与学的方式。教师在讲授以患者为中心的医疗模式的同时，也应采用以学生为中心的课程设计。教授并评估沟通技巧对培养优秀医生很重要，否则只能培养出空有学问的医生。教育工作者需要找出更好的方法来定义和传授现代科学概念，并使之应用于临床，应用于患者，而不仅仅是为了通过美国执业医师考试第一步②。最后，教育工作者应鼓励年轻的医学生接受学习过程中的个人转变，从门外汉向能够践行医学艺

①威廉·奥斯勒是二十世纪医学大师，现代医学教育的始祖，“奥斯勒”式的医院是指传统的教学医院。

②美国执业医师考试，简称USMLE，共分三步，第一步为基础医学知识的考试，要求在医学院在读期间通过。

术的医生的转变，即具有人道主义精神、同情心、沟通技巧，以及其他有助于建立和谐信任的医患关系的特质（8，9）。尽管这些技能看上去是与生俱来的，但有研究认为它们也能通过学习掌握，并可用多种工具进行评估。这些技能是区分一个优秀的医生和一个空有学问的医生的关键。

从长远来看，如何维护人群健康毫无疑问将会成为医学院课程的"基础"学科。未来医生的培养目标将不再是一次仅处理一个患者的健康问题，他们将为居处人群整体的健康状况评估和提升负责。而这些基本技能必须在医学教育的早期阶段开始教授并贯穿整个培训和临床实践过程（10-13）。这还包括积极宣传社会公平性、公平获取医疗服务、消除不同种族间医疗服务的不均等现象以及宣传对公共卫生的共同责任等。

在这样的背景下，职业精神教育变得前所未有地重要。新时代，医生能做的事情更多，患者的疾病既能预防又能得到及时科学的诊治，越来越多的疾病也有了科学的解释，医生、患者以及社会不再满足于现状。医学教育者必须关注与当前医学实践相适应的职业精神的培养，使之更容易被新一代的医生接受，并服务于患者。同时，亦不该因为现状盲目地责备年轻一代的医生。如果职业精神不能很好地被诠释，不能全面代表所有兢兢业业奉献的医生的价值，那么它将遭受失败的厄运。

本章将从职业精神的历史根源和现代定义两方面来讨论。关于职业精神的教育，干预重点在树立榜样、倡导导师制以及改善学习环境，这些在本章作为纲要略有涉及，并将在本书的后续章节中详细展开。最后，本章也会讨论评估职业精神的方法，因为只有使用精确的评估指标和度量才能促进教育手段的提高，并有助于实现个人向专业医生的转变。

❖ 如何定义职业精神

医学文献及整个医学教育领域，处处体现出对医学职业精神培养日益增长的浓厚兴趣（图 1-1）。许多学识渊博的人尝试过追溯西方传统中"好医生"的历史根源，并据此从哲学、道德以及伦理学的角度定义医学职业精神（14-18）。职业精神通常被认为是定义"好医生"

的德行和举止（19，20）。还有人曾大胆地试图找出某些可以观察并能用量表重复精确测量的行为举止（21）。同时，医学职业精神也被定义为社会与医疗行业之间的“契约”。这份契约意味着双方均有义务维持和谐的医患关系，而双方联系的纽带是信任。也有人从社会责任甚至行动主义的角度思考过职业精神（23）。此外，在对职业精神的广泛探讨中，也有人涉及个人从门外汉到医生的转变过程，他们认为职业精神是区分一个人是将医生作为一种“工作”还是一种“职业”的关键，这种看法并非主流但十分有意义（24，25）。

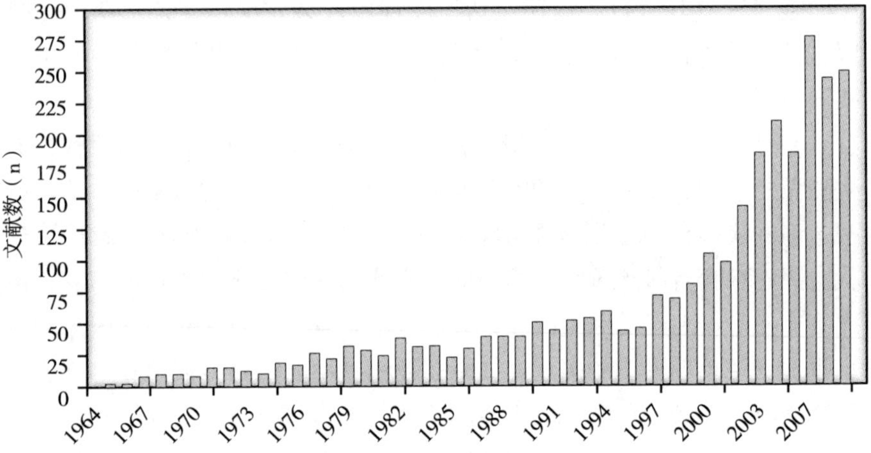

图 1-1 PubMed 中职业精神方面的文献

用教育学相关的术语来定义医学职业精神并促进培训和评估的改良，这是一个极大的挑战。美国毕业后医学教育认证理事会（ACGME）（26-29）将职业精神作为核心能力①之一单列出来，而医学教育联络委员会（LCME）（30）近来也强调必须创造有助于职业

①ACGME 是美国负责毕业后医学培训计划认证的最高权力机构，它要求住院医生培训后达到 6 项核心职业能力：病人照护（Patient care）、医学知识（Medical knowledge）、人际沟通能力（Interpersonal&communication skills）、职业精神素养（Professionalism）、临床工作中的学习与改进（Practice-based learning and improvement）、在医疗体系下的执业（System-based practice）。

精神培养的学习环境。美国内科医学委员会最近的“里程碑计划”进一步强调了建立明确的职业精神培养指标和度量的必要性。公众对医生整体的职业精神感到失望，因此对医学教育者如何解决这个问题十分感兴趣。全世界广泛认可的医师宪章①（31）中就花费了大量篇幅重点说明该问题。联合委员会（Joint Commission）甚至鼓励医院建立针对举止不专业的医生的零容忍政策（32）。

除了上述的外部压力，医学职业精神同时也面临着许多内部威胁，比如代沟、消费主义、利益冲突和医生职业倦怠。

- 代沟对职业精神培养的影响在本章的后续部分将会详细阐述。这里要强调的是，在医学院扩张的潮流中，班级规模进一步扩大并涌现了大量新医学院，这些都给医学教育者带来了沟通几代人差异性的特殊压力。

- 消费者权益运动的出现使医患关系变得更像服务提供者与消费者的关系（36-38）。医疗行业与社会之间的信任面临危机。患者转变成客户，而医生只是服务提供者。这样的变化让许多医生感觉失去了权威地位，他们不再需要表现得像专家，只需简单地提供商业交易式的服务即可。

- 利益冲突在医疗中无处不在，大到赤裸裸的涉及礼品和金钱的商业交易，小到医生每个决策中微小的利益冲突，比如吸引患者随诊进一步治疗、建议患者进一步检查或将患者转诊到其他同事那里（40-44）。信任是医患关系中的核心道德规范，但利益冲突会损害这种信任。金钱使职业精神堕落，而许多财政支付系统甚至鼓励医生的不职业行为。社会对医生个体、医学院和研究机构层面的利益冲突兴趣浓厚，并且监管严格。医学继续教育产业尤其值得关注。很显然公众也认为利益冲突的存在会亵渎医学职业精神，医疗支付系统的重“量”而不重“质”是导致行业内部利益冲突的原因。

- 因官僚作风、人格解体、同事间不和睦以及医生职业憧憬的幻

---

①医师宪章（Physician Charter on Medical Professionalism）是欧美各医生协会与联盟在 2002 年发起的倡议，为当代医生提出了 21 世纪医学职业道德的行为规范和行为准则，目前全世界已有 30 多个国家和地区的 100 多个医生组织认可和签署该宣言。

灭而导致的职业倦怠，是对传统职业精神概念的重要威胁。

上述因素的存在是对医学职业精神教育的巨大威胁，这更使得构建一个良好的环境以促进个人转变以及医生品质和责任感的培养，显得尤其迫切和重要。

当今时代背景应赋予医生何种特质？医学职业精神的探讨常涉及一个好医生应具备的德行和举止（框1-2），而医学界内对这些德行的解读与外界截然不同。医学伦理学与普通道德伦理学的观点也大相径庭，例如：

框 1-2　好医生的特质

- ✓ 忠诚
- ✓ 卓越
- ✓ 诚实
- ✓ 正直
- ✓ 无私
- ✓ 同情心
- ✓ 正义
- ✓ 勇气
- ✓ 致力于成为一名医生

- 日常生活中，道德责任是负性的，一个人必须克制自己不伤害他人。而在医学临床中，医生的职责是正面的，他们从患者的利益出发履行职责。
- 日常生活中，一个人可以随意选择发生交际的对象。而在医学临床中，医生必须救治任何有医学需求的患者，无论患者是谁。
- 日常生活中，一个人可以随意分享人际交往中的心得体会。而在医学临床中，保密性是必须绝对履行的前提。
- 日常生活中，成人间的性行为通常是可以接受的。而在医学临床中，医生与患者发生性关系是不合法的。
- 日常生活中，问过分私人的问题是无礼的行为。而在医学临床中，获取详细的病史包括询问非常私人的问题，是工作常规。
- 日常生活中，家庭成员可代表他们的亲人或爱人做决策。而在医学临床中，医生不应该医治自己的家人。
- 日常生活中，善意的谎言或透漏秘密是无伤大雅的行为。而在医学临床中，这都是对医生职业精神的严重亵渎。

相似地，医生有权利问别人不能问的问题，为赤裸的患者查体，并以其他行业难以企及的“亲密”方式触摸患者。与“特权”伴随的是，医生有责任和义务维持和谐的医患关系，这种关系是建立在道德和信任的基础上，并植根于患者对医生行为规范的认同之中的。医生职业行为和举止的养成是一个循序渐进的转变过程，需要导师的引导。

❖ 职业精神的发展阶段

从门外汉转变为专业医生是一个分阶段循序渐进的过程，该过程可被客观地观察和描述。转变过程中，学生需要与患者进行投入情感的人与人之间的交流，需要独立反思或与他人讨论这些交流过程，还需要观察及模仿榜样的言行。如果没有充足的时间和健康的学习环境，个人的转变和职业精神的社会化都将难以实现。综合参考一些研究道德发展的开创性工作以及认知心理框架在其他职业的应用，我们将医生的成长概括为如下四个阶段（表1-1）（45-48）：

表1-1　职业精神发展的几个阶段

第一阶段：入门早期	第二阶段：奖赏与惩罚	第三阶段：团队成员	第四阶段：医生自我	第五阶段：良师益友/导师
反射性反应来源于过去的非职业生活 不清楚医学专业的“职业规则” 因“日常行为”所致的不良反馈感到惊讶和焦虑	以自我为中心 发现“游戏规则” 考试考什么？ 奖励或惩罚是行为动机 满足感来源于外部奖励	可容忍多种观点并存 人际关系十分重要，“医生这个职业”是一种人际关系 “医疗团队通常这样做”成为行为动机 满足感来源于团队的成功和个人良好的人际关系	整合职业的价值观和思维方式，升华为新的自我 职业的言行成为行为习惯 适当的时候能摆脱条条框框，独立于团队 领导团队 具有灵活性及自我批判性 动机是“我知道如何做正确的事” 满足感来源于内心（正直）	“一切为了他人” 持有全局观念 传授行医的准则 引领团队 鼓励医生的成长 他人的成功成为行动动机 满足感来源于别人的成就

第一阶段：入门早期

在第一阶段，年轻的学生带着从家庭和学校学来的行为举止进入医学院，在前期高竞争强度的本科阶段①取得的成功是对这些行为举止最好的证明。但刚进入医学院时，首次接触医学专业给他们带来的往往是震惊和意外，既往饱受嘉奖的举止行为在这里却被认为是不专业的。因此，第一阶段是他们开始向医生“进化”的起点，因突然意识到游戏规则已经改变而带来的不安和焦虑拉开了他们成长的序幕。

第二阶段：奖赏与惩罚

在第二阶段，医学生们意识到他们已经进入了一种全新的文化环境，有全新的规则和对行为举止的全新期望。悟性高的人能迅速理解并适应新规则以取得“成功”。其中，医学生对个人成功的定义是考试成绩、来自外界的嘉奖和赞扬。在这个阶段，学生努力成为医疗行业的新成员，但他们的动机完全源于自身。

第三阶段：团队成员

在第三阶段，医学生开始意识到他们愿意成为医疗行业这个“精英俱乐部”的一员。他们发现医学有其独特的社会文化以及理解社会及与患者沟通的方式，他们希望被这个团队所接纳，并迫切希望成为其中一员。

同时，隐性课程②的正面和负面影响在这个阶段得到最大体现。医学生愿意不惜一切地融入团队并被团队成员接受。大多数的临床医学生、实习医生和住院医生都处于职业发展的第三阶段。众多评估表

---

①美国的医学教育为研究生精英教育，取得本科学位并在本科阶段表现优异的学生才有可能进入医学院开始医学生涯。

②隐性课程相对于显性课程而言，是指在学校情境中以间接的、内隐的方式呈现的课程，学生在无意识中获得经验、价值观、理想等意识形态内容和文化影响。

格中的好评如“优秀的团队成员”，正是上述情况的生动反映。在该阶段，青年医生逐渐进入医疗这一职业领域，学会安全地照顾患者，教导团队中的晚辈，并树立自己的执业准则。在这一阶段青年医生出现一些令人讨厌的行为被认为是正常、可接受的，比如不尊重患者、让人难以接受的黑色幽默以及消极怠工等。在第三阶段，获得的奖励是被团队所接纳并成为医疗行业的一份子。但这个阶段他们尚未成为专业的医生。

第四阶段：医生自我

在第四阶段，成长中的医生开始完全接纳和整合医生应有的价值观和举止。这些价值观逐渐成为习惯，当遇到某个临床场景时，他们不再需要思考新手会怎么做？医生又会怎么做？他们的自然言行已经是专业医生。这些价值观影响了他们的思想和行为方式，并成为他们面对所有事件的默认方法。在这个阶段，医生能突破团队文化，引领团队并对团队及自身进行批判性评价。所有的医学教育者都应该努力使每一个受训者成长到这个阶段。只有达到这个阶段，一个医生才能被认为是一个真正的职业医生，其道德和个人发展才能被患者认可。他们学会为人正直，为自己设立高标准并自觉遵守，即使“在无人关注时”。这个阶段中，他们得到的回报是成为一个好医生的个人成就感。

第五阶段：良师益友/导师

第五阶段并不是所有人都能达到的阶段，事实上，只有少数经过筛选的人才能成为良师益友。这个阶段中，医生的专业重心和精力从他们自身转移到他们的下级。导师/上级医生因他们学生的成功而倍感欣慰。他们引导学生从外行成长为专业医生，成为阐释并定义职业精神的准则、为学生树立学习榜样、并实现自身价值的真正的医生。他们的个人成就感来自于别人的成功。不是所有人都能达到这个阶段，达到这一阶段的医生必须把自身持续投入到教学事业中，他们的领导、指导和榜样作用是培养学生职业精神必不可少的“催化剂”。

❖ 代沟

代沟是职业精神教育的重要威胁之一。目前，美国劳动力群体由4代人组成（33）。医学领域和非医学领域都有很多文章关注这几代人之间的矛盾冲突及其衍生出的重要问题（49-53）。事实上，有相当多关于医学职业精神的文献都重在讨论“好医生”的德行和举止或如何衡量几代人之间的矛盾冲突，这些文章都难免得出这样的结论：青年一代缺乏职业精神，大多指责集中在青年医生缺乏对职业的完全投入和良好的职业道德规范上。

表1-2描述了目前美国医生中四代人的主要特点。“沉默的一代”（The silent generation）（又称“老兵一代”）是医生群体中最年长的一

表1-2 四代人档案

特征	老兵一代	婴儿潮一代	X世代	Y世代
年限	1922～1945	1946～1964	1965～1980	1981～2000
人口数量	5千5百万	7千8百万	4千7百万	8千万
类型	传统	个人满足	自力更生	兼具摩登与传统
大小	迅速减少	优势群体	小群体	很大
道德规范	尊重，忠诚	雄心勃勃，具有政略性	进步，愤世嫉俗	忠诚，保守
性别角色	传统的性别角色	混合的性别角色	含混不清	没有性别差异
工作	尊重体制 为国家安全工作	尊重经验 喜欢工作	尊重专业技能 为谋生工作	尊重成就 轻易更换工作
英雄	伟大的英雄	伟大的英雄	缺乏英雄	反英雄主义
重要事件	经济大萧条 第二次世界大战	越南战争	美国的衰落	9.11事件
教养	传统家庭	传统家庭	缺席的父母	保护性的父母
回报	干好自己的工作	钱，头衔和认同感	自由和时间	有意义的工作

代人，通常被认为是定义“美式价值观”的一代。这代人遵循保守的传统观念，家庭观念强，性别角色分配明确，从众多方面成就了二战后崛起的美国。

人数众多的“婴儿潮一代”（The Baby Boomer generation）是医学领域中风华正茂的领军者，这一代是真正意义上的“工作狂”。他们成长的年代经历了战后世界结构重塑，美国成为显赫一时的超级大国，婴儿潮一代将其雄心勃勃的文化带入了医学领域。女性抛开传统赋予的角色，越来越多地成为医生。而传统的家庭观念也开始发生明显的改变。婴儿潮一代有其独特的生活领悟和政治哲学，造就了大量华尔街投资银行家、律师合伙人以及高收入的医生，他们关注金钱、头衔和认同感。也正是这一代对年轻一代最为不满，而自己却是彻底的犬儒主义者，并已对医学事业丧失了激情。在年轻一代眼里他们是“心力交瘁的一代”。

出生于1980年后的X世代以及更年轻的Y世代，是现在医疗行业中的住院医生和医学生。他们追求生活的平衡，拒绝“工作狂”以及婴儿潮一代的很多其他价值观。由于这些核心价值观的差异，他们与上一代人之间的冲突在医学领域中引起了不小的波澜。

与数量庞大的婴儿潮一代不同的是，X世代人数不多，仅4700万。他们成长于结构转化中的家庭并常自嘲为“挂钥匙的儿童”。他们崇尚实用主义和犬儒主义，不拘小节，喜欢问“这个考试会考吗?”。这一代人性别的传统角色已变得模糊不清。他们怀疑权威、挑战权威。他们在工作中的表现是，“告诉我目标；别告诉我怎么做。我会完成后再离开。”这一代人不相信“一分耕耘一分收获”，本能地不服从等级制度和行政管理系统。这些特质都可能在医疗工作中引发矛盾。X世代追求个人自由和时间，甚至愿意为之牺牲收入、专业选择和名望（54-56）。

当今的医学生主要由Y世代构成，他们成长于新潮但稳固的核心家庭所营造的极富保护性的环境中。尽管回归更加传统的价值观，但这一代仍然不想为自己的成功付出努力，他们对数码世界非常痴迷，他们正在探寻工作的意义，他们比他们的前辈更依赖父母和家庭，拒绝长大。因此，X世代和Y世代给普通大学和医学院校的教育工作者都带来了不少问题（57-59）。

宣告 X 世代到来的戏剧性事件是莉比·锡安案例①（60），此案例带来纽约州第 405 条例（61）的实施，限制住院医师的工作时长（具体参见本系列丛书之《临床教学的领导之路》）（62）。自此，工作时长限制成为美国毕业后医学教育认证理事会（ACGME）认可的全国性规定，并于近期通过了医学会（Institute of Medicine）的复审（63）。作为一种提高患者诊治安全的手段，减少医生的工作时间得到了广泛的舆论支持。虽然当前或将来的工作时长限制条例都是管理者的决策，但老一代却归咎于年轻一代。婴儿潮一代不能容忍工作至上的旧传统在医学事业中的没落，他们认为年轻医生都是“懒虫”（64，65）。除此之外，这两代人之间还有许多其他不同。X、Y 世代成长于一个科技时代：学习更多地依靠电脑而不是书本，一切知识都随着键盘的敲击出现，每个人都是同时多任务状态，高技术已深深根植于他们的思想。他们的成长过程中缺乏英雄式的人物，因此也难以在职业和个人发展中找到学习的榜样。

然而，声称 X、Y 世代比前几代人更专业或更不专业都几乎没有理论依据。将职业精神的讨论过度集中在工作时间上，也脱离了问题的本质。尽管年轻医生愿意牺牲专业选择和收入来换取时间和生活的平衡，但这并不意味着他们在工作中不如他们的前辈，以此来判断他们在行医时缺乏热情和专业知识、对患者的投入不够是毫无根据的。医学教育者应该鼓励年轻医生培养“好医生”的必要特质，而不是一味地提倡无保留地增加工作投入。年轻医生必须为未来的医疗环境做好准备，既要具备医生的职业精神又要在工作中获得职业满足感。最后，对医生领导力的一个重要挑战是，不管是代表哪一代医生，他们定义的“杰出”和“职业精神”都要以患者为中心，要让任何一代人都接受。领导者应该在医学职业精神领域架设沟通的桥梁，而不是铺设障碍。别再无休止地哀悼失去了无限制的工作时间，我们在这里浪费的精力已经太多了。领导者和医学教育工作者必须迈过这道坎向前看，重新主导医学职业精神发展的脚步。医学永远不会在核心问题

---

①传统美国住院医师每周常常超负荷工作 80 小时以上。1984 年，纽约一名住院医师在无上级医生监督下长时间工作，造成纽约一例 18 岁患者莉比·锡安（Libby Zion）的死亡，最终引发一系列医疗体制改革。改革将住院医师的每周工作时间限定在 80 小时内，并制定 30 小时的倒班制度。

上妥协，绝不会允许那些不信奉个人转变的人进入医疗领域成为医生。

针对年轻一代，教育工作者必须理解他们学习方式的不同，他们对老师、榜样和导师的不同期望，他们对待工作的方式，以及他们追求生活平衡的合理需要（框 1-3）。如果教育工作者能懂得这些年轻人成长的背景和文化，就更容易找到督促他们成为好医生的方法。

框 1-3 影响 X、Y 世代教学策略的因素

✓ 希望赋予权力的心态
✓ 对科技的认同感
✓ 沉浸在虚拟世界中
✓ 自我引导
✓ 强调行动比知识重要
✓ 与高新科技关系紧密
✓ 多任务状态
✓ 对延误或浪费时间的零容忍
✓ 不喜欢等级制度
✓ 坚持学习必须是真实的

❖ 先天与培育

医学教育界一直在争论，职业精神究竟是先天固有的个人特质还是后天可以在医学院中通过学习获得的特质（66-71）？在前者的假设下，学生要么天生具有职业精神要么没有。该观点必然衍生出以下结论：我们应该把更多的精力和重心放在如何挑选出具有“天赋”的医学生上，而不是妄图改变他们。大量的数据表明，价值观、举止和德行等大多数个人特质实际上在学生进入医学院前已经形成，医学教育对这些德行举止方面的影响微乎其微甚至可能是负面的。事实上，医学教育一定程度上助长了犬儒主义和自我意识。

培训的严酷考验和隐性课程可能带来的负面影响甚至可能使学生向错误的方向转变。

另一种观点认为，优化的课程设计和优秀榜样的力量能帮助学生学会正确的处事方式并成长为“好医生”（参见《临床教学的理论和实践》“难忘的教学时刻”（7）），但这方面的证据不多，显得说服力不足。然而，证据表明正直且具职业精神的医生与患者的关系更为融洽（79-81）。

随着医学院数目及规模的空前扩张，为了培养高素质的职业医生，可能需要一种新的招生方式。已有一些实验开始研究不同的面试和招生技巧，来预测哪些学生将在医学的非认知领域表现更突出，但并没有发现什么有意义的突破。这些具有革新性的招生标准包括领导力、既往工作和生活经历、同时完成多项任务的能力以及解决问题的能力等（82-86）。而备受挑战的传统意义上的招生标准为大学成绩、医学院入学考试（MCAT）成绩、研究成果及本科学校的名望等。进一步深入研究来找出最优的招生标准是对医学教育工作者的一大挑战。我们希望，医学教育者在新时代的医学院入学选拔中更具创造力，并更加坚定地开展研究，探讨学生在医学院的成败与不同的入学筛选机制的关系（参见《临床教学的领导之路》（62））。

毫无疑问，筛选先天具有相应特质的学生与后天培育学生的“医生气质”相结合才是新时代培养高素质医生的根本解决方法。没有人能接受教职员工在毕业典礼上的悲叹：“我们怎么能让那样的人毕业成为医生?”

❖ 评估职业精神

职业精神难以定义，更难评估。医学教育者应该坚信职业精神评估的价值，它值得我们付出巨大的努力去探索。患者、公众以及医生本身，都期待职业精神评估的实施和改良（87，88）。

职业精神评估的困难从如何定义职业和职业精神开始。经典定义中的职业模式是，一个职业由一群具有相同知识的人组成，他们具有同等教育背景，他们承诺自我评价、职业问责以及自我约束，他们在职业中信奉某种程度的以人为先的利他主义。职业的这些属性能帮助我们更好地制定评估方案。

对医学职业精神而言，评估方案必须考虑到德行、职责和职业精神的转化特质。首先，也是最重要的是分阶段的个人转变。学生只有通过与患者、与医生的接触，用足够的时间来反思这些重要的成长事件，才能实现这种个人转变。此外，职业精神也是一个社会化过程，需要个人和团队的反思，需要个人和团体获得机会不断练习职业言行直到成为自己的习惯（89）。每个发展阶段的里程碑都应该用通顺易懂的词汇表达。仅次于个人转变的是个人特质的养成，比如好医生的德行、医生的职责和义务、医学实践中的道德伦理准则、社会期望以及源于这些美德、职责和准则的行为（90-93）。

就医学教育的各个方面而言，观察评估本身就是个难题。有很多证据表明，学生在整个医学教育期间几乎甚少接受资深教师的直接观察评估或指导。观察评估非常耗费时间。此外，仔细、可靠的观察评估也要求观察者经过相应的培训，以确保被观察事件内容上真实可靠、描述特征和评估度量尺度容易理解、其效度和信度让评估真实可信。观察永远只能是间断的，片段式抽样是否能代表全貌？观察如何能将某行为举止与它背后的态度或真实动机剥离开来呢？什么时候应该依据全面评估对观察分类？评估是否应该把医生职业精神的整体解析成某些特质和基本元素（94，95）？远期行为问题的早期预测因素有什么作用（96，98）？是否应该更加重视关键事件并据此引入必要的干预措施？反应过度是否有风险？

谁适合做观察者？观察者是否应该包括高年资医生、年轻教师、实习生、住院医生以及同级别医生？不少证据表明，同级别间的评估往往能为职业精神评估提供更新、更重要的信息，因此随着医学教育的进步，它应该成为常规，而不是特例（99-102）。同级别间的评估往往基于日常表现，没有人“刻意表现给老师看”。学生们经常能指出同级别学生正面或负面的行为，而这些往往被教师评估者忽视。事实上，人道主义荣誉协会金奖（Gold Humanism Honor Society）① 的提名方法就选用同级别间的评估方式，此方法选出的学生往往与标准的学校评估得出的人选不同。

正如鲁德米尔在其医学教育专著中强调的那样（103），时间是一种需求量最大的商品，如果没有时间，就不能完成观察、评估和反思。没有反思和标准化的评估，职业精神的培养和个人成长则会步履维艰。

关于学术机构如何设计对职业精神的评估，已经有出色的方法学回顾（104）。但是，除非学术机构认同恰当的职业精神定义、特征和本地文化的融入、个人行为的预测价值，否则职业精神的评估极有可能远远达不到既定目标（参见《临床教学的领导之路》第八章［62］）。目前使用的评估方法有标准化病人、问卷调查、同级别间的评估、关键事件报告以及档案，只有综合参考这些方法才有可能得到有价值的信息。优秀的评估测量方法能鼓励发现职业精神培养过程中的里程碑事件，明确医生成长中个体化的需求，并可提示何时职业精神发展的进程变得踌躇不前。

❖ 导师制在职业精神培养中的作用

医学教育者常常探讨导师制与医生职业发展之间的关系（105）。很多问题仍然存在争议，比如应该指定导师还是由学生、青年受训者自己选择导师；个人与导师匹配度的重要性；以及导师和受训者的角色究竟是什么（106-113）。同时，也有工作尝试评价导师制的必要性及其在职业发展中的作用（114，115）。

讨论开始前我们必须为导师制下一个切实有效的定义。导师制是指由一个经验丰富、值得信赖并极具职业精神的同事和经验不那么丰富的晚辈分享个人专长和建议，以推动他们的职业发展并取得成功。导师通常帮助受训者在专业领域内扩大社交网络、发展人脉，并且分

①人道主义荣誉协会金奖（Gold Humanism Honor Society），通常简称为GHHS，是美国对优秀高年级医学生、住院医生和优秀教师的国家级荣誉，奖励那些真正体现医学人文精神的医生。

享其基于丰富阅历的个人智慧。基于以上广义的导师制定义，可以明确的是，在我们的职业生涯中都会遇到许多人在某些方面起到了导师的作用，但严格地讲，他们并不符合导师的定义（框 1-4）（116，117）。

框 1-4　导师所扮演的角色

✓ 教师
✓ 榜样
✓ 教练
✓ 顾问
✓ 代理人
✓ 优秀的老板（上司）
✓ 完美的专业人士
✓ 英雄

每个学生都会遇到很多“老师”，他们帮助学生建立成为医生必备的复杂技能和知识的理论模型，在学生的职业生涯发展中扮演了极为重要的角色。伟大的教师激励和挑战学生学习和改变。正如威廉·勃特勒·叶芝①的名言所道，“教育并非注满水桶，而是点燃火种”（Education is not the filling of a pail，but the lighting of a fire.）。

优秀的榜样对医生的职业发展至关重要（参见本书第四章）。毫不夸张地说，青年学生遇到的所有医生对他们而言都是榜样，无论他们是否打算成为榜样。从这个确凿的事实也可以看出隐性课程的巨大力量。正是通过努力模仿医疗行业的成员，医学生才能最终成为他们中的一员。这一点也尤其强调，每个医生在教学中都有做一个“好医生”的特殊义务。教育领导者的职责则是保证学生们学习最好的榜样，远离坏榜样。

---

①威廉·勃特勒·叶芝（William Butler Yeats）是爱尔兰著名诗人、剧作家和散文家，1923 年度诺贝尔文学奖得主，被誉为“二十世纪最伟大的英语诗人”。

与教师和榜样相似，教练意在观察学员、并为其技能的学习提供专业意见以完成某个指定任务（参见临床教学丛书之《医院教学》第一章［118］）。顾问则是帮助学生了解自己，并在面临抉择时帮助他们了解可行的选择。代理人是那些帮助学生在正确的时间选择正确的岗位，最大可能实现成功的前辈。他需要足够的睿智才能将学生逼迫到舒适范围的边缘，从而促进学生的个人成长。

“老板”（上级医生）对青年医生的工作方式有巨大的影响力，他们告诉年轻人事情应该怎么做。因此，医疗团队中最年轻的成员在优秀“老板”的监管下工作就显得极为重要。优秀的“老板”善于营造有益于职业成功和满足感的氛围，并传授受益终生的价值观和技能，换句话说，他们创造的是一种正面的、有回报的工作氛围。职业生涯早期遭遇不好的上级医生对青年医生的成长是非常有害的，常常导致他们养成自我保护的心态而不愿承担风险。

如前所述，导师往往已经达到了职业生涯的较高层次，这使得他们能够与受训者建立特殊并持久的关系。这种关系可能发展成为同事情谊，甚至成为持续终身、值得信赖的朋友。最伟大的导师往往会得到许多代学生们的一致公认。

最后，年轻人需要英雄。缺乏英雄时，人们通常容易满足现状而不追求理想。研究 X、Y 世代的学者们发出过这样的悲叹，这代人缺乏英雄。英雄是将自己的利益放在一边而坚持正义的勇者。即使在艰难的时候，在危机时刻，在别人于困难面前退缩时，他们仍迈步向前。医学教育面临的重大挑战之一就是，发现英雄，讴歌他们的成就，并致力于让他们成为学习榜样及每个人努力奋斗的目标。

❖ 医生的职业倦怠

医疗行业的威胁之一是医生的职业倦怠，它在医疗行业中十分普遍并极其显著地影响了从业者的职业精神。职业倦怠浇灭了医生的工作激情而使得他们难以践行医学专业的最高标准。

医生的职业倦怠的定义包括三个基本元素：情感耗竭，人格解体，以及个人成就感的降低。不同形式和程度的职业倦怠，是医学界尚未解决的重大问题之一。工作压力相关的倦怠和抑郁都在医疗行业中颇为盛行。因此，职业倦怠被称为医生的暗伤，是对医生灵魂的侵蚀（119-123）。

有某些个人特质（124-128）的医生更容易出现职业倦怠（表1-3）。其中，许多特质也同时是优秀无私职业医生的特征，所以职业倦怠更容易发生在那些对患者最具同情心、最优秀的医生身上。许多研究者认为在某些医生身上职业倦怠是可以预见的。相似地，研究也表明存在容易导致医生出现职业倦怠的环境因素（参见表1-3）。很显然，过度操劳、失控、孤立以及失去生活的平衡，这些体验都会导致工作热情的丧失。此外，来自医学院校和住院医生培训项目的压力对职业倦怠的产生也难辞其咎，比如过长的工作时间、对学习与工作不平衡的不满、个人成长和进步感的缺失以及无尽无用的没有人情味的医疗照护。基于这些医学教育方面的因素，职业倦怠常

表 1-3 与医生职业倦怠相关的因素

导致职业倦怠的个人特质	导致职业倦怠的环境因素	医疗差错与职业倦怠的关系
认为“医学是一种神圣的召唤”	过度操劳	差错导致职业倦怠
强迫，冲动任性	缺乏掌控	倦怠亦增加医疗差错
未婚，无子	孤立	对未来可能出现的医疗差错感到焦虑
个性消极	失去社区或团队的支持	睡眠质量下降
女性，未被充分代表的少数群体	角色模糊或冲突	过度谨慎小心
不与家人同住	培训早期阶段	自觉工作质量下降
个人关系紧张	对教师/学习不满	抑郁
年轻	无效医疗	提前退休
	缺乏个人反思的时间	孤立
	繁冗官僚的工作	
	缺乏患者的感激	

常是“青年人的疾病”。同时，这些医学教育体制的问题为医学教育工作者们敲响了警钟，职业倦怠最早可以出现在医学院的第三年、实习阶段和工作早期。

医疗差错和由此引起的个人反应是职业倦怠的重要诱因（参见表1-3）。青年医生几乎没有接受过如何应对医疗差错的培训。他们往往并不能从同事中获得帮助和支持，因此常陷于愈加严重的孤独无助和焦虑中，难以自拔。尤其是近期倡导的主动对患者及其家属公开医疗差错的做法，更要求负责公布事实的医生接受谨慎的指导和培训。出于善意的公布事实有可能引起患者及其家属强烈的负面反应，致使医生遭受打击并快速进展为职业倦怠。

整个医疗行业都应该警惕同事陷入困境。要及时发现职业倦怠的征兆和症状（表1-4）（136），寻求帮助的需求要获得文化认同，并保证帮助切实可得。医生必须有强大的社交网络以便他们能探讨并反思他们作为医疗照顾者的人性弱点和相关“共情疲劳”事件。医生一

表1-4 职业倦怠的“症状与体征”

慢性疲劳
对提出要求的人发火
容忍各种要求并自我检讨
犬儒主义、消极和易激惹
被围攻感
容易被小事惹火
体重减轻或增加
失眠和抑郁
猜疑
绝望无助感
更愿意冒险
抑郁和精神耗竭
职业目标的改变
心理上逃避工作
越来越关注自己，而不关注他人
总体上对生活态度消极

旦出现职业倦怠，严重抑郁、物质滥用、暴怒、失恋以及最终自杀的风险会升高。此外，临床工作表现也可能受到影响，比如失去患者的信任、患者依从性下降、医疗差错增多、患者甚至能明确地感觉到该医生失去了共情能力，不再喜欢成为一名医生（参见表 1-5）。

表 1-5 职业倦怠对医生和患者的影响

对医生的影响	对患者的影响
抑郁、自杀	失去患者的信任
物质滥用	患者的依从性降低
愤怒	医疗差错
个人关系的恶化	失去共情能力

迄今尚无有效的干预手段可以成功扭转医生的职业倦怠（137-140）。但是如果我们分析导致倦怠的个人和环境因素，可以明显看出领导力必定会有所作用。处于领导阶层的医学教育者或高年资医生要负责营造一个良好的学习和工作环境，让医生能保持职业精神、共情能力、无私精神并获得职业满足感。在一整天充满压力的工作中，医生必须有时间来社交、反思和休息。此外，要营造积极的文化氛围，允许医生在职业功能发生问题的早期寻求帮助。医生间也必须建立信任互助的关系，以便公开讨论这些问题，无所畏惧。

❖ 医生的自愈力

如果职业倦怠在天平的一端，属于正面力量的医生自愈力则占据了天平的另一端。目前关于该话题的文献较少，但在逐渐增加（141-143）。

在一种概念模型中，医生的自愈力与充足的保留应对力有关，这种应对力可被外界需求耗竭或补充，但其塑形和构建取决于内部因素（144）。该模型可以解释为什么自愈力因人而异，且在同一个人身上也受外部压力的影响而不同。此外，该模型可能帮助找出增强自愈力的方法。

在一些研究论文中，关于如何预测哪些医生的自愈力强而哪些医生容易出现职业倦怠，已有一些共识。关键的正面因素包括：①态度，观念以及处世方式；②关系；③平衡和优先；④良好的工作环境；以及⑤精神追求（表 1-6）（141-143）。

表 1-6　医生的自愈力：正面因素

因　素	范　例
态度，观念以及处世方式	积极的外表 正确评估医生的角色 自尊 自我掌控力
关系	家庭、同事、朋友和社区
平衡和优先	职业界限设定 自我关怀 自我娱乐活动规划 为别人留出时间
良好的工作环境	满意度高，有控制力，得力的员工； 优秀的合作伙伴；高效的工作环境；
精神追求	宗教、祈祷和社区

我们迫切地希望医疗行业的对话重点从消极的“倦怠”转为积极的“自愈力”。医学教育者和领导者必须找出新方法来推动各种有利因素，帮助医生吸收外部压力、利用内部资源、保持从业积极性。

❖ 结论

在不远的将来，医学教育仍面临许多挑战，比如如何教授现代科学；如何理解医生社会角色的变迁；在新的科技爆炸中如何推动以患者为中心的医疗服务；如何应对年轻一代不断变化的价值观。这些挑战要求教育领导者兼具创造力、勇气和奉献精神。

然而，在医学教育中，没有哪个领域比青年医生的职业精神培养所面临的挑战更大。这项挑战十分具有纪念意义，无法回避，而其回报也将是巨大的。

医疗实践是一门艺术而不是一项交易；是一种召唤，而不是一件买卖；在这种召唤中，你的心灵和大脑将会得到同样的锻炼。

——威廉·奥斯勒爵士

致谢：非常感谢 Carole M. Ingrassia 在本章编撰中一丝不苟的工作。

（余鸿雁译　黄晓明校）

参　考　文　献

1. **Association of American Medical Colleges.** AAMC Statement on the Physician Workforce. June 2006. Accessed at www.aamc.org/workforce/workforceposition.pdf.
2. **Kirch DG.** A word from the president: "The primary care 'crisis.'" AAMC Reporter. October 2008. Accessed at www.aamc.org/newsroom/reporter/oct08/word.htm.
3. **Salsberg E, Grover A.** Physician workforce shortages: implications and issues for academic health centers and policymakers. Acad Med. 2006;81:782-7.
4. **Dill M, Salsberg E.** Center for Workforce Studies. The complexities of physician supply and demand: projections through 2025. Association of American Medical Colleges. November 2008. Accessed at www.aamc.org/workforce/annualmeeting08/salsberg20081.pdf.
5. **Center for Workforce Studies.** Recent studies and reports on physician shortages in the US. Association of American Medical Colleges. October 2008. Accessed at www.aamc.org/workforce/recentworkforcestudies.pdf.
6. **Fred HL.** These are the days: the internship revisited [Editorial]. Tex Heart Inst J. 2007; 34:3-5.
7. **Ende J, ed.** Theory and Practice of Teaching Medicine. Philadelphia: ACP Pr; 2010.
8. **Reinertsen JL.** Zen and the art of physician autonomy maintenance. Ann Intern Med. 2003;138:992-5.
9. **Pont EA.** The culture of physician autonomy; 1900 to the present. Camb Q Healthc Ethics. 2000;9:98-113; discussion 113-9.
10. **Koo D, Thacker SB.** The education of physicians: a CDC perspective. Acad Med. 2008; 83:399-407.
11. **Finkelstein JA, McMahon GT, Peters A, Cadigan R, Biddinger P, Simon SR.** Teaching population health as a basic science at Harvard Medical School. Acad Med. 2008;83: 332-7.

12. **Ornt DB, Aron DC, King NB, Clementz LM, Frank S, Wolpaw T, et al.** Population medicine in a curricular revision at Case Western Reserve. Acad Med. 2008;83:327-31.
13. **Maeshiro R.** Responding to the challenge: population health education for physicians [Editorial]. Acad Med. 2008;83:319-20.
14. **Woodruff JN, Angelos P, Valaitis S.** Medical professionalism: one size fits all? Perspect Biol Med. 2008;51:525-34.
15. **Holsinger JW Jr, Beaton B.** Physician professionalism for a new century. Clin Anat. 2006;19:473-9.
16. Is medicine still a profession? [Editorial]. CMAJ. 2006;174:743, 745.
17. **Dhai A.** Understanding professionalism in health care in the twenty first century. SADJ. 2008;63:174, 176-7.
18. **Wagner P, Hendrich J, Moseley G, Hudson V.** Defining medical professionalism: a qualitative study. Med Educ. 2007;41:288-94.
19. **Pellegrino E.** Character formation and the making of good physicians. In: Kenny N, Shelton W, eds. Lost Virtue: Professional Character Development in Medical Education. Advances in Bioethics. Vol 10. Oxford, United Kingdom: Elsevier; 2006:1-15.
20. **Kenny N.** Searching for doctor good: virtues for the twenty-first century. In: Kenny N, Shelton W, eds. Lost Virtue: Professional character development in medical education. Advances in Bioethics. Vol 10. Oxford, United Kingdom: Elsevier; 2006:1211-33.
21. **Stern D.** A framework for measuring professionalism. In: Stern D, ed. Measuring Medical Professionalism. New York: Oxford Univ Pr; 2006:3-13.
22. **Reiser SJ.** The moral order of the medical school. In: Wear D, Bickel J, eds. Educating for Professionalism: Creating a Culture of Humanism in Medical Education. Iowa City: Univ Iowa Pr; 2000:3-10.
23. **Coulehan J, Williams PC.** Professional ethics and social activism: where have we been? where are we going? In: Wear D, Bickel J, eds. Educating for Professionalism: Creating a Culture of Humanism in Medical Education. Iowa City: Univ of Iowa Pr; 2000:49-69.
24. **Branch WT Jr.** Supporting the moral development of medical students. J Gen Intern Med. 2000;15:503-8.
25. **Pellegrino ED.** Professionalism, profession and the virtues of the good physician. Mt Sinai J Med. 2002;69:378-84.
26. **Klein EJ, Jackson JC, Kratz L, Marcuse EK, McPhillips HA, Shugerman RP, et al.** Teaching professionalism to residents. Acad Med. 2003;78:26-34.
27. **Markakis KM, Beckman HB, Suchman AL, Frankel RM.** The path to professionalism: cultivating humanistic values and attitudes in residency training. Acad Med. 2000; 75:141-50.
28. Common program requirement, general competencies. Chicago: Accreditation Council for Graduate Medical Education; 1 July 2007.
29. **Accreditation Council for Graduate Medical Education.** Outcome Project. Accessed at www.acgme.org/outcome.
30. **Liaison Committee on Medical Education.** Accreditation Standards. Medical students section: the learning environment (MS-31). June 2008. Accessed at www.lcme.org.
31. **Medical professionalism in the new millennium: a physician charter.** Project of the ABIM Foundation, ACP–ASIM Foundation, and European Federation of Internal MedicineAnn Intern Med. 2002;136:243-6.
32. **Rosenstein AH, O'Daniel M.** A survey of the impact of disruptive behaviors and communication defects on patient safety. Jt Comm J Qual Patient Saf. 2008;34:464-71.
33. **Smith LG.** Medical professionalism and the generation gap. Am J Med. 2005;118:439-42.

34. **Wass V.** Doctors in society: medical professionalism in a changing world. Clin Med. 2006;6:109-13.
35. **Cohen JJ.** Chairman's summary of the conference. In: Hager M, ed. Revisiting the medical school educational mission at a time of expansion. Charleston, SC. Josiah Macy, Jr., Foundation; 2008.
36. **Elliott C.** Disillusioned doctors. In: Kenny N, Shelton W, eds. Lost Virtue: Professional Character Development in Medical Education. Advances in Bioethics. Vol 10. Oxford, United Kingdom: Elsevier; 2006:87-97.
37. **Hickson GB, Federspiel CF, Pichert JW, Miller CS, Gauld-Jaeger J, Bost P.** Patient complaints and malpractice risk. JAMA. 2002;287:2951-7.
38. **Coulehan J.** Viewpoint: today's professionalism: engaging the mind but not the heart. Acad Med. 2005;80:892-8.
39. **Rhodes R, Smith LG.** Molding professional character. In: Kenny N, Shelton W, eds. Lost Virtue: Professional Character Development in Medical Education. Advances in Bioethics. Vol 10. Oxford, United Kingdom: Elsevier; 2006:99-114.
40. **Korn D, Ehringhaus S.** The scientific basis of influence and reciprocity: a symposium. Washington, DC: Association of American Medical Colleges; 12 June 2007.
41. **Brennan TA, Rothman DJ, Blank L, Blumenthal D, Chimonas SC, Cohen JJ, et al.** Health industry practices that create conflicts of interest: a policy proposal for academic medical centers. JAMA. 2006;295:429-33.
42. **Rothman DJ, Chimonas S.** New developments in managing physician-industry relationships. JAMA. 2008;300:1067-9.
43. **Relman AS.** Industry support of medical education. JAMA. 2008;300:1071-3.
44. **Ehringhaus SH, Weissman JS, Sears JL, Goold SD, Feibelmann S, Campbell EG.** Responses of medical schools to institutional conflicts of interest. JAMA. 2008;299:665-71.
45. **Keegan R.** The Evolving Self. Boston: Harvard Univ Pr; 1982.
46. **Kohlberg L.** Moral stages and moralization: the cognitive developmental approach. In: Lickona T, ed. Moral Development and Behavior: Theory, Research and Social Issues. New York: Holt, Rinehart and Winston; 1976:31-53.
47. **Pascarella ET, Terenzini PT.** How College Affects Students: Findings and Insights From Twenty Years of Research. San Francisco: Jossey-Bass; 1991:335-67.
48. **Forsythe GB, Snook S, Lewis P, Bartone P.** Making sense of officership: developing a professional identity for 21st century army officers. In: Snider D, Watkins G, eds. The Future of the Army Profession. New York: McGraw-Hill; 2002:357-78.
49. **Lancaster LC, Stillman D.** When Generations Collide. New York: HarperCollins; 2002.
50. **Zemke R, Raines C, Filipczak B.** Generations at Work. New York: American Management Assoc; 2000.
51. **Leahy AL.** Managing the generation gap in healthcare [Editorial]. Surgeon. 2008;6:4-5.
52. **Walker JT, Martin T, White J, Elliott R, Norwood A, Mangum C, et al.** Generational (age) differences in nursing students' preferences for teaching methods. J Nurs Educ. 2006; 45:371-4.
53. **Safer M.** The Millennials Are Coming. CBS News. 11 November 2007. Accessed at www.cbsnews.com/stories/2007/11/08/60minutes/main3475200.shtml.
54. **Henningsen JA.** Why the numbers are dropping in general surgery: the answer no one wants to hear—lifestyle! Arch Surg. 2002;137:255-6.
55. **Dorsey ER, Jarjoura D, Rutecki GW.** Influence of controllable lifestyle on recent trends in specialty choice by US medical students. JAMA. 2003;290:1173-8.
56. **Croasdale M.** Balance becomes key to specialty pick. 2003. Accessed at www.ama-assn.org/amednews/2003/09/22/prsc0922.htm.

57. **Snell JC.** Teaching Gen X &Y: an essay part 1: establishing one's self in the classroom—brief article. College Student Journal. September 2000.
58. **Snell JC.** Teaching Gen X &Y: an essay part 2: teaching strategies. College Student Journal. December 2000.
59. **Oblinger D.** Boomers, Gen-Xers & Millennials: Understanding the New Students. Educause Review. 2003;38:37-47.
60. **Brensilver JM, Smith L, Lyttle CS.** Impact of the Libby Zion case on graduate medical education in internal medicine. Mt Sinai J Med. 1998;65:296-300.
61. **New York Codes, Rules and Regulations.** 10 NYCRR Part 405. §405.4.i-ii.
62. **Pangaro L, ed.** Leadership Careers in Medical Education. Philadelphia: ACP Pr; 2010.
63. **Institute of Medicine.** Resident Duty Hours: Enhancing Sleep, Supervision, and Safety. December 2008. Accessed at www.iom.edu/Reports/2008/Resident-Duty-Hours-Enhancing-Sleep-Supervision-and-Safety.aspx.
64. **Adams D.** Generation gripe: young doctors less dedicated, hardworking? American Medical News. 2 February 2004. Accessed at www.ama-assn.org/amednews/2004/02/02/prl20202.htm.
65. **Merritt, Hawkins and Associates.** Summary of Physicians. Accessed at www.merritthawkins.com/pdf/2004_phpysician50_survey.pdf.
66. **Bebeau MJ.** Evidence-based character development. In: Kenny N, Shelton W, eds. Lost Virtue: Professional Character Development in Medical Education. Advances in Bioethics. Vol 10. Oxford, United Kingdom: Elsevier; 2006:4:47-86.
67. **Mann KV.** Learning and teaching in professional character development. In: Kenny N, Shelton W, eds. Lost Virtue: Professional Character Development in Medical Education. Advances in Bioethics. Vol 10. Oxford, United Kingdom: Elsevier; 2006:145-83.
68. **Bebeau MJ, Lewis PL.** Manual for assessing and promoting identity formation. Center for the Study of Ethical Development. University of Minnesota; 2004.
69. **Branch WT Jr.** Small-group teaching emphasizing reflection can positively influence medical students' values [Letter]. Acad Med. 2001;76:1171-2; author reply 1172-3.
70. **Branch WT Jr.** Supporting the moral development of medical students. J Gen Intern Med. 2000;15:503-8.
71. **Stephenson A, Higgs R, Sugarman J.** Teaching professional development in medical schools. Lancet. 2001;357:867-70.
72. **Coulehan J, Williams PC.** Vanquishing virtue: the impact of medical education. Acad Med. 2001;76:598-605.
73. **Epstein RM, Hundert EM.** Defining and assessing professional competence. JAMA. 2002;287:226-35.
74. **Feudtner C, Christakis DA, Christakis NA.** Do clinical clerks suffer ethical erosion? Students' perceptions of their ethical environment and personal development. Acad Med. 1994;69:670-9.
75. **Hafferty FW, Franks R.** The hidden curriculum, ethics teaching, and the structure of medical education. Acad Med. 1994;69:861-71.
76. **Hundert EM, Hafferty F, Christakis D.** Characteristics of the informal curriculum and trainees' ethical choices. Acad Med. 1996;71:624-42.
77. **Kenny NP, Mann KV, MacLeod H.** Role modeling in physicians' professional formation: reconsidering an essential but untapped educational strategy. Acad Med. 2003;78:1203-10.
78. **Wear D, Castellani B.** The development of professionalism: curriculum matters. Acad Med. 2000;75:602-11.
79. **Adamson TE, Bunch WH, Baldwin DC Jr, Oppenberg A.** The virtuous orthopaedist has fewer malpractice suits. Clin Orthop Relat Res. 2000:104-9.

80. **Becker MH, Maiman LA.** Strategies for enhancing patient compliance. J Community Health. 1980;6:113-35.
81. **Levinson W, Roter DL, Mullooly JP, Dull VT, Frankel RM.** Physician-patient communication. The relationship with malpractice claims among primary care physicians and surgeons. JAMA. 1997;277:553-9.
82. **Wagoner NE.** Admission to medical school: selecting applicants with the potential for professionalism. In: Stern D, ed. Measuring Medical Professionalism. New York: Oxford Univ Pr; 2006:235-63.
83. **Kelman E, Canger S.** Validity of interview for admissions evaluation. Journal of Veterinary Medical Education. 1994;21:2
84. **Kulatunga-Moruzi C, Norman GR.** Validity of admissions measures in predicting performance outcomes: the contribution of cognitive and non-cognitive dimensions. Teach Learn Med. 2002;14:34-42.
85. **Kulatunga-Moruzi C, Norman GR.** Validity of admissions measures in predicting performance outcomes: a comparison of those who were and were not accepted at McMaster. Teach Learn Med. 2002;14:43-8.
86. **Stern DT, Frohna AZ, Gruppen LD.** The prediction of professional behaviour. Med Educ. 2005;39:75-82.
87. **Stern D.** A framework for measuring professionalism. In: Stern D, ed. Measuring Medical Professionalism. New York: Oxford Univ Pr; 2006:3-13.
88. **Stern DT, Frohna AZ, Gruppen LD.** The prediction of professional behaviour. Med Educ. 2005;39:75-82.
89. **Merton RK, Reader GG, Kendal PL, eds.** The Student Physician. Introductory Studies in the Sociology of Medical Education. Cambridge, MA: Harvard Univ Pr; 1957.
90. **Arnold L, Stern DT.** What is medical professionalism? In: Stern D, ed. Measuring Medical Professionalism. New York: Oxford Univ Pr; 2006:15-37.
91. **Kao A.** Ethics, law and professionalism: what physicians need to know. In: Stern D, ed. Measuring Medical Professionalism. New York: Oxford Univ Pr; 2006:39-52.
92. **Hafferty F.** Measuring professionalism: a commentary. In: Stern D, ed. Measuring Medical Professionalism. New York: Oxford Univ Pr: 2006:281-306.
93. **Mangione S, Kane GC, Caruso JW, Gonnella JS, Nasca TJ, Hojat M.** Assessment of empathy in different years of internal medicine training. Med Teach. 2002;24:370-3.
94. **Veloski J, Hojat M.** Measuring specific elements of professionalism: empathy, teamwork and lifelong learning. In: Stern D, ed. Measuring Medical Professionalism. New York: Oxford Univ Pr; 2006:117-45.
95. **Arnold EL, Blank LL, Race KE, Cipparrone N.** Can professionalism be measured? The development of a scale for use in the medical environment. Acad Med. 1998;73:1119-21.
96. **Papadakis M, Loeser H.** Using critical incident reports and longitudinal observations to assess professionalism. In: Stern D, ed. Measuring Medical Professionalism. New York: Oxford Univ Pr; 2006:159-73.
97. **Papadakis MA, Hodgson CS, Teherani A, Kohatsu ND.** Unprofessional behavior in medical school is associated with subsequent disciplinary action by a state medical board. Acad Med. 2004;79:244-9.
98. **Ginsburg S, Kachan N, Lingard L.** Before the white coat: perceptions of professional lapses in the pre-clerkship. Med Educ. 2005;39:12-9.
99. **Klamen D, Williams R.** Using standardized clinical encounters to assess physician communication. In: Stern D, ed. Measuring Medical Professionalism. New York: Oxford Univ Pr; 2006:53-74.

100. **Norcini J.** Faculty observations of student professional behavior. In: Stern D, ed. Measuring Medical Professionalism. New York: Oxford Univ Pr; 2006:147-57.
101. **Arnold L, Stern D.** Content and context of peer assessment. In: Stern D, ed. Measuring Medical Professionalism. New York: Oxford Univ Pr; 2006:175-94.
102. **McCormack WT, Lazarus C, Stern D, Small PA Jr.** Peer nomination: a tool for identifying medical student exemplars in clinical competence and caring, evaluated at three medical schools. Acad Med. 2007;82:1033-9.
103. **Ludmerer KM.** Time to Heal. New York: Oxford Univ Pr; 1999.
104. **Martinez R.** Professional role in health care institutions: toward an ethics of authenticity. In: Wear D, Bickel J, eds. Educating for Professionalism: Creating a Culture of Humanism in Medical Education. Iowa City: Univ of Iowa Pr; 2000:35-48
105. **Grady-Weliky TA, Kettyle CN, Hundert EM.** The mentor-mentee relationship in medical education: a new analysis. In: Wear D, Bickel J, eds. Educating for Professionalism: Creating a Culture of Humanism in Medical Education. Iowa City: Univ of Iowa Pr; 2000:105-19.
106. **Farrell SE, Digioia NM, Broderick KB, Coates WC.** Mentoring for clinician-educators. Acad Emerg Med. 2004;11:1346-50.
107. **Palepu A, Friedman RH, Barnett RC, Carr PL, Ash AS, Szalacha L, et al.** Junior faculty members' mentoring relationships and their professional development in U.S. medical schools. Acad Med. 1998;73:318-23.
108. **Jackson VA, Palepu A, Szalacha L, Caswell C, Carr PL, Inui T.** "Having the right chemistry": a qualitative study of mentoring in academic medicine. Acad Med. 2003; 78:328-34.
109. **Sambunjak D, Straus SE, Marusic A.** Mentoring in academic medicine: a systematic review. JAMA. 2006;296:1103-15.
110. **Baugh SG, Sullivan, SE.** Mentoring and career development. Guest Editorial. Career Development International. 2005;10:425-8.
111. **Rose GL, Rukstalis MR, Schuckit MA.** Informal mentoring between faculty and medical students. Acad Med. 2005;80:344-8.
112. **Straus SE, Chatur F, Taylor M.** Issues in the mentor-mentee relationship in academic medicine: a qualitative study. Acad Med. 2009;84:135-9.
113. **Zerzan JT, Hess R, Schur E, Phillips RS, Rigotti N.** Making the most of mentors: a guide for mentees. Acad Med. 2009;84:140-4.
114. **Pololi LH, Knight SM, Dennis K, Frankel RM.** Helping medical school faculty realize their dreams: an innovative, collaborative mentoring program. Acad Med. 2002;77: 377-84.
115. **Berk RA, Berg J, Mortimer R, Walton-Moss B, Yeo TP.** Measuring the effectiveness of faculty mentoring relationships. Acad Med. 2005;80:66-71.
116. **Steiner JF, Curtis P, Lanphear BP, Vu KO, Main DS.** Assessing the role of influential mentors in the research development of primary care fellows. Acad Med. 2004;79: 865-72.
117. **Keyser DJ, Lakoski JM, Lara-Cinisomo S, Schultz DJ, Williams VL, Zellers DF, et al.** Advancing institutional efforts to support research mentorship: a conceptual framework and self-assessment tool. Acad Med. 2008;83:217-25.
118. **Wiese J, ed.** Teaching in the Hospital. Philadelphia: ACP Pr; 2010.
119. **Meadors P, Lamson A.** Compassion fatigue and secondary traumatization: provider self care on intensive care units for children. J Pediatr Health Care. 2008;22:24-34.
120. **Gundersen L.** Physician burnout. Ann Intern Med. 2001;135:145-8.

121. **Maslach C, Jackson SE.** Burnout in organizational settings. Applied Social Psychology Annual. 1984;5:133-53.
122. **Chopra SS, Sotile WM, Sotile MO.** STUDENTJAMA. Physician burnout. JAMA. 2004; 291:633.
123. **DeValk M, Oostrom C.** Burnout in the medical profession. Occupational Health at Work. 2007;3:1-5.
124. **Muscatello MR, Bruno A, Carroccio C, Cedro C, La Torre D, Di Rosa AE, et al.** Association between burnout and anger in oncology versus ophthalmology health care professionals. Psychol Rep. 2006;99:641-50.
125. **Dyrbye LN, Thomas MR, Huschka MM, Lawson KL, Novotny PJ, Sloan JA, et al.** A multicenter study of burnout, depression, and quality of life in minority and non-minority US medical students. Mayo Clin Proc. 2006;81:1435-42.
126. **McManus IC, Keeling A, Paice E.** Stress, burnout and doctors' attitudes to work are determined by personality and learning style: a twelve year longitudinal study of UK medical graduates. BMC Med. 2004;2:29.
127. **Meltzer LS, Huckabay LM.** Critical care nurses' perceptions of futile care and its effect on burnout. Am J Crit Care. 2004;13:202-8.
128. **Spickard A Jr, Gabbe SG, Christensen JF.** Mid-career burnout in generalist and specialist physicians. JAMA. 2002;288:1447-50.
129. **Fahrenkopf AM, Sectish TC, Barger LK, Sharek PJ, Lewin D, Chiang VW, et al.** Rates of medication errors among depressed and burnt out residents: prospective cohort study. BMJ. 2008;336:488-91.
130. **Waterman AD, Garbutt J, Hazel E, Dunagan WC, Levinson W, Fraser VJ, et al.** The emotional impact of medical errors on practicing physicians in the United States and Canada. Jt Comm J Qual Patient Saf. 2007;33:467-76.
131. **Shanafelt TD, Bradley KA, Wipf JE, Back AL.** Burnout and self-reported patient care in an internal medicine residency program. Ann Intern Med. 2002;136:358-67.
132. **West CP, Huschka MM, Novotny PJ, Sloan JA, Kolars JC, Habermann TM, et al.** Association of perceived medical errors with resident distress and empathy: a prospective longitudinal study. JAMA. 2006;296:1071-8.
133. **Consumer Affairs.** Physician burnout linked to medical errors. 2005. Accessed at www.consumeraffairs.com/news04/2006/09/doctors_medical_errors.html.
134. **Engel KG, Rosenthal M, Sutcliffe KM.** Residents' responses to medical error: coping, learning, and change. Acad Med. 2006;81:86-93.
135. **Fischer MA, Mazor KM, Baril J, Alper E, DeMarco D, Pugnaire M.** Learning from mistakes. Factors that influence how students and residents learn from medical errors. J Gen Intern Med. 2006;21:419-23.
136. **Castelo-Branco C, Figueras F, Eixarch E, Quereda F, Cancelo MJ, González S, et al.** Stress symptoms and burnout in obstetric and gynaecology residents. BJOG. 2007; 114:94-8.
137. **Linzer M, Visser MR, Oort FJ, Smets EM, McMurray JE, de Haes HC; Society of General Internal Medicine (SGIM) Career Satisfaction Study Group (CSSG).** Predicting and preventing physician burnout: results from the United States and the Netherlands. Am J Med. 2001;111:170-5.
138. **McCray LW, Cronholm PF, Bogner HR, Gallo JJ, Neill RA.** Resident physician burnout: is there hope? Fam Med. 2008;40:626-32.
139. **Zellmer DD.** Teaching to prevent burnout in the helping professions. Analytic Teaching. 2005;vol 24: no. 1.

140. **CMA Policy.** Physician health and well-being. Ottawa, Ontario, Canada: Canadian Medical Assoc; 1998.
141. **Weiner EL, Swain GR, Wolf B, Gottlieb M.** A qualitative study of physicians' own wellness-promotion practices. West J Med. 2001;174:19-23.
142. **Huby G, Gerry M, McKinstry B, Porter M, Shaw J, Wrate R.** Morale among general practitioners: qualitative study exploring relations between partnership arrangements, personal style, and workload. BMJ. 2002;325:140.
143. **Jensen PM, Trollope-Kumar K, Waters H, Everson J.** Building physician resilience. Can Fam Physician. 2008;54:722-9.
144. **Dunn LB, Iglewicz A, Moutier C.** A conceptual model of medical student well-being: promoting resilience and preventing burnout. Acad Psychiatry. 2008;32:44-53.

第 2 章

导师制和职业精神的基础

Holly J. Humphrey, MD, MACP

导师是人生的向导，引领我们踏上人生的旅程。他们见识广博、经验丰富，值得信赖。在人生的道路上，他们充实我们的理想，照亮我们前行的道路，为我们解释神秘的征象，提醒我们小心诱人的陷阱，带我们发现沿途的惊喜（1）。

——劳伦·达罗茨

要点：

- 导师指导是所有职业的重要组成成分，贯穿于所有学科。导师制鼓励学生反思如何让自己的工作有助于自身职业发展，有助于整个社会。
- 导师制的相关文献著作是以几位学者的学术研究为基础的，他们包括发展心理学家埃里克·埃里克森（Erik Erikson）和丹尼尔·莱文森（Daniel Levinson），教育学家劳伦·达罗茨（Laurent Daloz），教育心理学家中村珍妮（Jeanne Nakamura）和戴维·谢诺夫（David Shernoff）。
- 通过老师-学生关系和导师-学徒关系，专业价值观和实践技能得以在两代人间传承。
- 理想的导师会为学徒提供一个支持性的学习环境，既充满挑战又充满激励。
- 理想的学徒对导师的期望切合实际，且愿意接受有建设性的批评意见。

- 常见的导师制模式包括，传统的一对一模式——由经验丰富的老教师为新手指引方向；分阶段导师制——学生在训练的不同阶段分别受教于不同的团队；同伴导师制——一群有相似兴趣爱好的人互相指教。
- 导师制是将职业价值观代代相传并铭刻在心的重要媒介。

当你在参观新锐艺术家的展览或观看世界闻名的交响乐团、歌剧团的表演时，如果阅读艺术家、首席独奏或指挥家的背景介绍，你不仅能从中了解他们的艺术成就，比如曾经扮演过的歌剧角色、出过的唱片、举办过的展览，往往还能找到他们“授业恩师”的名字。在音乐和艺术领域，“授业恩师”的意义非同寻常，他们不是简单的指导教师，而是引领一种特殊技法、风格或派系的大师。学生作为艺术的实践者，通过自己的声音、眼睛、耳朵或双手将作品中的细微差别复制、扩大，甚至深化产生新的解读。

科学世界中的实验室与艺术家师从何家有类似之处。某资深科学家的名声如何？他的实验室是以高质量、高影响力著称，还是只注重论文的产量而不在乎科研工作的影响力和真实性？在哪个导师的实验室中受训更有利于为自己的科研生涯打下基础——那意味着不仅从中学习到科研的基本方法和应对问题及失败的技能，还要学习在实验室中如何与同一领域的众多科学家沟通合作，如何思考和处理别人工作中发现的问题。

在临床医学中，肩负着医学生和住院医生教学与培训任务的上级医生就如同艺术家的“授业恩师”。在大师的指导下学习临床知识，无论是思维习惯、临床反应、诊断敏锐性，还是操作技巧，对年轻医生来说可谓是受益匪浅。有时与临床老师的日常交流会发展成更隽永、牢固的友谊。除了教授和学习临床医学的知识和技能，思考职业发展中的现实问题外，师生逐渐意识到自我反思的重要性，并开始思考个人工作对医学乃至社会贡献的重大问题。此时，导师—学生关系即诞生了。这种关系不仅能促进学生的事业发展，还能推动该专业领域的进展，重寻医学职业以患者为中心的根基。总之，导师制有可能推动医学职业乃至社会的进步。

但是，导师制和职业精神的概念却难以定义、度量和评估，显得模糊不清。现实虽然如此，我们却不能因此停止对上述概念的探索，因为这些概念对医生的将来、他们的患者乃至职业精神的宗旨都至关重要。在理想状况下，阐明这些概念将带来对导师制和职业精神全新的认识和应用。

本章用历史和现实的观点探讨了导师制的理论和实践，讨论了理想导师和学生应具备的特质和行为举止。至于导师制的模式，我们意识到可能并不是单一的，或许我们可以用当前的社交网络理论来解释专业人士成长过程中的多重影响。本章最后邀请大家一起从个人、机构和职业的不同角度思考事物从孕育到成熟的复杂含义。一个职业的发展受到个人和机构两方面因素的影响。以医学为例，这种发展必须充分尊重医学专业的核心价值观，又努力适应当前的社会环境，以使广大社会获益。如若基本价值观被舍弃，那么这种发展反而会损害患者、医学职业、医生自己以及社会的整体利益。

❖ 导师制理论

导师制的概念历史悠久，最早源自荷马史诗《奥德赛》（The Odyssey）。奥德修斯将自己的儿子忒勒马科斯托付给值得信赖的老朋友智慧女神雅典娜教养，雅典娜即是导师的原型（2）。她在忒勒马科斯成长过程中为他提供指引、保护和教导，并分享智慧。故事中的雅典娜诠释了导师的基本品质，展示了导师的多重角色，如教练、教师、监护人、保护者以及父母，这些品质和角色仍被现代社会的导师沿用。

导师制的要素超越了学科和专业的界限，存在于教室、会议室、实验室、临床环境等不同场合。难怪来自商业、社会心理学、教育学以及医学等众多领域的书籍和理论家都在试图解释什么是导师制，它为何如此重要。社会心理学家米哈里·契克森（Mihaly Csikszentmihalyi）曾说过，“什么是导师？导师就是那些教会男孩如何成为猎手，女孩如何学会织布的人；那些让农民、建筑师、医生掌握各自手艺的人。导师制还是文化传承的关键环节，但这一点尚未得到充分理解”（3）。

如今关于导师制的著作丰富多样，从目标导向，关注“如何成功”的商业类著作（4）到由霍华德休斯医学研究所（HHMI）赞助的新一代科学家培养项目（5），各有侧重。导师制一直以来被认为是医学学术界的固有元素，在医学教育的各个阶段和教师培训中都至关重要。导师制常与医学科学的重要成果关系密切（6，7）。但是导师制的影响力（7）和构成元素却很难量化。因此，导师制作为一个概念对导师和学生而言都是模糊不清的（8）。我们在评价导师制的影响力时常用一些本身就差别细微、模糊不清的标准，例如职业选择、个人满足感和职业精神（9），而较少选用其他反映职业成就的、更易量化的指标。另外，导师制的动态变化大，且与多种因素相依相存，因此要找出与期望结果直接相关的关键因素十分困难。

虽然本章难以全面回顾导师制著作中的所有经典篇章，但不得不提到其中被学术界广泛认可，且与本章关系紧密的几位学者的著作，比如埃里克·埃里克森（Erik Erikson）、丹尼尔·莱文森（Daniel Levinson）、劳伦·达罗茨（Laurent Daloz）、中村珍妮（Jeanne Nakamura）和戴维·谢诺夫（David Shernoff）。

埃里克·埃里克森（Erik Erikson）

一个人只有将生死置之度外并有坚定的信念才能做到最好，这样的人坚信唯一、永恒的幸福是倾尽所能让自己的世界更美好且有序。

——埃里克·埃里克森，1974

埃里克森是最早提出人格终生发展理论的发展心理学家之一。他把人生分为8个发展阶段①，其中成人中期是创造性和有意义的工作不断增值的阶段，人在此阶段的重要任务是传承价值观和文化。该角色主要与养育子女有关，但也与导师制有复杂的联系。埃里克森指出该阶段是繁育的冲突，关注制造和引导下一代（11）。埃里克森主要从导师而非学生的角度阐述和强调了导师制的价值和意义。

①埃里克森将自我意识的形成和发展过程划分为八个阶段，分别为婴儿期、儿童期、学龄初期、学龄期、青春期、成人早期、成人中期和成熟期。

丹尼尔·莱文森（Daniel Levinson）

当一个人年过40，他的任务就是为下一代承担责任……在下一代面前，他需要既具权威性又具亲和力，成为青年人的领袖，同时将青年人当作成人严肃对待，提高他们的参与度，帮助他们成长得更为独立和自信（12）。

——丹尼尔·莱文森，1978

莱文森和埃里克森一样，也关注人生的发展阶段。他认为人到中年，个人与工作和事业的关系才真正形成。莱文森关于导师制的著作非常权威且有说服力，他从学生而不是导师的角度阐述了导师制的重要影响力。导师，作为年轻人的奋斗目标，为学生的发展指明了方向。莱文森这样描述导师，他们通常比学生年长半辈（区别于父母），扮演着教师、向导和帮助学生融入职业社会等角色（13）。莱文森也是最早研究导师的性别差异的学者之一，他探讨了不同性别的导师的可得性以及对学生的不同影响。

劳伦·达罗茨（Laurent Daloz）

作为教师，我们面临的难题不是我们是否会对学生产生影响，而是我们如何影响学生。这是一个师生关系问题：我们的学生将去向何方？我们在他们的旅程中又将扮演怎样的角色？（1，13）

——劳伦·达罗茨，1999

达罗茨提出的一个重要观点是转型时期导师的重要作用。转型时期是个人成长和变化最迅速的时期，迫切需要导师来提供支持、挑战和洞察力。图2-1展示了支持和挑战之间的相互作用。支持是十分必要的，支持包括倾听和“镜像反映”，倾听能真正理解学生，而“镜像反映”是让学生透过导师的模仿认识自己并反思自省。支持还包括提供框架、给学生积极的期望和充当学生的拥护者，最终建立导师与学生之间特殊的互动关系。*挑战*包括确定任务、鼓动分歧、构建假设和设定高标准。最后，学生的*洞察力*来源于导师的指导、保持优秀传统、指点迷津和以镜为鉴。

图2-1让达罗茨的观点更为形象化，导师必须在指导过程中寻求一个平衡点，既肯定学生自身的经验，又为他们提供适当的挑战，这样才能增强学生的自信和力量。但仅仅提供均衡的支持和挑战是不够

的，导师也应通过示范、引导以及反思帮助学生明确前行的方向（14）。导师也是传统或“价值的守护者”（15），他们正是用这种方式完成了文化传统的传承。

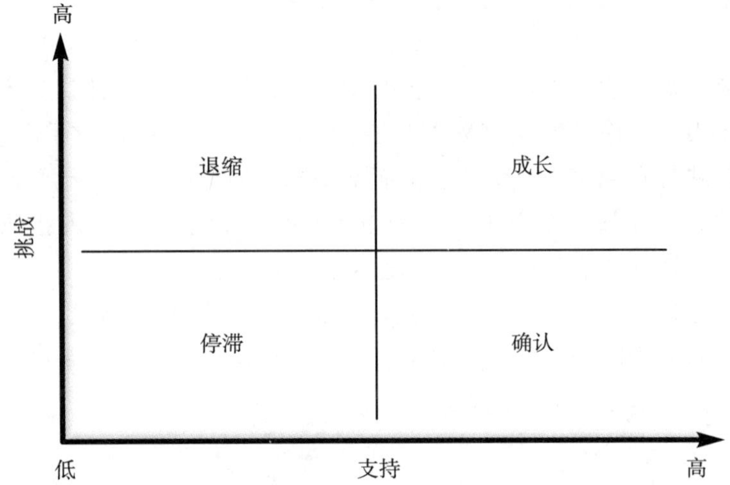

图 2-1 个人发展中支持和挑战的作用。当学生面临的挑战和导师提供的支持都最大化时，才能获得最大程度的成长和发展。

引自：Daloz L. Mentor：Guiding the Journey of Adult learners. 2nd Ed. New York：Jossey-Bass；1999.

中村珍妮（Jeanne Nakamura）和戴维·谢诺夫（David Shernoff）

> 师徒关系（新手和经验丰富的老手之间）不仅在学生个人的专业发展和未来成功中作用重大，还能促进该专业领域的知识和实践的转型和传承，推动职业和社会的进步。总之，它对专业人员和职业本身都有影响。
>
> ——中村珍妮和戴维·谢诺夫，2009

中村和谢诺夫的工作主要是研究专业实践如何在两代人之间传承。他们把那些既是造诣笃深的科学家又是行为高尚的导师作为研究对象，从不断变化的师生关系中找到职业价值观和实践的传承途径。中村和谢诺夫探究了职业谱系的传承，并据此对导师制提出了自己的见解，认为导师的工作会对后来几代人产生潜在的影响。表 2-12 列举物理学、美术史中的著名导师及其学生以及一些众所周知的电影角色，通过这些例子阐释了导师谱系的影响。

与生命物质跨代传递的基本单元——基因一样，“弥母(Meme)①”是宝贵经验和价值观传承的基本单元。弥母，作为基因在文化中的类似物，是用来解释思想、价值观和信仰在不同代人间的传承的基础。甚至与生物进化类似，弥母也在自然选择下进化。它们通过“宿主”的举止和言行得以播散。

中村和谢诺夫用定性研究的方法在科学研究领域的3个导师—学生谱系中发现了传承性极强的弥母，它们是：在研究中的诚实和正直、公平待人、倡导自由思想和提供指引、创建便利的实验室结构。表2-2显示了通过导师制传承弥母的科学家数量。

表2-1　导师谱系实例*

物理学中的导师	学生
Lord Rayleigh	J. J Thomson
J. J Thomson	Ernest Rutherford
Ernest Rutherford	Niels Bohr
Niels Bohr	Linus Pauling，Werner Heisenberg，Aage Bohr
美术史中导师	学生
Jean-Baptiste-Camille Corot	Camille Pissarro
Camille Pissarro	Paul Gauguin，Paul Cézanne
电影《星球大战》中的导师	学徒
Yoda	Obi-Wan Kenobi
Obi-Wan Kenobi	Luke Skywalker

*某个导师对该领域产生的巨大而持久的影响可以跨越数代人。

①meme这个词最初源自英国著名科学家理查德-道金斯（Richard Dawkins）所著的《自私的基因》（The Selfish Gene）一书，其含义是指“在诸如语言、观念、信仰、行为方式等的传递过程中与基因在生物进化过程中所起的作用相类似的那个东西”。现今meme一词已得到广泛的传播，《牛津英语词典》将其定义为：“文化的基本单位，通过非遗传的方式，特别是模仿而得到传递”。

表 2-2 工作中的优秀弥母：继承了各弥母的谱系成员

弥母	Gall 谱系（n=13）	Motulsky 谱系（n=13）	Lewontin 谱系（n=13）	χ^2
科研工作中诚实、正直、有道德	8	7	7	0.07
公平公正地对待旁人	5	4	7	1.42
倡导思想自由，提供指引	6	5	4	0.52
构建便利的实验室结构	8	2	8	6.48 *

除非额外说明，本表中的数值是谱系成员的数量。引自：Nakamura J.，Shernoff DJ. Good Mentoring：Fostering Excellent Practice in Higher Education. San francisco；J Wiley；2009

* $P<0.05$

❖ 理想导师的特质和行为举止

一些经典和当代的学术著作对导师制理论进行了深刻解读，全面阐释了如何实施导师制。他们还就如何将这些概念应用于实践提出了整体框架。换句话说，他们回答的问题是，导师应具备哪些特质和行为举止？

许多学者都尝试过找出导师的关键要素，并将其转化为实用的意见和建议。最近的一本关于导师的书中提出 6 大关键点：①优秀的导师需要做什么？（技术问题）；②优秀导师的特质（个性和风格问题）；③设计并规划导师—学生关系（起始问题）；④导师的自我认识（正直问题）；⑤如果事情出现差错（纠正错误的问题）；以及⑥鼓励改变和告别（收尾问题）（3）。

中村和谢诺夫的最新著作强调了给予支持的师生关系的重要作用。这种关系会带来积极的、有建设性的体验，比其他所有特质都重要。他们找出了支持性关系的 6 个要素（框 2-1）（16）。

框 2-1　支持性关系的 6 个要素

1. 持续地提供帮助并参与
2. 在放手和引导中找到平衡
3. 营造支持性的氛围，提供支持的资源
4. 经常给出有针对性的正面反馈
5. 把学生当作合作伙伴一样尊重
6. 导师对学生个人感兴趣

尽管导师的辅导是学生取得学术成就的关键决定因素（17），但医学教育者们几乎都没有接受过相关的导师培训（18）。导师制在学术研究界和商业领域非常流行，已成为重要的职业元素，也有很多文献提供了大量关于导师制的清单、表格和策略（19-22）。表 2-3 即来自两位资深科学家和优秀导师的建议。

表 2-3　两位成功科学家的小窍门

认真筛选有潜力的学生
提供思维休憩的时间
充分利用学生的才华
迅速给出反馈
让早期的成就成为学生进步的动力
用一块巨大的白板来记录项目的进程
帮助学生建立关系网络
严格审核文章
不仅指导学生成为科学家，更要指导他们如何做人
培养科学家讲故事的能力
督促学生接触外面的世界

引自：Evas J. Mentoring magic：how to be an effective mentor. Tips from two highly successful principal investigators. The Scientist. 2008；22：70.

很显然，导师应具备的重要技能还包括沟通能力（尤其强调倾听）、帮助学生解决具体问题和任务的能力以及成为学生灵感和自信的源泉（即中村和谢诺夫描述的正性支持力量）。师生关系中最重要的可能是信任的程度。即使得到负面反馈或受到批评，学生也要坚信导师没有私心、一切从学生的利益出发。获得学生如此的信任是导师付出的回报，体现了导师不仅重视学生的目标，更重视学生作为个体的存在（23）。

最近的一个关于导师制的会议上明确了医学学术领域中优秀导师应具备的几项特质（18），它们包括：

- 知识渊博
- 有责任感，有指导学生的时间
- 对辅导学生感兴趣
- 欣赏学生的能力和潜能
- 鼓励学生挑战自我
- 充当学生的拥护者

最后还应该包括一个较难量化的特质，即让师徒关系高效、满意的“默契”（24）。

关于导师制在医学领域中的影响的研究表明，导师制能带来更高的职业满足感、社会心理支持感以及职业成就感（25，26）。学生对师徒关系的满意度与导师的许多特质有关，比如沟通（保持联络但并不滥用权力）、专业技能和学术的引导（职业目标、研究和沟通技巧方面的建议）、专业发展（为决策提供咨询并帮助构建关系网络）等（18）。由于导师制对医疗行业中青年受训者的成长极为重要，增加导师数量并为他们提供正式培训课程以提高指导技能迫在眉睫。

❖ 理想学生的特质和行为举止

学生应如何充分抓住机会向导师学习？许多文章都就这个问题提出过有用的建议（8，27）。看到充满激情、执著于促进师徒关系的学生，导师也会受到鼓舞。此外，学生对导师的期望切合实际会让师徒关系更紧密。例如学生要理解导师的时间有限，师生的交流活动除了包括面对面的交谈外，还可以有写邮件交流、打电话以及帮助学生晋升。虽然这些活动都是导师的分内工作，但学生要注意不要对导师提出过多的要求。如果学生能正确地接受批评，不把导师的批评意见看作自己的失败，而是作为一种促进学习和进步的方式，那么他从导师那里学到的东西将会更多。同时，接受导师不完美的学生能更好地学习导师的强项。人性并不完美，帕穆特（Perlmutter）（27）曾提出，最理想的导师实际是各种不完美的集合。

哲忍（Zerzan）及其同事（8）列举了理想学生应具备的几个特质，比如渴望自我评价、善于接受新事物、行事主动并愿意承担责任、诚实并懂得欣赏。他们还主张学生应该努力掌控和主导师徒关系，比如自己计划并确定会面的日程、主动提出问题、学会倾听、完成导师安排的任务、主动要求得到反馈等。此外，在理想情况下学生应该对自身知识和技能的欠缺有清楚的认识，并定期调整提高自己的目标。

❖ 导师制的模式

导师制有许多不同的模式。传统的导师制是一对一的关系，由一个该领域中更有经验的教员为新手提供指引。由于新手成长的很多地方都需要导师的帮助，从职业生涯规划到指导研究，从修改文章到建立专业网络，因此常需要多个导师才能满足这些需求。此外，受教于多个导师能让学生了解更多不同的观点，学习更多经验和专长，从而获益更多（8）。联合导师制就是这样一种模式，它更常用于科研领域（28），由多名导师协同工作以满足学生不同方面的需求。学生们普遍反映这种安排对他们来说更有深度和广度，而导师们也认为这种模式更轻松，更节省时间（24）。

双方有共同的兴趣和默契，并得到培训项目、院系和学术机构的正式资助，这种师徒关系更能有机地发展。除了选择和指派模式外，还有第三种方式称为分阶段导师制，它主要用于住院医生培训，即住院医在培训的不同阶段受教于不同的导师团队。在分阶段导师制模式中，教师被指派到一个导师团队，除了日常监管一组学生外，也要帮助团队成员发展传统的一对一的导师关系（29）。

这种模式与同伴导师制（在本书第 8 章中详细介绍）关系密切。同伴导师制是指一群有相同背景及工作，但处于职业发展不同阶段的同事定期会面并互相指导（30）。有时，同伴导师小组会有教师指导，证据表明，有教师指导能让同伴导师制更强大（31）。除此之外，传统一对一的导师制的一个重要缺点是很难摆脱双方巨大的等级差距以实现顺畅的双向互助的关系（32）。分阶段导师制或同伴导师制能为参与者提供更大的发挥空间。而在如今，社交网络对行为的影响（包括健康行为）甚至可以与上述同伴关系和非正式社交网络的巨大影响相提并论。

要找到一个导师并建立一段积极的师徒关系会面临很多困难。一些研究表明，某些群体不容易找到导师或不容易对师徒关系满意，比如女性、弱势群体、及临床教育工作者（21，22）。正因如此，参考现有导师制模式以便各阶段的受训者都能找到合适的导师，获得所需的帮助，这一点十分重要。另外，学术机构应采取各种措施发展、奖励、支持导师，这样才能弘扬该学术机构的导师制文化（表 2-4）(18)。学生能从导师制中获得个人和专业的发展，同时学术机构也获益匪浅，例如提高士气、增加信赖度、降低员工辞职率、提高团队凝聚力（10）。最后，接受过导师指导的人未来最有可能成为他人的导师，这样宝贵的传统才能得以传承（28）。

表 2-4 成功导师制的诀窍

导师	导师或学生	学术机构
认识自己	认识自己	培训导师
与自己志同道合的学生一起工作	与导师相互配合达成默契	提高对性别和文化差异的意识
重视学生的个体差异	寻找途径更好地适应学习/工作环境	提供专业范围的课程
把想法说出来	主动学习	奖励导师（包括学术认可，保证时间）
建立社团，促进知识、价值观以及技能的传承	找出多重影响因素	为导师提供支持（同伴支持、专家组、导师的“导师”）

引自：Ramani S，Gruppen L，Krajic Kachur E. Twelve tips for developing effective mentors. Med teacher. 2006；28：404-408；另引自：Nakamura J.，Shernoff DJ. Mentoring：Fostering Excellent Practice in Higher Education San Francisco：J Wiley；2009

❖ 留下宝贵的遗产

榜样不是影响别人的主要方式，而是唯一方式（34）。

——阿尔贝特·施韦泽（Albert Schweitzer）①

导师制是一个人留下的活遗产，同时对一个专业领域的未来也会产生重要影响（16）。科学历史学家托马斯·库恩（Thomas Kuhn）指出，当一个学科吸引到高度活跃的、致力于解决疑问、发现新事物的实践者时，范例最容易发生改变（35）。医学本身就能提供很多内在的激励，比如帮助患者及贡献新知识的成就感。与医学生密切接触的人常反映，选择从事医疗行业的年轻人具有无私的美德以及服务他人的品质（36）。导师能教导学生如何将这些内在的美德应用于医学临床的实践中。中村和谢诺夫指出，对新手而言，即便是该职业的日常规范也并不那么显而易见（16）。同情别人的遭遇是一回事，在与患者探讨临终时表现出同情心则又是另一回事。医学生和住院医生在病房和门诊中每天都能看到形形色色的例子，既有好的，也有坏的。导师为学生树立日常的榜样，帮助医学生和住院医生将其核心价值观应用于职业环境中，服务患者。

有时，职业的核心价值观和责任也可能受到蒙骗，造成“工作中的妥协”（37）。中村和谢诺夫在《导师制》一书中这样描述“工作中的妥协”：

> 如果职业的核心责任受到蒙骗……若这种情况在专业领域或学生接受培训的学术机构中大行其道，新手可能盲从这种流行的规范和实践，而没有任何机会用自己职业外的信仰对这些规范和实践提出质疑。他们容易受到现实社会的影响，被大千世界渐渐同化，直到他们遇到一个令人尊敬的榜样，质疑常规并背离常规。

作为医学职业基石的价值观和美德也会受到许多势力的威胁。加德纳（Gardner）等人指出“从业者与其所服务的公众之间的关系一

---

①阿尔贝特·施韦泽（Albert Schweitzer，1875～1965）是二十世纪著名学者和人道主义者。1913年他来到非洲加蓬，建立了丛林诊所，从事医疗援助工作，直到去世。他提出了“敬畏生命”的伦理学思想，于1952年获得诺贝尔和平奖，被称为“非洲圣人”。

直处在一种微妙的平衡中，前者致力于获得更多的权利，而后者致力于获得更多、更好的服务。久而久之，这种微妙的关系既可能互惠互利、实现双赢，也可能恶化引起双方的争端”（38）。当今的医疗环境以高新科技和利益驱使为特征，而导师具备最高的道德标准和职业美德，学生在如此复杂的环境中学习，毫无疑问需要他们的指导和引路。中村和谢诺夫的研究发现榜样学习对知识和技能的传输尤为重要（16）。作者认为，在影响工作质量的力量占主导时，持续见到优秀的工作模范可能对人的影响极大。他们还强调“如果一个人不能言行一致，那么由他来告诫别人做正确的事根本没有说服力”。大多数学者都赞同，榜样学习和针对性的谈话（针对细微差别、复杂性的问题）都是职业价值观和实践传承的理想途径。总之，临床背景下的导师制既能促进“隐性课程”，又是那些破坏职业精神的行为举止和信息的“解药”（39）。

久而久之，尤其在经历过医学教育和培训著名的长“学徒制”后，医学生和住院医生逐渐将医学临床实践中的价值观融会贯通。但这在现今仍然可能么？病房负责教学的主治医生每周一换，而在门诊甚至每日一换，与主治医生充分交流的机会不复存在。因此，一些人建议建立顾问体系，编写职业成功指南，以及创建虚拟导师或在线导师程序。尽管这些方法能提供一些有价值的信息，但它们始终难以替代经典导师制模式中人与人之间的定期交流。这样做无异于在虚拟世界中通过电子邮件、短信或SKYPE聊天来抚养孩子，这些现代科技手段能促进信息交流，但绝对不可能代替养育孩子所需要的沟通，只有在沟通中人与人的关系才能不断调整和重新定位，而这些细致入微的交流互动是健康成长所必需的。它们也不能替代存在和榜样示范的重要意义。同样需要注意的是，如果想在一个月甚至更长的临床轮转中让同一位上级医生指导学生，学校和科室需要重新考虑如何安排他们的临床轮转计划。

纵然社会和医疗服务的需求正经历着日新月异的变化，导师制依然对医学教育以及患者和社会至关重要。医学中的导师制虽然难以精确定义，但它不仅服务于学生和导师，更最终服务于患者、医学专业本身乃至整个社会。它不仅包括知识和技能的传输，更包括医学核心价值观的传承。

爱因斯坦说得好：

> 教一个人掌握某项专业知识是远远不够的……学生还需要对价值观有正确的理解和感受……而这些不能通过教科书只能通过人与人的接触获得。我们文化的建立和传承也是如此（40）。
>
> ——阿尔伯特·爱因斯坦（Albert Einstein），1952

致谢：尤其感谢 Dana Levinson 在本章手稿准备中的大力协助和指导，以及 Kelly Smith 对手稿进行的专业编辑。

（余鸿雁译　黄晓明校）

参 考 文 献

1. **Daloz L.** Effective Teaching and Mentoring: Realizing the Transformational Power of Adult Learning Experiences. San Francisco: Jossey-Bass; 1986.
2. **Homer.** Fagles R, translator. The Odyssey. New York: Viking Penguin; 1996.
3. **Johnson WB, Ridley CR.** Elements of Mentoring. Revised ed. New York: St. Martin's Pr; 2008.
4. **Csikszentmihalyi M.** Forward. In: Nakamura N, Shernoff DJ. Good Mentoring. Fostering Excellent Practice in Higher Education. San Francisco: J Wiley; 2009.
5. **Ensher EA, Murphy SE.** Power mentoring: how successful mentors and protégés get the most out of their relationships. San Francisco: Jossey-Bass; 2005.
6. **The Wisconsin Project for Scientific Teaching.** Accessed at http://scientificteaching.wisc.edu.
7. **Sambunjak D, Straus SE, Marusic A.** Mentoring in academic medicine: a systematic review. JAMA. 2006;296:1103-15.
8. **Zerzan JT, Hess R, Schur E, Phillips RS, Rigotti N.** Making the most of mentors: a guide for mentees. Acad Med. 2009;84:140-4.
9. **Rogers J, Monteiro FM, Nora A.** Toward measuring the domains of mentoring. Fam Med. 2008;40:259-63.
10. **Zachary LJ.** Creating a Mentoring Culture: The Organization's Guide. San Francisco: Jossey-Bass; 2005.
11. **Erikson EH.** Dimensions of a New Identity. New York: Norton; 1974.
12. **Erikson EH.** Identity and the Life Cycle. New York: Norton; 1959.
13. **Levinson D, Darrow C, Klein E, Levinson M.** The Seasons of a Man's Life. New York: Knopf; 1978.
14. **Daloz L.** Mentor: Guiding the Journey of Adult Learners. 2nd ed. New York: Jossey-Bass; 1999.
15. **Vaillant GE.** Mental health. Am J Psychiatry. 2003;160:1373-84.
16. **Nakamura J, Shernoff DJ.** Good Mentoring: Fostering Excellent Practice in Higher Education. San Francisco: J Wiley & Sons; 2009.

17. **Sackett DL.** On the determinants of academic success as a clinician-scientist. Clin Invest Med. 2001;24:94-100.
18. **Ramani S, Gruppen L, Kachur EK.** Twelve tips for developing effective mentors. Med Teach. 2006;28:404-8.
19. **Evans J.** Mentoring magic: how to be an effective mentor. Tips from two highly successful principal investigators. The Scientist. 2008;22:70.
20. **Delong TJ, Gabarro JJ, Lees RJ.** Why mentoring matters in a hypercompetitive world. Harvard Business Review. 2008; January:115-21.
21. **Bland C, Taylor A, Shollenberger S.** Mentoring systems: benefits and challenges of diverse mentoring partnerships. AAMC Faculty Vitae. September 2006. Accessed at www.aamc.org/members/facultydev/facultyvitae/fall06/feature.htm.
22. **Rose GL, Rukstalis MR, Schuckit MA.** Informal mentoring between faculty and medical students. Acad Med. 2005;80:344-8.
23. **Adams JU.** How to be a good mentor. The Scientist. 2004;18:56.
24. **Jackson VA, Palepu A, Szalacha L, Caswell C, Carr PL, Inui T.** "Having the right chemistry": a qualitative study of mentoring in academic medicine. Acad Med. 2003;78:328-34.
25. **Ramanan RA, Phillips RS, Davis RB, Silen W, Reede JY.** Mentoring in medicine: keys to satisfaction. Am J Med. 2002;112:336-41.
26. **Wasserstein AG, Quistberg DA, Shea JA.** Mentoring at the University of Pennsylvania: results of a faculty survey. J Gen Intern Med. 2007;22:210-4.
27. **Perlmutter DD.** Are you a good protégé? Chronicle of Higher Education. 18 April 2008. Accessed at http://chronicle.com/article/Are-You-a-Good/45755.
28. **Luckhaupt SE, Chin MH, Mangione CM, Phillips RS, Bell D, Leonard AC, et al.** Mentorship in academic general internal medicine. Results of a survey of mentors. J Gen Intern Med. 2005;20:1014-8.
29. **Humphrey HH, Levinson DL, Smith K.** Mentoring women and minorities throughout residency and beyond. In: Henderson MC, ed. APDIM Toolkit. 9th ed. Washington, DC: Association of Program Directors in Internal Medicine; 2007.
30. **Bussey-Jones J, Bernstein L, Higgins S, et al.** Repaving the road to academic success: an alternative approach to mentoring. Society for General Internal Medicine. 2006. Accessed at www.sgim.org/userfiles/file/AMHandouts/AM04/Workshops/WA11.pdf.
31. **Pololi LH, Knight SM, Dennis K, Frankel RM.** Helping medical school faculty realize their dreams: an innovative, collaborative mentoring program. Acad Med. 2002;77:377-84.
32. **Pololi L, Knight S.** Mentoring faculty in academic medicine. A new paradigm? J Gen Intern Med. 2005;20:866-70.
33. **Thompson C.** Are your friends making you fat? The New York Times Magazine. 10 September 2009:MM28.
34. **Schweitzer A, Anderson E, eds.** Thoughts for Our Times. New York: Peter Pauper Press; 1975.
35. **Kuhn T.** The Structure of Scientific Revolutions. Chicago: Univ of Chicago Pr; 1970.
36. **Reddy ST, Farnan JM, Yoon JD, Leo T, Upadhyay GA, Humphrey HJ, et al.** Third-year medical students' participation in and perceptions of unprofessional behaviors. Acad Med. 2007;82:S35-9.
37. **Gardner H.** Irresponsible work. In: Gardner H, ed. Responsibility at Work. San Francisco: Jossey-Bass; 2007.
38. **Gardner H, Csikszentmihalyi M, Damon W.** Good Work. When Excellence and Ethics Meet. New York: Basic Books; 2001:17.
39. **Hafferty FW.** Beyond curriculum reform: confronting medicine's hidden curriculum. Acad Med. 1998;73:403-7.
40. **Einstein A.** Education for independent thought. New York Times. 5 October 1952.

第 3 章

面对职业的挑战：教导无畏精神

Delese Wear, PhD
Joseph Zarconi, MD, FACP

优秀教育的特征就是推进事物的现有秩序（1）。

——麦克·罗斯（Mike Rose）《可能的生活》（Possible Lives）

要点：

- 导师应提醒学生进行自我批评，深入认识自我，理解自身的信仰和价值观，思考它们的来源以及在职业发展过程中的发展变化。
- 向医学生展示丰富多彩的情景和故事，有助于培养他们透过现象看本质的能力。
- 医学生的职业发展、患者的健康和医疗以及医学文化都可能受到权威力量的影响，导师要让学生了解这一点并帮助他们找出应对的方法。
- 打破医学生的沉默，尊重他们的声音，塑造医学的神圣形象。
- 着眼于课程改革和教师培训的几条策略，为推动未来医生的职业成长和发展带来了希望。

当前许多文献证实导师制有多层含义。在医学本科阶段，将传统一对一的导师制用于传输职业精神，效果并不尽如人意，这其中的原因正是导师制意义的多样性。

职业精神也是这样。在过去的 10~15 年中，职业精神这个名词变得越来越时髦，我们在医学教育工作者的教案中、文章中、会议论文中以及专科委员会的声明中都能看到它的身影，然而它本身的含义却多样且难以琢磨。有时它与道德行为同义，有时它又等同于良好的礼仪习惯（比如守时、着装得体）。正如库汉（Coulehan）（2）把职业精神比作藤蔓，匍匐于医学教育“全景”之中。这导致了所谓的“‘职业精神’名词的滥用”，学生们常认为职业精神是“过多教条、讲座、规则和道德宣言的集合，重复累赘且盛气凌人”（3），而用心良苦的教育工作者则将职业精神“混淆为基本行为准则、文明举止和黄金准则”（4）。

即便如此，教育工作者仍有大量的教学机会来促进医学生和住院医生的成长，帮助他们成为以患者为中心、有同理心、心思缜密、令人尊敬的好医生。要抓住这些机遇，需要我们用不同于现在的另一种语言和假设去思考导师制和职业精神，需要帕克·帕尔玛（Parker Palmer）（5）所说的“教学的勇气”，因为只有*教师*“有能力创造让学生学有所成抑或是一无所获的学习环境。教学是创造这种环境的‘蓄意行为’，优秀的教学需要理解意图和行动的内在动机。”

本章探讨了如何将“勇气”和无畏精神的理念应用于导师制；教师传播该理念的意图和行为的“内在动机”；以及身兼导师、榜样或顾问数职的教师创造出的适于培养学生无畏精神的学习环境。本章回顾了导师制和职业精神的相关文献，讨论了两者之间的关系。我们的目的是阐明导师制和职业精神的概念，希望对教育工作者有所帮助。本章的内容并非意在诽谤以职业发展和学术成就为目标的传统导师制，而是将其作为一个案例，探讨出更全面综合的导师制目标，与传统目标相互补充，寻找促进医学人文精神和职业理想发展的方法。

❖ 针对医学生的导师制：当前的观点

现在如果我们以“*医学生（medical student）*”和“*导师或导师制*”（*mentor or mentoring*）为关键词进行 MEDLINE 搜索，能找到 70 多篇文献。其中布德伯格－费希尔（Buddeberg-Fisher）及赫塔

(Herta) 在名为《医学生和医生的正式导师项目》的综述中 (6) 极好地总结了这类项目的目的和结构。大多数导师制项目定位为职业发展或专业选择的指导，比如跟随外科医生或家庭医生学习，或为增强学生对社区医疗或老年医学的兴趣而引入描述性的课程。有的项目主要介绍医学生的生活，另一些则关注女性或其他弱势群体，比如吸引女性进入外科领域。大多数项目都是必修课外的选修课程，采用传统的一对一导师制形式，也有一些采用团队导师制，这往往附属于某个课程。

七篇文献都特别提到了把事业发展作为导师制的目标 (这和前面提到的传统意义上的职业或专科问题不同)。有两篇文献描述的是同一个项目 (7, 8) ——威斯康辛大学的 LOCUS 项目，全称为"社区、医疗资源短缺人群及特殊人群相关的领导力培训" (Leadership Opportunities with Communities, the Medically Underserved, and Special Population))，项目主要涉及医疗资源短缺人群及特殊人群的医疗服务。另两篇分别描述了促进职业精神发展的学生档案计划 (9) 和急诊医学中的职业精神培养项目 (10)。此外，还有两篇谈到了职业精神教育相关的课程改革，其一比较了反思写作和一对一导师讨论的优点 (11)，另一篇则阐述了医学院中发展"大学体系"，以便为医学生和导师对职业精神问题的探讨提供场所 (12)。最后还有一篇文献描述了师生之间的非正式导师—学生关系，强调了"隐性课程中暗含的职业精神内容" (13)。

有趣的是，这里提到的项目都与传统的一对一导师制截然不同。传统的导师制往往是指年长、更有经验的前辈与年轻、经验不足的晚辈之间的私人指导关系。在该体系下，前者充当向导或赞助者，为后者提供知识、支持、内部消息、建议及挑战，有时也会提供合作机会。

无论是在"大学体系"中的一对一导师制或小组导师制，抑或是多元导师制模式，我们对导师制目标的预期相对恒定。这些目标通常围绕教育和社交职能，比如对"职业轨迹"的"塑造"、"形成"或"加速" (14, 15)。某些描述方式显然基于公司文化，关注职业"发展"、"满意度"、"路径"或"生产力" (14)；也强调具体职能，诸如帮助学生准备简历或提高面试技巧等 (15)。此外，某些项目也有提到根植于导师—学生关系中的价值观或道德观念，尤其是关注导师制和职业精神的项目，但它们几乎都认为这些术语的含义不言而喻。比如 Taherian 和 Shekarchian 提出，在帮助受训者学习“游戏潜规则”的同时也要“培养价值观和道德观念”（15）。然而他们并没有批判性地剖析价值观和道德观念到底是指什么；如何区分它们的异同（取决于在何地、由谁、如何使用这些术语）；以及最重要的是，导师鼓励和示范某种价值观和道德观念时是在为谁的利益服务。任何接受过医学教育的人都会承认，学习环境中充满了五花八门的价值观，对道德的理解因你的角色不同而不同，且不同的临床专科对人道主义和很多在职业精神讨论中常提及的抽象概念，观点也各不相同。

近期的一篇文献《给优秀导师的十二条建议》也是一个能说明问题的好实例，作者在文中阐述“导师是顾问，是教师，他们指导、告诫和帮助年轻受训者或同事取得事业的成功”（14）。尽管这篇文章就导师制如何促进职业成功提出了很多有价值的观点，但它对导师制的认识过于局限，仅强调受训者的个人成功。本文的着眼点在于受训者，而并未强调追求更好的患者照护。

在一篇十年前的社论中，约翰·布莱（John Bligh）提出了这样一个问题：导师与普通教师究竟有何不同？（16）。普通教师指的是负责受训医生教育的人，作者认为尽管教师与导师是两个概念，但在医学院的层面，要努力扩大和丰富教师的含义，将导师的概念植入更广义的教师概念中。该模式所代表的远远超越了知识传递、临床技能和思维训练的范畴。除了这些基本要求外，导师-教师联合体应该锲而不舍地培养学生反思自我、职业和社会的能力，这是职业精神的核心，应贯穿于医学院学习的始终。学生反思的能力和愿望对于培养他们的人文素养和职业精神相关的行为品格非常重要，他们需要思考自己未来会成为什么样的人，自己的行为将对患者、同事、职业、家庭和社会产生怎样的影响。这种反思需要学生离开门诊、病房和诊所，走入生活的真实世界，这个世界由混乱而看起来难以对付的文化和阶级问题构成，所有这些又与患者的健康、幸福和疾病密切相关。学生应开始质疑一些在职业文化和流行文化中已经根深蒂固的概念，比如“医生”、“患者”、“健康”和“疾病”，并逐渐理解客观现实、证据和结果的重要性，虽然它们有时可能并不能解释患者经历的痛苦的原因（17）。导师制应该扎根于帕克·帕尔玛（Parker Palmer）所说的“深刻理解我们如何被召唤到……现在、过去、将来的鸿沟中”（18）。

❖ 鼓励反思和批判性评估

本章剩余的篇幅提出一种导师制的理论概念，这一概念的基础是医学教育者有义务说服学生进行自我评价和自我批评，并对临床环境、医学教育架构和影响患者就医行为的文化背景进行批判性评价。这种反思的能力是医学职业发展的关键，也是导师指导学生的核心内容。为了让导师更好地激发学生的无畏精神，继而强化医学的职业和道德文化，本章的结尾提出了一些实用策略。

价值观

前文用到“说服”这个词并不轻率。学生踏入医学院大门时往往已经形成了自己的价值观，这些价值观来源于他们的宗教信仰、家庭、阶级倾向或其他生活经历。导师的作用是培养学生对自己的观念进行批判性自我反思。处于精英社会中的医学生习惯不加批判地接受信念和想法，而鼓励他们对这些信念和想法进行批判性反思能提高他们的理解力，也有可能培养他们的同情心和忍耐力。因此，导师和教师的任务不是劝导或灌输知识，而是为学生提供以前未遇到过的学习场景，而这有可能对他们未来的工作产生有意义的影响。这样的场景包括那些在医院、诊所和诊室内不明显或看不到的情景，虽然不全面，但往往带有每个人独特的个人价值观烙印。在这种丰富多彩的场景中，学生可能会意识到，接受过良好教育、经济社会地位高的人（比如他们自己）对不同患者和社区的认识可能是歪曲或片面的。

医学领域以外的导师制理论为医学教育者带来了新的视角。关于“导师制应该是什么样的，不应该是什么样的”，法学家拉妮·吉尼尔（Lani Guinier）的描述十分有说服力。她认为导师不是，也不应该是荷马史诗中的导师那样的有经验的教师，“监管学生，让他们保持秩序……满足于现状”（19）。而事实上，她继续解释道：

优秀的教师与其说是榜样，不如说是导师，是通过反馈、指引和分享而获得威信的教育家，并不通过示范发号施令……导师把学习看作基于学生情感投入的主动过程，强调师生双方在教学对话中的互动关系……使用让学生感到安全、放心，并尊重不同观点的教学手段（19）。

吉尼尔揭开了教师传统形象的神秘面纱，认为他们就是独立的问题解决者。她会“从事物的边缘寻找信息，改变她和学生的教学对话”（19），甚至与学生一起就她涉猎不深的棘手文化问题大声提出疑惑。

在医学教育中，这种对未知事物的苦心思索对导师制十分重要，因为人们在医生身上寄予了太多对确定性的期望。珀斯特（Post）（20）将她的教学手段描述为提出问题，一种“无法在一小时内，在一间教室里，有时甚至无法在整个职业生涯中解答的问题。这种问题提出后，会像定格的画面一样长时间萦绕在课堂中。”这样的教学手段在临床教学中很难看到，因为临床工作时时刻刻都性命攸关，知道正确答案十分重要。临床中对正确和精确的追求虽然值得称赞，但如果教师刻意回避谈论混乱而复杂的价值观问题，它反而会显著减弱学生萌发的职业认同感。当医生自认为他们已经了解了患者的想法、患者的信仰以及患者会如何遵从医嘱后，会过度强调确定性。实际上自始至终我们都应该向学生强调：其实很多事情，我们并不真正了解。

我们还需要更多地关注这一切赖以实现的环境。假设导师和学生“无畏地”审视医学文化、患者的文化背景以及两者的交集，他们会面临怎样的问题。让学生思考“教育、科学、工作、生活为何不是价值中立的（21）”，并公开谈论这些观点，这非常重要。福柯（Foucault）① 关于“勇敢言论”（22）的思考为导师制带来了光明的前景。

①米歇尔·福柯（Michel Foucault），法国著名哲学家和历史学家。

勇敢的言论和道义勇气

任何接受过医学教育或与之关系密切的人都知道，保持沉默在医学培训中时有发生。例如，当一个学生目睹临床教师侮辱护士或其他医务人员时，当医务人员在背后嘲笑患者时，或当教师用羞辱的方式质问学生时，学生往往会选择保持沉默。他们因为惧怕可能的后果，比如得到不好的评价或沾上“惹麻烦的人”的臭名声，很快就学会保持沉默的潜规则。很多直言不讳的学生会把这段经历作为负面榜样的例子隐藏起来，并暗下决心自己绝不会再这么做。大多数人不会亲身经历这种挣扎，但随着学生意识到直言不讳可能带来的后果，保持沉默的潜规则就会代代相传。

福柯用希腊语“Parrhesia”（意思为“言论自由”）构筑自己的理论基础，他强调，即使可能面临阻力我们仍然要说真话。这个词本身稍带贬义（语意和风言风语相近），但它更常用的意思是说真话，即使说真话有风险这也是一个人的职责。帕帕迪莫斯（Papadimos）和默里（Murray）在其文章《福柯的“无畏言论”与医学生的导师制》（23）中，主张导师应该向医学生传输“言论自由”的价值观，赋予他们挑战现实和改变医学教育与医学实践的能力，并在他们遇到阻力时给予支持。文中写到：

> “医学生要成为最有能力的公民，不仅掌握理解知识/权力如何运作的重要技能，还必须培养在需要时揭露和挑战这种权威的能力——勇敢地代表他们的患者、职业、自己以及社会整体说话……总之，医学生必须学会练习自由言论，必须勇敢地表达自己的心声。这不是指让他们说话无所忌惮，而是让他们学会在恐惧的环境下有勇气表达自己的想法——谈论甚至批评掌控更多权力、知识和技术的学术机构或个人……它指的是福柯所说的‘对权威说真话’。实际上，这种态度、行为或价值观不能像技能或知识那样用传统方式教授，它需要导师利用师徒关系在学生中推广这种思想，而导师本身应该以身作则，成为自由言论的模范，并在教学、科研以及其他领域中大力鼓励新思想（23）。”

导师要鼓励学生思考自己的信仰与价值观如何对患者照护产生直接的影响，医学教育与实践如何参与政治和道德选择，与此同时，导师也要鼓励学生练习自由言论（20）。这种导师制概念与传统导师制概念大不相同，后者是基于这样的前提：为了在文化团体中长久保持优势和团结，需要采取措施让团体成员尽量保持一致性。因为“每代人、每个新生命必须被教育、被说服，甚至被强制接受社会的行为规范”（24）。鲍威尔（Powell）（24）认为传统的导师制实际上可能妨碍了学生在学术环境中思考有待挑战甚至改变的假设。

帕克·帕尔玛提出了另一种观点。他指出了教育文化中那些有争议的、可能会伤害学生的结构和行为，并指出教师的沉默如何助长了这些弊端。他坚持认为，这种沉默源于对同事、管理层乃至学生的顾虑，担心冲突会让自己不受欢迎。他提到了一些人们很熟悉的情景，比如学生“害怕不及格，害怕不明白，害怕被牵扯进避之不及的事情中，害怕暴露自己的无知，害怕自己的偏见被别人质疑，害怕在同伴面前看起来很傻”（5）。如果教师面对学生的这些恐惧时采取的是犹豫和回避，那么学生的恐惧将呈指数级放大。

帕尔玛指出，在大多数教育背景下，认知的主导模式都会助长这种恐惧，医学教育尤其如此。这种认知模式受到知识创造方式的影响，继而决定我们会如何回答以下问题，“我们如何知道我们到底知道些什么”、“我们如何知道我们掌握的知识是正确的”。生物医学尤其强调客观和距离，这是创造知识的基础，这也影响了医学教育的方方面面。有时，它会使学生对自己的主观、人性化以及不可避免的自我缺陷感到恐惧。具有无畏精神的导师会激励学生识别不同的价值观、观点和偏见，它们在医学实践中广泛存在，同时亦存在于自身和每个教师身上。

教导学生言论自由，实际上是教导无畏精神，虽然困难重重，但它让学生有希望获得坚韧和毅力，这被佩莱格里诺（Pellegrino）和托马斯（Thomasma）称为医学实践的必备素质。佩莱格里诺和托马斯认为毅力不同于“身体的勇气”，是一种“道德勇气，是一个人为了道德完满而情愿承受个人伤害”（25）。传统形式的医学教育，尤其是在临床环境中，把学生的大部分注意力放在学习“做什么和怎么做”上，而这种形式的导师制则将学生的注意力转移到在医学工作中“如何做人”。我们显然需要“身体的勇气”，比如参与多发创伤患者的治疗或切除感染的阑尾。但我们在为患者和医学专业的利益服务时，更需要“道德的勇气”，比如学生坚决拒绝对患者开一些有辱人格的玩笑。道德勇气的关注警示学生，他们可以自主抵制某些代表医学负面文化的举止和行为的熏染，比如高傲、缺乏同情心、轻视患者等。而且，当学生开始响应无畏精神的教导，拒绝不良行为时（即使在“恐惧的环境中”），他们会发现自己其实并不孤单，团队中的其他成员也会因此响应这种正面的道德力量。随着学生们越来越适应用道德勇气捍卫他们对医生职业的期望，他们也同时培养了自己成为“导师”、教导团队其他成员的潜能。由此，他们能以有意义的方式为医学文化及医学教育带来正面影响。从中他们也感悟到该如何成为好医生，如何去影响未来的医学。

❖ 导师制与职业精神：非正式的倡议

如文献所述（26-29），职业精神运动以医学教育者列出的一系列美德为开端，他们努力推广这些美德，因为他们相信这些词语的含义和该运动的价值是显而易见的，无论是对教育工作者和学生，还是对认证机构和政府部门而言。然而，即便人们知道推动它传播的源动力对于医学教育仍然十分重要，这种职业精神的概念在新一代的医学生中已经不那么流行。这种源动力，即找到描述价值观、态度及行为的方法（这对医疗关怀及有社会责任的医生职业非常重要），并与学生、住院医生以及主治医生探讨如何面对这些生活中的挑战，仍然是医学教育中最重要的任务之一。这些挑战包括督促学生反思自己的职业表现，思考医学院校的体制对他们成长的影响，比较未来的自己与引领他们进入医学神圣殿堂的启蒙恩师的差距。同时，教师应该以镜为鉴，通过自身的言行告诉学生，老师和学生一样都是迷途者，有共同的弱点。帕克·帕尔玛为职业精神教育提出了几个“非正式的倡议”，希望能帮助学生“在人们容易丧失信心的地方也不气馁，不放弃……勇敢地面对，甚至有时需要对抗自己所在的医学院校”（5）。以下是三条紧扣导师制核心的建议：

第一条极可能是医学教育者和导师面临的最棘手的问题，“我们要帮助学生揭穿某些神话，比如学术机构掌握着自主权，甚至最终掌控我们的生活”（5）。这正是培养学生无畏精神的意义所在，对教师也一样，应该勇于说出并对抗医学教育内外贬低人性的行为。教师在示范批判性探究技巧时所展现的无畏精神，会引导学生审视并质疑医学知识的本质；医学机构社会、经济和等级结构的本质；医学机构与社会团体之间各种关系的本质。这样的努力意在向学生强调，医学教育如何从正反两个方面影响他们的职业认同感。

对医学教育者而言，上述挑战是他们所面临的最困难的挑战之一，因为他们所面对的学生在各学习阶段开始时几乎都会被提醒不要挑战权威，尤其是在临床工作中。争论某检验项目的有效性是一回事，但质疑一个临床教师对患者的行为和态度则是另一回事，不管你质疑的口吻表现得多么尊重和得体。学生会说“大家都不这么做”。这种想法给学生提供了一种便利的“道德出口”。但公平地讲，医学环境教导学生的是，如果越权受到伤害的将会是他们自己（5）。除此之外，学生觉得即使他们说出自己的想法也不会产生多大的改变，这种想法常常被他们的所见所闻强化。而无畏精神的教导能激励学生勇往直前，“我们只要对学术机构的发展有一点贡献，我们就拥有改变的力量。职业教育的新理念能帮助学生理解并承担起共同改变制度痼疾的责任”（5）。

第二条也是同样的道理，无畏精神的教育首先要改变青年医生的某些假设，比如要成为好医生必须压制自己情感。教育工作者要让学生明白，尊重个人的情感，尊重患者、家庭和其他同事的情感是职业精神的标志。帕尔玛指出要帮助学生：

> 尊重并照顾到他们的感受，尤其是痛苦的情感，如焦虑、愤怒、内疚、悲伤以及职业耗竭。学生将学会探索各种情感，比如对自己的、对所做的工作、对一起工作的同事、对工作场所乃至对生活的世界。他们应懂得，痛苦的情感不是人格脆弱的标志，不是耻辱的源泉，亦与知识、工作和生活的复杂挑战无关（5）。

事实上，这里提到的导师制认为“情感是知识的源泉和认知的催化剂，并不背离个人的学术发展”（30）。它帮助学生思考如何完美整合他们的情感、智力和肉体，让自己的生活更有意义（教师们也承认这个领域仍存在挑战）。

给医生教育的第三条建议恰好以无畏精神为核心。我们应鼓励医学生探索权力与患者、学生、教师、正式与非正式的社交网络、医学教育认证机构、教学医院、医疗服务系统、被服务的社区乃至整个社会文化的关系。这种无畏精神的教导必须超越目前公式化的本科生教育，引领学生跳出普通医生、患者的框架，开拓眼界关注贫穷、营养不良、不安全的工作及居住环境、物质滥用和成瘾相关的健康问题。

医学生应该思考以下问题：

- 患者医疗照护的经济回报。
- 政府机关如何调节及资助知识财富的创造（方式及内容），谁将会从相关的知识财富中获益最多。
- 谁来参与公共政策的制定，而谁不能参与。
- 制药企业、保险行业、政府游说团体和商业团体的利益。

这就是前面提到的“广角镜”。导师应帮助学生透过这个“广角镜”来评价他们作为医生在教育体系中的角色和职责。实际上，教育体系中极少探讨这些问题，更不用说质疑了。这样的导师让学生的感官更敏锐，让他们读懂整个医疗环境、寻找医学的意义。更值得称道的是这样的导师在真正培养学生的职业精神，让学生理解职业精神不等于良好的修养。(31)

医学教育者每天都要面对不同的医学生和住院医生，有在教室里聆听教诲的学生；有在查房时、在床旁观摩的学生；有在走廊中偶遇的学生；有想了解老师在医疗工作外的生活的学生。他们每时每刻都在用明了或含蓄的方式向学生传授价值观。诺贝尔奖得主托尼·莫里森（Toni Morrison）说这种对学生的影响，虽然常常得不到承认，但它体现在要求学生阅读的资料中，体现在引导讨论和辩论的方式中，体现在如何“说服”学生探讨某些问题上。所有这些都渗透在一个人的教学方式中。“无论你喜欢还是不喜欢”，她说：

> 我们是自身价值观的范本，自身道德观的广告……这样，如何传授价值观的问题就变得容易很多。问题反而是，我们如何对待他人？对待同僚？我们如何回应职业和政治手腕，回应无情原始的野心，回应圈外人的誓约？我们是否愿意牺牲个人的什么利益来换取“公众的利益”？我们愿意个人做出怎样的补救姿态？我们愿意从事何种不流行又有风险的研究？(32)

以上问题对任何背景下、任何学术领域中的教师和导师都十分重要。它们也是优秀教师和导师的标志，他们不吝于使用诸如“善良”、“同理心”等词语；他们不惧怕与学生公开谈论自己的成功和失败，自己在寻求意义和平衡中的挣扎；他们愿意对抗学术机构对职业精神的某些亵渎？背离？违背?，比如“公式化的……菜单式的措辞、课程及临时行为，学生无法理解只能囫囵吞枣”（32）。这就是我们在这里倡导的医学生的无畏精神教育。

❖ 无畏精神的教导策略

本章已经详细阐述了导师制的目标，尤其是导师教导无畏精神目标。总结有如下几点：

- “说服”学生学会自我批评和评价，深化他们对自身信念和价值观的认识，了解自己是谁？从哪里来？如何能在职业发展中更快成长？
- 向医学生展示丰富多彩的情景和故事，有助于培养他们透过现象看本质的能力。
- 揭开教师神秘的面纱，让学生不仅能从老师那里学习如何解决问题、得出正确的答案，还能看到教师面对困惑和未知的挣扎。
- 揭示影响医学生职业发展、患者健康和医疗照护以及医学文化的权威势力，帮助他们找出在适当的时候挑战权威的方法。
- 打破医学生的沉默，尊重他们发出的声音，塑造医学的神圣形象。

本章已经讨论了实现这种目标的方法。然而，实现这些目标需要深思熟虑、系统完善地发展导师制，挑战医学和医学教育文化中的传统势力。医学院广泛采用的一种策略是，在整个医学院课程中投入宝贵的时间来培养学生的反思能力、加工处理他们在医学院中已有的经历、扩展他们对自我及医学领域的理解，这经常被称为“行医”课程（“Doctoring” courses）。在这些课程中，常采用写作和小组讨论的方式让学生对相关话题进行反思。话题反映了学生在某个阶段及在社会化过程中的切身经历。还可以采用虚构的故事、医学文献、电影、诗歌或其他媒体等形式，给学生展现“丰富多彩的情景和故事”。

第二种策略称为“改变话题”（33），话题来源于学生在临床工作中记录的故事。这些故事常被用来讨论和探索职业精神的含义，也可以用于教师培训。该策略首先要创造一种安全的对话氛围，这种氛围有可能破坏所谓的“隐性课程”或“非正式课程”，干扰传统的医学组织文化。相似的技巧也可用于病房教学，教学导师在每天查房中留出一部分时间，用于和住院医生及医学生一起反思当天发生的事件。例如，当天医疗团队取笑了病房中的一个病态肥胖的患者，导师可以引导团队进行公开讨论，反思为什么他们会贬低他人并从中取乐？这样做是否正确？他们是否应该用别的方法来控制对这种患者的态度？这种对临床背景中“刚刚发生的事情”的关注能促进个人和团队的思考，打破团队成员不敢挑战传统医疗文化和体系而惯用的沉默。

当然，所有策略是否能成功运用仍取决于严格的教师培训。主治医生和扮演老师角色的住院医生必须强化自身意识，了解医学生如何培养他们的职业认同感，临床教育文化如何影响学生以及教师的发展。教师要善于反思；要引导学生对医学和医学教育中的权威势力展开讨论；鼓励反思写作和讨论；创造和谐的学习氛围，在这种氛围下所有参与者包括医学生都有发言权。相应地，从学术机构的角度，必须重新制定教师的激励奖赏机制来鼓励采取这种教导方式的导师，嘉奖他们所取得的成就。

医学教育中的机会有很多，而其中成为导师、辅导医学生为一生的事业做准备是一项十分令人敬佩的工作。很显然，来自不同学术机构的教育工作者成功找到了许多方法来帮助学生融入医学生活，获得职业认同感和满足感。然而挑战仍然存在，如今医学教育越来越多地强调科学和技术，在医院中越来越关注疾病的变化，医疗行业的工作压力也越来越大，上述情况愈演愈烈。但任何地方的医学教育者都肩负着同样的责任和义务，即培养合格的未来医生：他们能充分了解自身及患者；能透过现象看本质；能勇敢面对困惑和未知；清楚权力关系以及它对医学文化的影响；在任何时候都有足够的自信为患者和师弟师妹谋利益；在适当的时候勇于“挑战事物的现存规则”。无畏精神的教导为医学教育团体努力实现上述目标带来了希望。

（余鸿雁译 黄晓明校）

参 考 文 献

1. **Rose M.** Possible Lives: The Promise of Public Education. New York: Penguin; 1996.
2. **Coulehan J.** You say self-interest, I say altruism. In: Wear D, Aultman J, eds. Professionalism in Medicine: Critical Perspectives. New York: Springer; 2006:104.

3. **Goldstein EA, Maestas RR, Fryer-Edwards K, Wenrich MD, Oelschlager AM, Baernstein A, et al.** Professionalism in medical education: an institutional challenge. Acad Med. 2006;81:871-6.
4. **Engel JD, Zarconi J, Pethtel LL, Missimi, SA.** Narrative in Health Care: Health Patients, Practitioners, Profession, and Community. Oxford: Radcliffe; 2008:128.
5. **Palmer P.** The Courage to Teach: Exploring the Inner Landscape of a Teacher's Life. San Francisco: Jossey-Bass; 1998.
6. **Buddeberg-Fischer B, Herta KD.** Formal mentoring programmes for medical students and doctors—a review of the Medline literature. Med Teach. 2006;28:248-57.
7. **Carufel-Wert DA, Younkin S, Foertsch J, Eisenberg T, Haq CL, Crouse BJ, et al.** LOCUS: immunizing medical students against the loss of professional values. Fam Med. 2007;39:320-5.
8. **Haq C, Grosch M, Carufel-Wert D.** Leadership Opportunities with Communities, the Medically Underserved, and Special Populations (LOCUS). Acad Med. 2002;77:740.
9. **Kalet AL, Sanger J, Chase J, Keller A, Schwartz MD, Fishman ML, et al.** Promoting professionalism through an online professional development portfolio: successes, joys, and frustrations. Acad Med. 2007;82:1065-72.
10. **Van Groenou AA, Bakes KM.** Art, Chaos, Ethics, and Science (ACES): a doctoring curriculum for emergency medicine. Ann Emerg Med. 2006;48:532-7.
11. **Baernstein A, Fryer-Edwards K.** Promoting reflection on professionalism: a comparison trial of educational interventions for medical students. Acad Med. 2003;78:742-7.
12. **Murr AH, Miller C, Papadakis M.** Mentorship through advisory colleges. Acad Med. 2002;77:1172-3.
13. **Rose GL, Rukstalis MR, Schuckit MA.** Informal mentoring between faculty and medical students. Acad Med. 2005;80:344-8.
14. **Ramani S, Gruppen L, Kachur EK.** Twelve tips for developing effective mentors. Med Teach. 2006;28:404-8.
15. **Taherian K, Shekarchian M.** Mentoring for doctors. Do its benefits outweigh its disadvantages? Med Teach. 2008;30:e95-9.
16. **Bligh J.** Mentoring: an invisible support network [Editorial]. Med Educ. 1999;33:2-3.
17. **Miller FA, Mellon WD, Waitzkin H.** Experiencing community medicine during residency: the La Mesa housecleaning cooperative. In: Wear D, Bickel J, eds. Educating for Professionalism: Creating a Climate of Humanism in Medical Education. Iowa City, IA: Univ of Iowa Pr; 2000:134-49.
18. **Palmer P.** Politics of the brokenhearted. Accessed at www.commonweal.org/new-school/pdf_files/Politics%20of%20the%20Brokenhearted.pdf.
19. **Guinier L.** Of gentlemen and role models. In: Wing AK, ed. Critical Race Feminism. New York: NYU Pr; 2003:106-13.
20. **Post DW.** The politics of pedagogy: confessions of a black woman law professor. In: Wing AK, ed. Critical Race Feminism. New York: NYU Pr; 2003:131-9.
21. **Benishek LA, Bieschke KJ, Park J, Slattery SM.** A multicultural feminist model of mentoring. J Multicult Counsel Devel. 2004;32:428-42.
22. **Foucault M.** Fearless Speech. Los Angeles: Semiotext(e); 2001.
23. **Papadimos TJ, Murray SJ.** Foucault's "fearless speech" and the transformation and mentoring of medical students. Philos Ethics Humanit Med. 2008;3:12.
24. **Powell BJ.** Mentoring: one of the master's tools. Initiatives. 1999;19-31.
25. **Pellegrino ED, Thomasma DC.** The Virtues in Medical Practice. New York: Oxford Univ Pr; 1993:109.

26. **Wear D, Zarconi J.** Can compassion be taught? Let's ask our students. J Gen Intern Med. 2008;23:948-53.
27. **Wear D, Kuczewski MG.** The professionalism movement: can we pause? Am J Bioeth. 2004;4:1-10.
28. **Wear D, Nixon LL.** Literary inquiry and professional development in medicine: against abstractions. Perspect Biol Med. 2002;45:104-24.
29. **Wear D, Castellani B.** The development of professionalism: curriculum matters. Acad Med. 2000;75:602-11.
30. **McGuire FM, Reger J.** Feminist co-mentoring: a model for academic professional development. NWSA J. 2003;15:54-72.
31. **Kahn MW.** Etiquette-based medicine. N Engl J Med. 2008;358:1988-9.
32. **Morrison T.** How can values be taught in the university? In: Denard CC, ed. What Moves at the Margin: Selected Nonfiction. Jackson: Univ Pr of Mississippi; 2008:191-7.
33. **Inui T, Cottingham AH, Frankel RM, Litzelman DK, Mossbarger DL, Suchman AL, et al.** Educating for professionalism at Indiana University School of Medicine: feet on the ground and fresh eyes. In: Wear D, Aultman JM, ed. Professionalism in Medicine: Critical Perspectives. New York: Springer; 2006:165-84.

第4章

医学领域中的学习榜样

Darcy A. Reed，MD，MPH
Scott M. Wright，MD

榜样：在特定的行为或社会角色中作为优秀的典范供他人模仿的人（1）。

要点：

- 榜样与导师不同。导师与受训者有正式的师徒关系，有双方均认可的一致目标和期望。而榜样甚至可能没有意识到自己已成为鼓舞他人的模范。
- 医学学习过程常常被比作“学徒制”，因而榜样学习是医学教育不可分割的组成部分。学生通过榜样学习传承医学专业的技能、职业态度、价值观及职业道德。
- 行为榜样既能促进学生的职业精神培养又能对学习环境产生影响。
- 医学受训者选择性地学习不同榜样的行为举止。人们提出榜样学习的三种模式：①经典榜样学习模式；②主动排斥模式；③消极模式。
- 医学中榜样学习的特征是，优秀的行为举止可通过学习和练习而养成。
- “榜样意识”是指榜样在教学中持续有意识地对自己的行为进行即时的自我反思。“榜样意识”有助于榜样提高行为示范的成效。

优秀的学习榜样无处不在。无论何时何地，总有某些人在某些方面才华卓著，能成为值得你学习的榜样。榜样不同于老师，老师主要是通过课程和指导向学生传授知识或技能。榜样亦不同于导师，导师积极、有目的地为学生提供支持，帮助他们取得进步和成功。导师与学生有正式的师徒关系和双方均认可的一致目标和期望，而榜样甚至可能没有意识到自己已成为鼓舞他人的模范。

要让一个人成为激励你的榜样，你不必和他有私交，不必和他经常见面，也不必亲眼看见、亲手触摸他。对榜样的顶礼膜拜甚至可以超越时间和地域的阻隔。诸如亚伯拉罕·林肯、马丁·路德·金、甘地或尼尔森·曼德拉等伟人，有的已经故去，有的远在他乡，但他们的职业道德、勇气和领导能力却是指引后辈前进的明灯。

本章回顾和讨论了学习榜样的社会学基础，阐释了为什么观察是学习复杂事物的有效手段。文中将列举当代社会中榜样的范例，还会重点描述医学界中的榜样学习，尤其强调榜样学习对传授、促进医学职业精神和人道主义的重大意义。章末为医生如何成为更好的学习榜样提出了数点建议。

❖ 行为榜样的心理学和社会学基础

不闻不若闻之，闻之不若见之，见之不若知之，知之不若行之；学至于行之而止矣。

——荀子，公元前313~前238年

早期的心理学家和动物学家发现动物和人类先天就都具有模仿所见所闻的能力（3，4）。在以日本猕猴为对象的研究中，科学家将米粒洒在沙中，猜想猕猴将花不少时间才能把米粒从沙土中挑选出来。然而，一只雌猕猴抓了一大把米和沙，转而扔到水中。随即，米粒漂在水面上，而沙粒沉入水底，于是它轻松地从水面上收集到了米粒。很快，所有其他的猴子也开始这样做。有句美国俚语“monkey see monkey do（有样学样）”指的就是观察性学习，典故详情可参见经典儿童读物——《卖帽子：一个关于小贩、一些猴子及他们的猴把戏的故事》（“Caps for Sale：A Tale of Peddler，Some Monkeys，and Their Monkey Business”）（5）。

人类的模仿行为开始得极早（4）。梅尔佐夫（Meltzoff）和摩尔（Moore）发现新生儿（12～21 天）的确有模仿刚看见的某种行为的倾向（6）。班杜拉①（Bandura）等以学龄期儿童为对象来研究哪些技能可通过观察性学习习得，并最终创立了社会学习理论（7）。他们发现，几乎所有事物均可通过观察性学习习得，包括个人特质、解决问题的技能、审美偏好、恐惧症、成瘾、认知水平发育、道德判断乃至道德行为。

❖ 当代学习榜样

榜样"前"虽然未加形容词，但它本身就有正面的、值得效仿的含义。当然，也有很多负面榜样虽然树立了不良范例，但人们仍然对其怀有敬畏之心。在一个著名的耐克广告中，前 NBA 球员查尔斯·巴克利（Charles Barkley）说："我不是一个好榜样，也没有人付钱让我做一个好榜样……父母应该以身作则，成为孩子学习的榜样。不要因为我会灌篮就期待我能代替你们教导孩子"（8）。许多人对这段广告感到很气愤，他们坚持：在选择那些因天赋出众而获得丰厚报酬并被奉为明星的人做广告时，需要考虑对大众的影响，许多人尤其是年轻人会把他们的行为和举止视作模仿的范例。

模仿行为举止及采纳他人观点也可能走上歧路，宗教狂热和崇拜就是这种现象的经典实例。不幸的是，在某些情况下人可能会丧失理智和决策的能力，而盲从他人的指令，即使这些决策会陷他们于不义甚至结束他们的生命。该情况下的榜样学习显然已经误入歧途。

在美军中，模范行为会得到关注，被提出嘉奖甚至带来晋升的机会。军队的等级体制鼓励士兵严格地将上级视作榜样，来学习标准的行为和举止。相似地，商业界也以"每月最佳员工"等形式对员工的突出业绩和卓越表现进行公开嘉奖。

马尔科姆·格拉德威尔（Malcolm Gladwell）在其广受赞誉的著作《引爆点》中提到，当某些人被置于特殊的地位时会产生巨大的影响

①阿尔伯特·班杜拉美国当代著名心理学家，新行为主义的主要代表人物之一，被称为社会学系理论的创始人，认知理论之父。

力，无论是受众数量还是影响程度。他讲述了许多实例，这些人如何成为变革者并催生各种现象的出现，包括新的行为举止、时尚潮流、语言模式以及存在方式等。

总的来说，人类行为一直以来都易受各种因素影响，并将继续如此。

❖ 医学领域中的榜样

榜样学习——一种高效的教学方式

医学学习过程常常被比作“学徒制”，因而榜样学习是医学教育不可分割的组成部分，是传承医学专业的技能、职业态度、价值观和职业道德的重要方法（10-13）。

老师们可能会认为，他们能直接掌控榜样学习的学习过程。但研究却表明，以老师为榜样的行为模仿和整合实际上是由学生灵活掌控的选择性学习过程。巴尔莫（Balmer）等（12）研究了儿科住院医生在随诊门诊中所使用的学习方法，研究结果显示榜样学习被住院医生认为是一种“有目的的隐性学习方法”。通过观察临床指导老师的行为举止，儿科住院医生们找到了临床沟通和决策的“模板”而应用于自己的临床实践（12）。使用有组织的框架来记录观察到的导师行为，能帮助医学生更准确地找出要效仿的正面行为，同时亦鼓励教师更清晰地示范医学职业精神（13）。

舒弗（Shuval）和阿德勒（Adler）（14）前瞻性地观察了两个班级的医学生，了解他们向临床医生学习的方式。结果表明，医学生选择性地挑选不同榜样的行为举止加以模仿。他们提出三种榜样学习模式：1）经典的榜样学习模式，学生记录并理解所见所闻，尝试改变自身的行为，以变得尽量与榜样相同；2）主动排斥模式，在该模式下，学生发现他们蓄意排斥的特质，并在这方面尽量与榜样不同；3）消极模式，在与榜样的互动过程中，学生各方面都不受榜样的影响（图 4-1）（14）。随着学生培训的深入以及经验的增加，他们开始更加透彻地思考日常观察到的各种行为举止（14），并能更加明智地辨别哪些是他们想吸收的特质，而哪些是他们试图避免的。

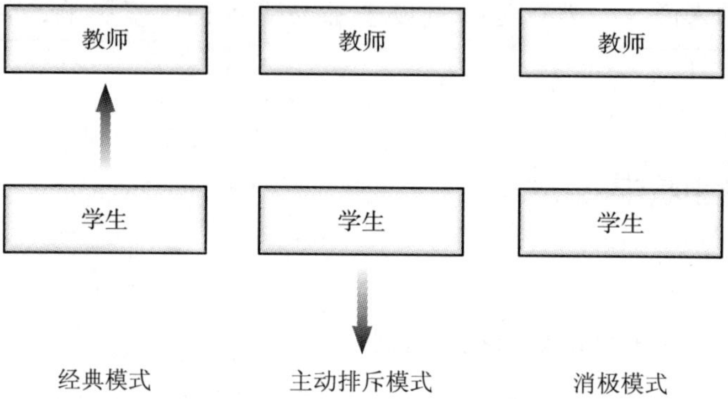

图 4-1 Shuval 和 Adler 提出的三种榜样学习模式（14）

榜样与导师的差异

医学中的观察性学习不需要被学习的榜样知晓他们正在扮演榜样的角色（12），这正是榜样与导师的重要区别。由于本书的大部分内容致力于探讨导师和导师制，因此明确导师和榜样的差异是必须的。师徒关系通常比学生与榜样的关系更加长久：首先，师徒互动交流的广度常与两个因素有关：学生的生产力和导师从师徒关系中的获益程度（15）；其次，导师与学生间师徒关系的建立是有意而为的，师徒双方均会主动维系和发展这段关系以实现共同的目标（16）；最后，除了常规的职业指导以外，导师还会帮助学生完成某些特定的任务，比如完成研究项目、争取住院医生项目席位或教师职位、准备学术晋升的申请等（17）。导师和学生的专业往往相同，且具有出色的技艺，而学生希望通过师徒关系努力获得这些技艺。

与导师相反，数据显示榜样与学生之间的互动交流很有限（18）。事实上，榜样可能从来不与学生直接接触，但仅仅通过学生的观察，他就能极大地影响学生的专业发展。榜样是由学生自主选择的，他本身可能知道也可能不知道自己已成为学生模仿的对象。从定义上讲，榜样是学生认可的，符合优秀标准、值得效仿的人。因此，正如“情人眼里出西施”，榜样学习的主动权掌握在学生手里。榜样学习主要通过示范进行，榜样通过他们的举止激励学生，而不是试图改造学生。尽管榜样亦可为学生提出忠告和建议（19），但学生之所以选择他们，往往是因为他们具备某种学生希望“继承”并应用于自己整个职业生涯的优秀特质（20-22）。

医学领域中榜样的特质

医学领域中的正面榜样有哪些特质呢？相关的研究资料甚少。一项涉及四所教学医院 341 位内科学系主治医生的病例对照研究发现，有一些可塑的行为举止与被学生提名为“优秀主治医生”独立相关。（框 4-1）。

框 4-1　与优秀主治医生相关的可塑行为举止

✓ 将工作的很大一部分精力投入到教学中
✓ 在医院担任主治医生期间，花大量时间进行查房和教学
✓ 在诊疗和教学中重视医患关系
✓ 教授医学中的社会心理因素

另一项以外科医生为对象的研究表明，与被外科住院医生认可为优秀榜样相关的行为包括：应用文献资料促进学生的批判性思维训练、给予学生做独立决策的自主权、参与学生的教学活动（24）。上述两项研究均提示，医学中榜样学习的特征是，优秀的行为举止可通过学习和练习而养成。

其他研究则表明，学生认为内在特质（例如个性和情感特点）和可塑性因素（如临床技能和教学技能）均是模范医生最重要的特征（18，19，21）。其中一个关于模范医生特征的定性研究提出，被医学生称作榜样的医生具有如下共性：对专业和患者的全心投入、奉献，热爱教学、真正关心学生的需求和福利（18）。

虽然我们承认反复接触负面例子极有可能对职业精神发展带来不好的影响（25），而文献资料很少有对负面榜样特质和行为举止的研

究。如果询问临床教师他们认为妨碍自己成为优秀榜样的障碍是什么，他们的答案是不够耐心、过于固执己见以及临床工作太繁忙(26)。另外，如果一个人难以记住学生的名字和外貌，甚至根本不关注这些，那么他也难以成为优秀的榜样（26）。其他诸如对患者不够敏感、不能帮学生解决困难、或对与学生进行人文交流毫无兴趣，也被学生认为是负面榜样的特征（27，28）。

上述结论给我们这样的启示是正面榜样的举止可以习得，而负面榜样的行为也可有意识地避免。尽管榜样学习的效果并不取决于榜样是否知晓或有意识地参与，但有意识地进行示范可能使榜样学习更有成效。经验丰富的榜样在与学生互动时会主动反思自身的行为举止(26)，并持续努力把正面的行为展示给学生，这就是“榜样意识”(26)，即榜样在教学中持续有意识地对自己的行为进行即时的自我反思。

图 4-2 是医学中榜样学习的示意图，它强调了榜样有意识地展现优秀的特质和行为举止的重要性。如图所示，模范医生利用“榜样意

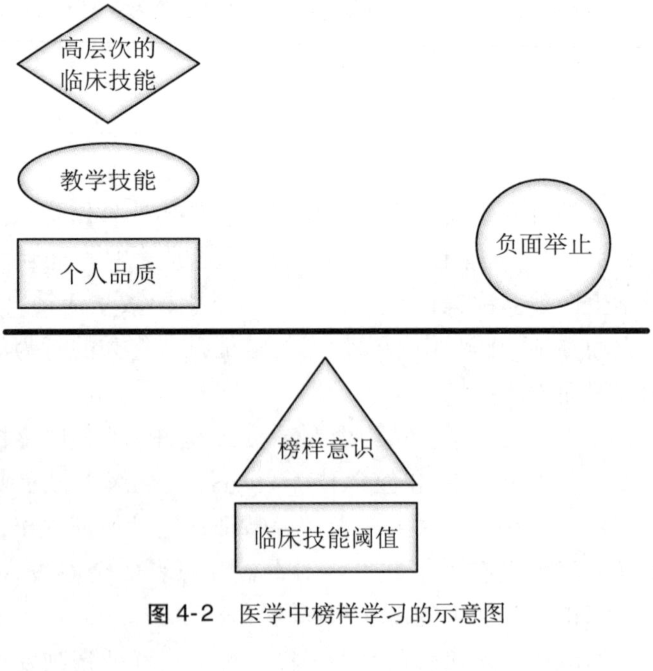

图 4-2 医学中榜样学习的示意图

识”有意识地示范某特质和技能，与此同时避免负面举止（26）。优秀的榜样能使“行为天平的平衡”持续偏向正面举止，供他人效仿。当然，榜样学习的有效性也有赖于学生积极、专注的观察（见图 4-1）（13，29，30）。学生必须集中注意力，“消化”观察的所见所闻，用心反思，并在此基础上重塑自身的行为举止（25）。

榜样学习对职业精神培养的影响

榜样能塑造学生的价值观、职业态度和道德观，因此对学生的职业精神培养也有影响（31，32）。教育专家恳请进行职业精神的教育；相应地，大多数美国医学院都设有正式的职业精神课程（34）。可惜传统的课堂教学方式并不适合职业行为举止的培养（10，35）。因此榜样学习得到了全美医学院校长的普遍认可，被认为是促进学生职业精神培养的最重要手段之一（36）。高年住院医生反映，就职业精神的学习而言，观摩榜样的学习收获远比传统的课堂教学或案例讨论的收获更大（11）。福德讷（Feudtner）等人在研究中也得出了相似的结论：在正规课程中增加道德教育的课时对减少医学生的道德腐化并没有帮助（37）。榜样可以通过其行为举止的示范效应清晰地向学生传达什么是医学专业正确的价值观和行事原则（38，39）。正因为榜样学习是培养职业精神最有效的方式之一，教师们必须留心注意自己在学生面前展现的行为举止（40）。

当主治医生被问及最想传输给学生的核心价值观是什么时，他们这样回答：关切、尊重、沟通和诚实（38）。这些价值观与美国内科医学委员会（American Board of Internal Medicine）等机构所认定的医学基本职业精神是一致的（31，41-43）。数据表明，教师普遍认为自己有责任促进学生的道德和职业发展（38），同时更多人建议，教师应该更加明确地向学生指出需要掌握的职业态度和价值观（10，33，42，44）。

榜样学习和专业选择

榜样学习除了能影响学生的职业精神培养，还会影响学生的职业选择。如果医学生在医学院的某专科轮转中遇到很多正面榜样，会极大地增加他们选择该专科进行住院医生培训的可能性（19）。相似地，如果医学生在某专科观察到的是医生的负面行为或抱怨，可能导致他们不选择该专科（45）。而学生将某位临床教师视为优秀榜样后，极有可能会选择该教师的专业作为自己的终生事业（46）。住院医生们亦表示，医学院实习阶段中他们在所选专科中遇到的正面榜样要远多于其他专科。

性别和种族问题

榜样的性别，尤其是某些专科中女性榜样的数量，可能影响女学生的专业选择（45，47-49）。相似地，教师种族和文化的多样性能让当今多元化的学生群体都找到各自的“归属感”。有人认为临床教师与学生间的共同点越多，越有可能成为学生的榜样（50）。

榜样对学习环境的影响

无论何时何地，只要有学生聚集就存在学习环境（51）。学习环境由学术机构的文化（52）、正式课程和隐性课程（53）、学习风气三要素组成（4，55）。如图 4-3 所示，榜样对学生的影响涉及学习环

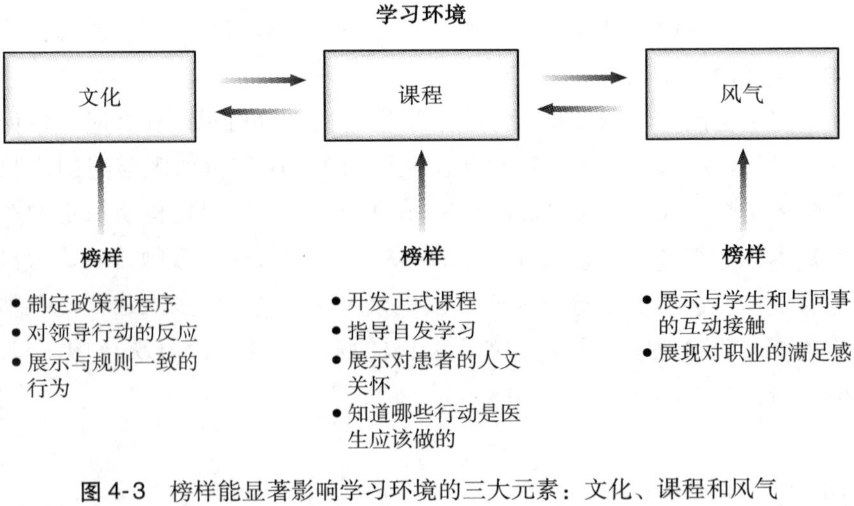

图 4-3 榜样能显著影响学习环境的三大元素：文化、课程和风气

境的全部三大要素。

学术机构的文化包括官方的政策和程序、奖励机制、礼节、传统和常规。榜样可作为领导或教师而对学术机构的文化产生影响。榜样对这种文化的反应，比如应对政策或领导的方式，会给学生留下深刻的印象，并影响他们今后处理相似事件或情况的方式。

哈弗提（Hafferty）在其关于学习环境的重要著作中提到医学教育的三种不同"课程"：正式课程、非正式课程以及隐性课程。正式课程是由医学院或培训项目官方授权并设计的一套教学方案。非正式课程是正式教学计划以外，学生和老师之间自发的、非计划性的互动和交流。充当榜样的临床教师不仅能指导这种自主学习，还能为学习定下基调。隐性课程则是与组织结构和文化相关的"潜移默化"，比如从榜样身上自然传递出并被学生接收到的某些信息，关于成为医生的意义、如何成为好医生、如何界定医学中"正确"与"错误"等（53）。

学生对学术机构文化和课程（正规、非正规和隐性）的认知构成了学习风气。风气与文化的不同在于，文化由学术机构的工作常规、价值观和设想组成，而风气是个人对这些元素的"感知"，即他们注意和感觉到的东西（54）。在教学中，榜样可以在一定程度上控制学生的感知，使他们倾向于用正确的方式对待患者、同事和多学科的医疗团队（39，56），从而影响学习风气。

在学习环境中，医学生和住院医生既可以向正面榜样学习，又可以从负面榜样中吸取教训。林加德（Lingard）等人（57）研究了手术室中多学科团队之间的交流，找出与团队沟通相关的频发"压力事件"。他们发现低年资住院医生为应对压力会模仿上级医生的不良举止，这不仅于事无补反而导致学科间的冲突加剧（57）。他们由此推断，新手（如低年资住院医生）对压力事件更加敏感，容易采用不正确的方式应对压力（57）。另有一项研究调查了外科住院医生在手术室中遭到的恐吓和骚扰。住院医生一方面认为自己受到了骚扰，另一方面又会为它寻找合理的解释，比如老师的这种行为是外科文化的固有成分，是"善意的恐吓"，可能是一种有效的学习手段等（58）。就这样，负面榜样的行为举止被原谅和接受，甚至被学生效仿。这种现象的存在着实令人不安，亦更加强调了榜样学习在学生价值观和品德教育中的重要性。

同伴也是学习环境中很好的学习榜样，在隐性课程中尤其如此。同伴间传递的信号，诸如“重点是什么”、“如何生存”等，构成了医生整个职业生涯中的核心学习经历。学生们也认为同伴可以作为学习职业精神的榜样和有影响力的资源（59）。但令教师和教育管理者极为失望的是，同伴通过隐性课程传递的信息大部分都不在教师的掌控范围内。不过，教师榜样可以调解渗透在隐性课程中的一些有害的信息，包括同伴间流传的各种信息。他们可采用的手段有：1）树立正面榜样；2）与学生保持良好的关系以对抗隐性课程和医院文化可能出现的不良影响（60）。

由于榜样对学习环境的三个方面都有显著的影响，所以他们有可能从根本上改变环境（61，62）。某些教育工作者认为由于临床教师不能保持只示范正确的行为举止，医学生和住院医生未能了解医学专业的“原貌”（44，63）。隐性课程所传递的负面信息是在医学院中推行人道主义的最大阻力（61），而克服这种负面影响最重要的方法就是临床教师亲自示范人文关怀（61）。有学者研究以关系为中心的医学教育，其结论表明学生与教师的密切关系是隐性课程的核心调节因素（60）。为了抵抗学习环境的负面影响，并更好地宣传正确的医学专业价值观、职业态度和行为举止，我们需要“相当数量”的正面榜样（56）。面对这一挑战诞生了许多教育创新项目，如由阿诺德（Arnold P. Gold）基金会赞助的著名的人道主义荣誉协会金奖（Gold Humanism Honor Society）（64），该项目嘉奖了一群在人道主义方面表现卓越的医学生，把他们树立为榜样，以求对学术机构的价值观产生正面影响。

最后，学习榜样对受训者的职业发展极为重要，而教学团队肩负了为他们提供优秀学习榜样的责任。框 4-2 列举了一些帮助教员进入榜样角色的练习方法。

框 4-2 成为优秀学习榜样的小练习

✓ 找出一个你认为的真正的学习榜样，并问自己如下问题
- 你希望模仿他/她的什么？
- 你已经具有他/她的哪些特质？
- 这对你的专业发展有怎样的帮助？

✓ 反省你自身的行为举止
- 你应该努力避免哪些不良行为举止？
- 你应该进一步培养哪些优秀习惯？

✓ 提醒自己受训者时刻都在关注你的行为举止
- 列出你希望他们关注的行为举止
- 解释你为什么那样做
- 即使在医学教学场合以外也努力保持行事作风的专业性

（余鸿雁译　黄晓明校）

参 考 文 献

1. Webster's New World Dictionary, College Edition. New York: World Publishing Company; 1959.
2. **Confucius.** World of Quotes. Accessed at www.worldofquotes.com/author/Confucius/1/index.html.
3. The Primates: Life in the Trees. Accessed at www-personal.umich.edu/~phyl/anthro/lifetrees.html.
4. **Damon W, Lerner RM.** Handbook of Child Psychology: Theoretical Models of Human Development. Hoboken, NJ: J Wiley; 2006.
5. **Slobodkina E.** Caps for Sale: A Tale of a Peddler, Some Monkeys, and Their Monkey Business. New York: HarperCollins; 1968.
6. **Meltzoff AN, Moore MK.** Imitation of facial and manual gestures by human neonates. Science. 1977;198:74-8.
7. **Clark D.** Albert Bandura. Accessed at www.skagitwatershed.org/~donclark/ hrd/history/bandura.html.

8. **Higbee A.** American topics. The New York Times. 7 June 1993. Accessed at www.nytimes.com/1993/06/07/news/07iht-topi_13.html.
9. **Gladwell M.** The Tipping Point: How Little Things Can Make a Big Difference. Boston: Little, Brown; 2000.
10. **Ludmerer KM.** Instilling professionalism in medical education [Editorial]. JAMA. 1999; 282:881-2.
11. **Brownell AK, Côté L.** Senior residents' views on the meaning of professionalism and how they learn about it. Acad Med. 2001;76:734-7.
12. **Balmer D, Serwint JR, Ruzek SB, Ludwig S, Giardino AP.** Learning behind the scenes: perceptions and observations of role-modeling in pediatric residents' continuity experience. Ambul Pediatr. 2007;7:176-81.
13. **Jones WS, Hanson JL, Longacre JL.** An intentional modeling process to teach professional behavior: students' clinical observations of preceptors. Teach Learn Med. 2004;16: 264-9.
14. **Shuval JT, Adler I.** The role of models in professional socialization. Soc Sci Med. 1980; 14A:5-14.
15. **Luckhaupt SE, Chin MH, Mangione CM, Phillips RS, Bell D, Leonard AC, et al.** Mentorship in academic general internal medicine. Results of a survey of mentors. J Gen Intern Med. 2005;20:1014-8.
16. **Zerzan JT, Hess R, Schur E, Phillips RS, Rigotti N.** Making the most of mentors: a guide for mentees. Acad Med. 2009;84:140-4.
17. **Sambunjak D, Straus SE, Marusic A.** Mentoring in academic medicine: a systematic review. JAMA. 2006;296:1103-15.
18. **Althouse LA, Stritter FT, Steiner BD.** Attitudes and approaches of influential role models in clinical education. Adv Health Sci Educ Theory Pract. 1999;4:111-22.
19. **Wright S, Wong A, Newill C.** The impact of role models on medical students. J Gen Intern Med. 1997;12:53-6.
20. **Wright S.** Examining what residents look for in their role models. Acad Med. 1996; 71:290-2.
21. **Elzubeir MA, Rizk DE.** Identifying characteristics that students, interns and residents look for in their role models. Med Educ. 2001;35:272-7.
22. **Wallace AG.** Educating tomorrow's doctors: the thing that really matters is that we care. Acad Med. 1997;72:253-8.
23. **Wright SM, Kern DE, Kolodner K, Howard DM, Brancati FL.** Attributes of excellent attending-physician role models. N Engl J Med. 1998;339:1986-93.
24. **Maker VK, Curtis KD, Donnelly MB.** Are you a surgical role model? Curr Surg. 2004;61:111-5.
25. **Kenny NP, Mann KV, MacLeod H.** Role-modeling in physicians' professional formation: reconsidering an essential but untapped educational strategy. Acad Med. 2003;78:1203-10.
26. **Wright SM, Carrese JA.** Excellence in role modelling: insight and perspectives from the pros. CMAJ. 2002;167:638-43.
27. **Maheux B, Beaudoin C, Berkson L, Côté L, Des Marchais J, Jean P.** Medical faculty as humanistic physicians and teachers: the perceptions of students at innovative and traditional medical schools. Med Educ. 2000;34:630-4.
28. **Beaudoin C, Maheux B, Côté L, Des Marchais JE, Jean P, Berkson L.** Clinical teachers as humanistic caregivers and educators: perceptions of senior clerks and second-year residents. CMAJ. 1998;159:765-9.
29. **Bandura A.** Social Foundations of Thought and Action. Englewood Cliffs, NJ: Prentice Hall; 1985.

30. **McGee SR, Irby DM.** Teaching in the outpatient clinic. Practical tips. J Gen Intern Med. 1997;12 Suppl 2:S34-40.
31. **Stern DT, Papadakis M.** The developing physician—-becoming a professional. N Engl J Med. 2006;355:1794-9.
32. **American Board of Internal Medicine.** Project Professionalism. Philadelphia: American Board of Internal Medicine; 1994.
33. **Cruess SR, Cruess RL.** Professionalism must be taught. BMJ. 1997;315:1674-7.
34. **Kao A, Lim M, Spevick J, Barzansky B.** Teaching and evaluating students' professionalism in US medical schools, 2002-2003 [Letter]. JAMA. 2003;290:1151-2.
35. **Reynolds PP.** Reaffirming professionalism through the education community. Ann Intern Med. 1994;120:609-14.
36. **Bickel J.** Promoting Medical Students' Ethical Development: A Resource Guide. Washington, DC: Assoc of American Medical Colleges; 1993.
37. **Feudtner C, Christakis DA, Christakis NA.** Do clinical clerks suffer ethical erosion? Students' perceptions of their ethical environment and personal development. Acad Med. 1994;69:670-9.
38. **Wright SM, Carrese JA.** Which values do attending physicians try to pass on to house officers? Med Educ. 2001;35:941-5.
39. **Wear D.** On white coats and professional development: the formal and the hidden curricula. Ann Intern Med. 1998;129:734-7.
40. **Epstein RM.** Mindful practice. JAMA. 1999;282:833-9.
41. **Viggiano TR, Pawlina W, Lindor KD, Olsen KD, Cortese DA.** Putting the needs of the patient first: Mayo Clinic's core value, institutional culture, and professionalism covenant. Acad Med. 2007;82:1089-93.
42. **Epstein RM, Hundert EM.** Defining and assessing professional competence. JAMA. 2002; 287:226-35.
43. **Swick HM.** Toward a normative definition of medical professionalism. Acad Med. 2000; 75:612-6.
44. **Cooke M, Irby DM, Sullivan W, Ludmerer KM.** American medical education 100 years after the Flexner report. N Engl J Med. 2006;355:1339-44.
45. **Mutha S, Takayama JI, O'Neil EH.** Insights into medical students' career choices based on third- and fourth-year students' focus-group discussions. Acad Med. 1997;72:635-40.
46. **Hunt DK, Badgett RG, Woodling AE, Pugh JA.** Medical student career choice: do physical diagnosis preceptors influence decisions? Am J Med Sci. 1995;310:19-23.
47. **McMurray JE, Schwartz MD, Genero NP, Linzer M.** The attractiveness of internal medicine: a qualitative analysis of the experiences of female and male medical students. Society of General Internal Medicine Task Force on Career Choice in Internal Medicine. Ann Intern Med. 1993;119:812-8.
48. **Neumayer L, Konishi G, L'Archeveque D, Choi R, Ferrario T, McGrath J, et al.** Female surgeons in the 1990s. Academic role models. Arch Surg. 1993;128:669-72.
49. **Saxon LA, Rao AK, Klarich KW.** Shortage of female cardiologists: exploring the issues. Mayo Clin Proc. 2008;83:1022-5.
50. **Wright SM, Carrese JA.** Serving as a physician role model for a diverse population of medical learners. Acad Med. 2003;78:623-8.
51. **Maudsley RF.** Role models and the learning environment: essential elements in effective medical education. Acad Med. 2001;76:432-4.
52. **Scott T, Mannion R, Davies H, Marshall M.** The quantitative measurement of organizational culture in health care: a review of the available instruments. Health Serv Res. 2003;38:923-45.

53. **Hafferty FW.** Beyond curriculum reform: confronting medicine's hidden curriculum. Acad Med. 1998;73:403-7.
54. **Gershon RR, Stone PW, Bakken S, Larson E.** Measurement of organizational culture and climate in healthcare. J Nurs Adm. 2004;34:33-40.
55. **American Medical Association.** Initiative to Transform Medical Education Phase 3: Program Implementation. Recommendations for Optimizing the Medical Education Learning Environment. Chicago: American Medical Assoc; 2008:5-6.
56. **Branch WT Jr.** Deconstructing the white coat [Editorial]. Ann Intern Med. 1998; 129:740-2.
57. **Lingard L, Reznick R, Espin S, Regehr G, DeVito I.** Team communications in the operating room: talk patterns, sites of tension, and implications for novices. Acad Med. 2002;77:232-7.
58. **Musselman LJ, MacRae HM, Reznick RK, Lingard LA.** 'You learn better under the gun': intimidation and harassment in surgical education. Med Educ. 2005;39:926-34.
59. **Maker VK, Donnelly MB.** Surgical resident peer evaluations-what have we learned. J Surg Educ. 2008;65:8-16.
60. **Haidet P, Stein HF.** The role of the student-teacher relationship in the formation of physicians. The hidden curriculum as process. J Gen Intern Med. 2006;21 Suppl 1:S16-20.
61. **Branch WT Jr, Kern D, Haidet P, Weissmann P, Gracey CF, Mitchell G, et al.** The patient-physician relationship. Teaching the human dimensions of care in clinical settings. JAMA. 2001;286:1067-74.
62. **Rose GL, Rukstalis MR, Schuckit MA.** Informal mentoring between faculty and medical students. Acad Med. 2005;80:344-8.
63. **Stern DT.** Practicing what we preach? An analysis of the curriculum of values in medical education. Am J Med. 1998;104:569-75.
64. **The Arnold P. Gold Foundation.** The Gold Humanism Honor Society. Accessed at http://humanism-in-medicine.org/cgi-bin/htmlos.cgi/03713.1.2191019918818156392/intros/gGhhs.html?srchString = Programs%20Medical%20Students%20%26%20Faculty%20Gold%20Humanism%20Honor%20Society.

第二部分

连续一贯的导师制

第 5 章

医学生导师制：从教室到临床，培养学生的职业精神

Capt Gerald Dodd Denton, MC, USN, MD, MPH, FACP
Col Paul A. Hemmer, MC, USAF, MD, MPH, FACP

要点：

- 教师要参与临床前课程，并在日常工作中成为专业知识和职业责任并重的榜样。
- 临床见习教师要保持正面形象，保证教学时间，并给学生与他们能力相适应的自主权。
- 见习项目主管要建立一个公平透明的评分机制，并向学生公开。为学生写的推荐信要用词准确，没有偏见。
- 见习项目主管在招募学生阶段要注意避免利益冲突。
- 学生见习项目要包含导师制，有以培养职业精神为目的的活动，如患者家访、反思写作及建立学生档案等。
- 学系要为学生创建兴趣小组，给学生提供研究的机会。也要为教师提供教师培训的机会。
- 系主任应该以身作则，深入到学生周围，鼓励教师积极参与教学，成为热衷教学的榜样。
- 医学院校要认可重视职业精神教育，要有正式的仪式和奖励。

前面的章节我们讨论了职业精神和导师制的基本概念，本章我们把重点放在更加具体实用的内容上，作为教师、实习项目主管和科室

领导需要思考如何培养医学生的职业精神。这里对职业精神的理解和基本方法是基于第三章中佩莱格里诺的定义，即职业精神就是对专业技术和责任承诺的兑现（1）。本章讨论了临床前及临床见习阶段医学生导师制的相关问题，着重在后一阶段。具体内容涉及导师制面临的挑战、如何将见习活动与职业精神培养联系起来、发现导师指导医学生的重要时机以及在医学院校层面如何支持导师制。

❖ 临床前医学生的导师制

对于大多数医学生而言，开始医学院学习之时他们才第一次接触医生的教学、研究和医疗职责。从成为医学生的第一天开始，他们就应该接受医生特有的行为规范，这会影响他们一辈子的事业和职业发展。行为榜样（第四章）对早期形成职业认同非常重要（2），尤其在临床前阶段，这是教师开始培养学生职业精神的重要时机。

临床前的医学生迫切地想了解基础医学如何在临床应用、整合和理解，想知道什么是真实的医学？教授临床前课程，无论是讲座、小组讨论、还是临床技能培训，都是教师向学生展示医生充满魅力的行为举止，吸引学生进入医学殿堂的绝好机会。不管是基础还是临床教师，都应坦诚开放，随时准备不仅成为学生的行为榜样，更要成为他们的导师，解答他们的问题，给他们建议和指导。导师是那些向学生描述自己的工作的老师，他们承认工作的艰辛和压力，但更强调事业给自己带来的满足感。导师也是那些能够认识自身弱点的老师，当他们发现自己不适合成为某个学生的导师时，会尽力帮助学生寻找更适合他们的导师，或者说是在某一个特定领域更能给学生帮助的“功能型导师”（3）。

如果临床教师想成为临床前学生的导师，他们必须教授临床前课程或参与学生兴趣小组等学生组织，他们要以积极的态度参与其中并给学生正面引导（表 5-1）。他们应该和基础课程的教师建立良好的合作关系，而不是一味地批评和排斥基础课程。一味地批判，无论是有意的还是无意的，都不利于培养学生对医学科学基础的尊重，这也是一种“隐性课程”的负面影响（见本书第四章施耐德（4）的话“学生在医学院校所学的东西并不必须包括在规定的教学目标里”）。所以正确的做法是临床教师应帮助学生理解如何将基础阶段所学的内容应用于医疗、科研及教学。

表 5-1　导师的行为准则（以内科为例）

应该做的
成为行为榜样
为学生写推荐信
邀请学生来内科培训
为学生安排时间
给学生一定的自主性
招募新的行为榜样
建立内科学兴趣小组
举办白大衣仪式或其他象征职业责任感的活动
为学生提供研究机会
不应该做的
抱怨工作环境
表现出傲慢及贪婪
没有公开利益冲突
忘记学生时刻在身边观察自己的行为

作为教师，能运用多种方法给临床前学生的职业发展带去正面的影响（框 5-1）。比如，更早期地接触患者（早于学生的临床技能课），能帮助学生了解医生的职业价值，早期将职业社会化，并激励他们掌握临床前的基础知识，未来更好地应用于患者照护（5）。医学院的早期患者接触活动，尤其是患者家访活动，能培养学生以患者为中心的人文医学理念（6）。鉴于以上这些优点，很多医学院校已经开始为临床前学生提供早期接触患者的机会。哪怕仅仅是“如影随形”① 的经历，学生真正参与患者医疗的程度有限，但作为教师应该

①如影随形（shadowing）是指医学生像影子一样跟随临床教师进行患者诊疗，在这样的活动中，医学生主要是观察，并不真正参与患者的医疗活动。

记住学生时刻在身边观察你，从你的一言一行甚至举手投足中他们会学到什么是职业行为。

框 5-1 培养临床前学生的职业精神

✓ 作为行为榜样向学生演示什么是对职责和专业的承诺，如何在日常的医疗、研究和教学中实践这种承诺。

✓ “大声说出”你对职业精神的理解。受训者常常会忽视或误解一些非言语行为，所以即使你认为很显而易见然的职责和专业的问题，也需要拿出来和学生讨论。

✓ 与学生沟通时要诚实，尊重学生，保持反省，当谈及他人或讨论学生的职业规划和选择时要注意措辞。

✓ 鼓励学生参加对他们理解职业精神有益的组织或活动，如教学活动、社区活动、研究机构委员会、专业组织等。

✓ 提供专业组织会员资格，如美国内科医师协会（ACP），通过强调其中的服务和领导职责也是传达职业价值很重要的方法。

❖ 见习阶段医学生的导师制

医学生进入临床后，临床和社区教师有了更多的机会接触学生，也给了他们提供了更多指导学生的机会。由于很多学生在这个阶段开始寻找他们未来的职业方向（7），临床教师是此时最重要的榜样和导师。以内科为例，教师可以让学生发现此领域的其他素质和能力，如患者照护中的人文关怀、以患者为中心、化繁为简的能力等（8）。和学生讨论如何将这些个性素质和职业技能与内科学的事业发展相适应，这会增进导师和学生的关系。不要低估邀请学生“加入你的团体”的作用（见表 5-2 对见习导师的建议）。病房和门诊给了导师展示不同的行为规范的机会，当然有些行为在所有这些场所都很重要（见框 5-2）。

表 5-2 见习项目主管的行为规范

应该做的
建立公平公正的评估、反馈、评分过程
让学生随时能找到你
开展培养职业精神的活动（如反思写作、患者家访、主治医生教学培训等）
建立学生档案
不应该做的
允许学生接受医药公司的礼品
鼓励医药公司为会议或夜班提供工作餐
企图招募学生进入自己的专科并因此影响评估和评分过程的公正性

框 5-2 优秀的导师行为

✓ 在轮转中为教师和学生制定清晰的目标，和学生沟通什么是值得期待的行为，对于学生来说这是评估公平性的关键。

✓ 保持正面形象，避免抱怨超出学生控制范围的问题；同样，对于自己的事业和生活，要对学生诚实。

✓ 在门诊，给学生合适的时间接触患者，如果有可能，尽量选择合适的患者，让学生既有兴趣又有所收获。

✓ 吸引学生学习。作为教师，不仅期望学生从患者身上学到知识，也要愿意从学生的发现中学习，允许学生“教他们的老师”。

✓ 培养学生从“报告者”逐渐成长为“解读者”、“管理者”，甚至“教育者”。简言之，培养学生在患者照护和学习中的主人翁意识。

在病房，团队由不同水平不同级别的人员组成，不论是实习医生、住院医生、主治医生，还是团队的其他成员，都有可能成为医学生的老师和导师。从“隐性课程”到医院限制医学生书写医疗文书的规定，培养学生职业精神所面临的挑战无处不在。通过上级医生监管和手把手的教学，让医学生在患者的诊疗中承担一定作用，这会让这个职业对学生更有吸引力。比如学生总是很迷恋各种操作，我们要帮助他们理解操作的前因后果，让他们了解我们是“和”患者一起经历操作，而不是简单地“给”患者进行操作；让学生参与到操作前知情同意书的签署过程，让他们观察医生如何向患者解释、如何倾听患者的需求和恐惧、如何和患者达成一致；如果不能现场观察，可以安排教师和学生讨论，给学生一个安全的环境让他们畅所欲言自己的担心、困难和挣扎（9）。培养学生逐渐成长的独立性（10），让他们逐渐参与更高层次的活动，这会让他们对从事的职业更有兴趣。

❖ 见习阶段导师面临的挑战

在临床阶段如何培养学生的职业精神？导师会面临很多挑战。尤其是在繁忙的临床工作中，疲倦和睡眠剥夺会让学生失去目标、寻求捷径。长期以来，这种劳累和疲倦已经深入骨髓，成为医学教育的一部分。为了患者安全，当前实施了限制住院医生和医学生工作时间的规定，在一定程度上缓解了他们的工作疲劳，提高了他们的生活质量（11）。但是另一方面，限制工作时间导致工作压缩，影响了医疗工作和师生关系的连续性，这种影响直接威胁了职业精神教育（11）；同时，压缩时间后的工作单元临床工作压力更大，这也成为职业精神培养的重要障碍。医学生由于对自己缺乏自信，常去模仿住院医生的行为，而后者的行为有时并不正确，不适于学生学习（12）。

除了“隐性课程”，学生在医学院还会受一种“负面课程”的影响，也就是说，一些明显和职业精神原则不一致的行为实际上也很明显地存在于教育环境中（13）。虽然社会和教师都希望正面行为成为主流，但“负面课程”的影响依然很大，这是大部分不正确的行为得以传播的原因。举个例子，医学生可以从住院医生、教师、同行评议或者项目主管的**暗示**中了解到正面的信息，他们的评分标准并不主要依据知识掌握的多少，而是主要依据学习动力的大小。但他们也会有意无意地受到负面信息的怂恿，比如不需要结合患者学习疾病过程（只需要看书）、不需要关注患者的人文特征等。他们因为要准备考试担心“没有足够的时间看书”而忽略患者的存在，但他们忘了正是因为有了患者的存在课本上的知识才有用武之地。学生还有可能加入“抱怨小组”，吐槽老师或同学，导致人际关系的恶化。针对这些，导师要以身作则，不仅成为学生的榜样，还要给不正确的行为予负面反馈，和学生分享“负面隐性课程”对自己的影响。对不良行为的认识和纠正要尽可能采取直接的方式，而不是婉转的间接方式。很多教师认为他们一直在努力纠正他们所看到的学生的不足，但效果不好，可能的原因是学生可能对他们所采用的婉转表述或非言语暗示有误解（14，15）。

在临床阶段，学生会有一些坏习惯，比如隔着病人的衣服听诊心肺，这显然不是诊断学课上教的，而是在工作中逐渐养成的。即使是最理想主义的学生也可能在工作中忽视患者本人，只关注疾病过程，比如他们会在查房时说“那个烂脚的糖尿病”或“那个肝硬化的酒鬼”。及时阻止这些行为需要有良好的师生关系和教师的强制手段（15）。

有些教师或教学行为反而会助长学生的不专业行为。比如，混乱而缺乏监管的轮转会影响学生的临床推理能力和正确理解治疗手段。教师滥用权力，比如傲慢的教师不听学生的意见，不纠正自己的错误反而把给自己提意见的学生边缘化，这不仅会造成学生对教学的不满，也会影响他们学医的兴趣及职业素养的正常发展（12）。

利益冲突也会对医学生有很大冲击，虽然他们可能并没有意识到这一点。医生，尤其是接触学生的医生，应该避免让自身利益置于患者利益之上。在医生的演讲中申明没有利益冲突很容易，但在现实生活中并不容易做到。与利益相关的事情比比皆是，比如以收取回扣为目的向其他机构介绍病人、接受来自制药公司的礼品、以增加收入为目的过度医疗或超额收费等，这些不良行为即使还没有被医院明令禁止，也应该在教学工作中努力避免。

❖ 内科见习中的职业精神培养活动

以内科见习为例，有一些活动能培养学生的职业精神，并能很好地和见习项目整合起来成为见习项目的常规活动。下面讨论的活动虽然发生在内科见习环境中，但也可应用于其他课程及见习项目中。

反思写作（见第三章）能用于培养职业素养。反思要求学生应用个人信念和价值观，从道德和伦理层面分析自身经历的某个事件。正式的写作要求学生认真反思具体事件，从中思考什么是自己的价值观。一些对自己有重要意义的事件，如一个患者的死亡、一个医疗差错、某个意料之外的结局、目睹某个专业或不专业的行为等，这些都是值得反思的“重要事件”。反思写作可以采取正式的论文写作形式，也可以用博客形式，某些情况下还可以采用演讲和讨论形式。为了让活动更有意义，教师的参与很重要，和学生一起回顾和分析“重要事件”，让学生从职业素养的角度理解事件的价值和反思的意义（16，17）。

学生档案，或称为学生的工作成果集，也能培养他们的职业素养。导师要认真阅读学生档案，强化其中的正面内容，发现学生经历中有意义的事件及其中的价值。学生档案可以评分，但最好采用通过/不通过的标准。学生档案包括学生的传统作品，如病例分析、艺术作品、文学作品或任何被项目主管、学系和同学称赞的作品；也包括发人深思事件的讨论、伦理案件描述或学习等。档案可以用传统的纸质形式保存，也可以采用电子或网络形式保存。传统上，对自己有意义的东西需要长期保存，学生档案的意义就在于此，过一段时间后它可以重现，强调学生职业发展过程中有代表意义的重要的正面行为（18）。

患者家访是一种极好的宣传以患者为中心及人文关怀的教学活动。对于医学生而言，这种活动给了学生从患者的角度理解疾病过程的机会。在家访过程中，医学生有更多的时间和患者接触，能和患者建立更有意义的关系。大多数相关研究都证明这一活动得到了学生的高度认可，许多学生把家访看作是医学院“最重要”的经历之一（见“临床教学”系列丛书之“临床教学的理论与实践”中“难忘的教学时刻”部分（19）），患者家访让学生开始认识什么是医生的职业价值（20-22）。

推荐信和住院医生培训项目的申请过程①也是灌输职业精神非常重要的机会，但它们的价值常常被忽视。学生为申请住院医生培训项目会请求教师为他们书写推荐信（23，24），这些信件可以是基于和学生共同工作经历的个人推荐信，也可以是旨在总结学生见习轮转阶

①在美国，医学生从医学院毕业后需要进行住院医生培训，全美的住院医生培训项目以双向选择的方式挑选实习医生，此过程称为匹配（Match）。匹配分为申请、申报、面试等过程，申请材料包括个人简历、学习科研经历、医学院阶段的考试成绩、执业医师资格考试成绩等，其中医学院老师的推荐信是申请材料的重要组成部分。

段成绩的科室推荐信。推荐信在住院医生培训项目申请过程中有重要作用，但住院医生培训项目主管经常发现推荐信中提供的信息对他们帮助不大或者并不能真正代表学生的能力（23）。

为学生写推荐信是教师和见习项目主管的职责，要求推荐信能真实公平地体现学生所取得成绩。推荐信不仅要讨论学生做得好的方面，也要涉及学生还需要提高的地方。措辞要清楚明了，不要用很多需要破译其中含义的形容词。事实上，推荐信是一种总结评估类信件，很像传统上总结医学生在校表现的“校长来信”。写信的语气要对学生及住院医生项目主管尊重和诚实，信件本身也反映了写信的教师自己的职业素养。

写推荐信之前有必要了解学生的职业目标和他对推荐信内容的期望，所以当学生要求你给他写推荐信时，最好和学生面谈，和他一起讨论有关信的内容。教师应该公开推荐信的内容以及信中内容的信息来源。这方面其实教师也需要专门的指导，他们需要了解推荐信包括哪些内容及如何平衡学生的优缺点。实质上，写推荐信也需要有一个“知情同意”的过程。如果教师不愿意写这类信件，他需要告诉学生。

表 5-3 列出了推荐信包含的内容（23，24），我们并不打算完整罗列所有内容，只是想强调一些可能对写推荐信的教师和项目主管有帮助的内容。

表 5-3　推荐信的基本内容

个人推荐信
陈述你是在什么时候（教什么课程时）怎么认识这个学生的。
列出你和学生接触的时间段。
总结你对学生能力和潜能的印象。
直接引用学生的评估。
全面平衡：列出学生做得好的方面，讨论学生还需要改善的地方。
总结性评语：你对学生未来住院医生阶段在学术、个人、职业素养等各方面取得成功的信心如何。
具体有针对性。

续 表

学系推荐信
提供见习项目的一般信息： • 见习项目描述：时间、内容（门诊和/或病房）、评价方法（描述、考试）、分数是规范化的还是基于某些标准的？ • 学生在医学院的成绩等级分布（如果能提供的话） • 本见习项目的特殊之处（帮助住院医生培训项目理解本推荐信的观点） • 讨论学生的表现 • 直接引用教师对该学生的评价，这最能代表学生的表现 • 做到客观全面：任何有关学生的表现都应该提及并讨论 • 强调对住院医生项目主管有用的信息（如 ACGME 的核心能力） • 总结性推荐意见 • 描述对学生成就和潜能的准确评价，不要用还需要别人解码的“暗语”表达。 • 决定谁来签名：见习项目主管和/或系主任

❖ 见习项目主管的职责

见习项目主管在医学生的职业精神培养方面占据特殊的地位，他们对学生的整个见习过程负责，保证他们的临床活动有意义。见习项目主管是学系和学生之间的桥梁，是联系基础部分和临床部分的纽带。他们将每个医学生看作“独立成长”（10）的个体，为他们构建优秀的教学培训项目，设计和实施具体课程，培训教师，并为学生提供导师。

评估、反馈和评分过程最能体现项目主管的职业素养和科室的职业高标准，要想这一过程公平全面，必须做到全程透明，所有的书面评价材料公开。在所有的见习场所以及整个见习过程中，评估框架要保持一致性，并以此为基础向学生提供反馈。保证向学生提供正确职业行为的榜样，供学生模仿。项目主管的办公室要随时向学生开放，随时能让学生找到你，随时准备和学生讨论具体政策和过程。

深入一线还是高高在上

项目主管本身应该成为榜样。在医学生见习项目中，项目主管同时应该是核心教师，比如门诊或病房主治医生、大课老师、教学主治医生、小组讨论领导等。直接参与一线教学不仅能让项目主管从学生的角度了解项目真实运行情况及学习环境对项目的影响，而且也能让他们自己成为教师和学生的榜样。参与核心教学活动，给了项目主管和教师非正式接触的机会，了解教师面临的困难与挑战及关注的问题，回答教师的问题，实时给教师提供培训机会。

作为一名核心教师，一线主治医生，项目主管能向学生传递权威信息。在那个位置上，他们要时刻注意自己在学生眼中的“心理形象”，他们所处地位的权威性，尤其是他们掌握着学生的成绩，这对于和他们一起工作的学生是一个很大的压力。但也不能为了抵消这种影响而改变或放松对学生的要求，相反，他们应该更加强调预期目标，帮助学生成长，根据目标和期望对学生进行评估并给予反馈。

亲自参与其中成为见习项目中的教师或主治医生，项目主管会对项目有更全面的认识，这些信息不是简单地依靠阅读批评意见或/和学生和教师谈话就能获取的。另外，他们随时能被教师和学生看到，他们的脸被师生记住，这种被称为“面孔效应”的影响也很重要（25）。

教学不等于招聘

必须承认，作为导师的首要任务是指导学生还是为自己的学科招募吸引学生，内科见习项目负责人在这个问题上面临着困难的选择。虽然临床见习项目的根本目的是培训所有医学生的基本能力，并不涉及学生未来的职业规划，但是医学生对内科的兴趣逐渐衰退，选择内科作为未来职业的人数逐渐减少，这让这个学科令人关注地站到了十字路口。学生的职业选择受到当前执业环境（内科的执业环境并不被学生看好）和学生临床见习阶段的经历的强烈影响（7），由于这些复杂的因素，即使选择内科的学生也主要是进入专科领域（26，27）。所有这些都给内科见习项目主管以压力，是否要招募吸引学生进入主要由老年患者构成的基本医疗领域，这是未来医疗体系的方向，是保证患者健康的关键。

进入临床见习的医学生会很谨慎地找人咨询职业选择的问题。他们担心讨论自己的真实想法会影响自己的评估和成绩。出于自我保护和希望保留职业选择的机会，很多学生会表现出态度不明朗，或干脆谎称自己对见习的科室感兴趣。

甚至见习项目主管对是否要招募学生进入自己的领域也意见不一。但是，一项全国的调查表明，见习项目主管们认为住院医生培训项目主管和系主任们会希望他们吸引鼓励更多的学生进入内科。

尽管有这样的考虑和压力，作为见习项目主管不应该被人发现为科室招募正在培训的学生，不管是切实的行动还仅仅是想法。项目主管的责任是不论学生申明的职业选择是什么，都为他们创造一个严格而公平的学习经历。他们决定着学生的见习成绩，要保证没有任何偏倚会影响学习环境及打分的过程。评价和打分过程对于教学机构来说十分重要，这决定着学生是否能顺利毕业进入下一阶段的培训，而为科室招募正在见习的学生会危害此过程的公正和廉洁。

在见习阶段，毫无疑问项目主管会遇到一些学生，他们有能力也对科室和本专业很有兴趣。作为项目主管，可以为这些学生提供职业选择的信息和材料，回答他们的问题，但注意不要影响他们最终评价的公正性。在见习期间，他们可以为学生提供研究的机会，介绍学生参加专业组织。

在见习期间以外的时间，见习项目主管仍可以成为学生的导师，在指导学生职业选择方面起重要作用。内科见习结束后，学生还能随时找到他们，和他们讨论未来职业方向，帮助他们规划第四年的见习计划①，为实习做准备，并且在医学生申请住院医生项目过程中为他们提供帮助（见前述推荐信部分）。见习项目主管还可以参与学生的临床前课程，早期接触学生，做他们的榜样，告诉他们见习课程对患者照护的重要性。

❖ 学系的努力

课程和见习

在为学生确定导师，确保他们接受正面的职业素养培养，鼓励学生进入专科等方面，学系的努力非常重要，包括决定课程的基本结构，发展课程外的活动如兴趣小组、研究机会等。

---

①美国医学院第三年为主要的临床见习阶段，第四年多安排为急诊和选修科室的临床见习及科研训练、住院医生项目申请时间等。

一些医学院采取纵向的见习课程[①]，学生在一段时间内（经常是一整学年）同时在多个科室参加临床见习。这一模式让学生在很长时间内和一组固定的核心教师一起工作，随诊一组特定的患者，这对于培养他们的职业素养非常有利（31，32）。针对这样的纵向见习课程，系主任和项目主管需要认真选择核心教师，因为这些教师会和学生有更长时间的接触，可能对学生产生更复杂的影响。虽然和传统见习课程相比，目前我们只看到纵向课程的短期优点，它对学生职业发展和医患关系的长期影响还不得而知（33，34），但纵向课程提供了一种全新的教学模式，让学生能更好地为"未来"做准备。

在任何时候招聘临床教师时，都要选择能成为学生行为榜样的优秀医生。那些形象正面，对自己的专业充满兴趣和热情的医生更容易得到学生的承认，成为学生的导师。

教育需要花费时间，时间是让学生发展专业兴趣所必需的元素。学生如果遇到那些每次见面都行事匆匆的老师、脾气古怪的老师、没有足够临床空间的老师、不能给他们独立思考机会的老师，他们自然会对所在的专科不满意或留下不好的印象。所以在病房教学中，让学生收集、分析、汇报临床数据和观点都需要时间，主治医生的耐心绝对是一个美得。超负荷工作，烦恼缠身的主治医生绝对不可能成为学生的好榜样。学系要寻找方法保护教师的教学时间并为教师的教学提供补偿（比如通过教学价值单位（35））。学术上的肯定、评优、教学奖励及教学补偿能进一步培养和鼓励教师的教学热情。

专科兴趣小组和研究机会

建立医学生兴趣小组是一个很不错的方法，参加小组能让医学生早一点接触专科，发现各专科的特征。在这些兴趣小组中，学生会找到自己的行为榜样，和他们建立导师关系。不要把这些小组仅仅看作

---

①传统医学院见习或实习一般是按时间和科室序贯安排，比如内科见习 2 个月后再去外科见习。从本世纪初开始，美国多家著名医学院校，如哈佛、约翰·霍普金斯大学、加州大学旧金山分校医学院（UCSF）等开始在小范围内试行整合的纵向见习课程，打乱见习场所，固定见习指导教师，比如学生可能周一上午在病房，下午去急诊，周二去门诊等。这样做保证了学生与患者、学生与教师的长程关系，强调了医疗的连续性和多学科合作，符合现代医学教育的方向。

是学系吸引新鲜力量的场所，其实我们并不清楚它们是否能增进学生对于某一特定领域的兴趣（36）。以内科兴趣小组为例，可以举办的活动包括关于内科医生职业的小组讨论、查体或操作的技能练习、促进人道主义的活动、参加针对穷人的免费门诊、让学生探索研究机会等。学生参与计划和组织这些小组也给学生在医学院阶段提供了领导经历。可以让一些住院医生参与其中，和教师相比他们的年龄与学生更接近，而且在工作中和学生有更直接的联系，他们的参与能增进学生的学习兴趣，给学生提供对他们切实有帮助的指导，学生反映这种类型的导师关系也是富有成效的。

为了培养学生对研究的兴趣，学系也需要发展一定的机制，鼓励学生在感兴趣的领域将基础研究与临床相结合。这样的机制不需要很复杂，可以是基于网络的，或是从专科兴趣小组发展而来的。比如，兴趣小组的学生领袖可以定期和系主任或指定人员见面，和学系教师电子邮件联系，发掘适合学生的研究活动，然后把这些研究活动在兴趣小组活动或在网上公布。系主任要鼓励教师和学生合作的科室氛围。

系主任的作用

系主任在科室教学尤其是导师制方面起关键作用（见“临床教学丛书”之《临床教学的领导之路》一书（37）），这种作用有时能被学生看见，而有时并不能。从个人角度讲，医学生都希望看到系主任能直接领导科室的教学项目。有一项研究报告，医学生希望系主任以各种形式支持教学，比如亲自讲课、在学生实习的病房或门诊出现、在见习的某些时候与学生团体见面并向学生承诺科室为教学所做的努力、让学生随时能找到他们等（38）。另一项研究表明，82%的内科学系主任会通过上述的各种方式直接参与学生的临床见习（39）。

系主任最好在医学生入科教育时安排时间和学生见面，可以是一句简单的欢迎或几分钟的科室介绍，无论是亲临现场还是通过视频（尤其是学生在不同见习地点参加入科教育时），都会很好地向学生传导一种信息，科室领导对教学很感兴趣，把教学放在首位。直接参与教学也很重要，比如参与讲课、参加会议、偶尔参加教学查房等。另外，系主任对学生和教师的关心本身就是对职业精神的重要方面的很好诠释，那就是责任和承诺。

系主任同时在保证科室教学活动连续性方面起重要作用。科室会参与很多医学生临床前课程，比如临床技能课程，这就给系主任在早期影响学生的机会。系主任在选择确定课程负责人方面，要注意选择那些不仅感兴趣、有时间、有能力，而且在课程的横向（科室之间的联系）和纵向（与基础课程的联系）方面都协调良好的人员，这些教师同时也是学生的行为榜样和导师。

❖ 对职业行为的正式认可

学系和科室都应该公开正式地给予表现出优秀职业素养的学生、住院医生和教师认可和赞誉。评奖不仅是对专业工作的认可，也是对职业素养方面取得的成绩做出肯定，比如由科室或同行推举的特殊奖项。荣誉可以是简单的获奖证书或奖章，也可以是更高层次的正式国家称号，如 ACP 的赫伯特・韦克斯曼杰出医学教育奖（40）和阿诺德基金会的医学人道主义奖（6）。

要为学生提供标志他们成长和发展重要阶段的仪式。1989 年芝加哥大学最先开始在医学生进入临床见习前举行“白大衣仪式”（41），这已经成为全美很多医学院的常规仪式，告诉学生医学的真谛和职业精神。阿诺德基金会为这一重要的仪式制定了指南，比如学生要先背诵希波格拉底誓言，然后再第一次穿上象征医学尊严的白大衣，仪式通常需要由一名重要的医生主持，可以是导师或榜样（6）。

❖ 总结

从他们第一天进入医学院校开始，医学生就会思考，当一名医生的意义是什么？医学的职业精神又是什么？传授职业精神的导师制必须设计成为医学院校课程的一部分，并且贯穿整个医学院四年的学习。这一阶段的医学教育也给教师提供了重要的实践机会，如何通过自己合适的行为举止向学生灌输职业素养，成为学生的榜样和导师。

临床见习对于医学生职业素养的培养既是挑战同时也是机遇。教师会对学生的成长产生巨大的影响，学院和领导对教师的支持和奖励也在医学生教育中起重要作用。

免责声明：作者所表述的观点并不反映美国国防部健康科学统一服务大学（Uniformed Services University of Health Sciences）的官方政策或立场。

（黄晓明译）

参 考 文 献

1. **Pellegrino E.** Humanism and the Physician: Knoxville: Univ of Tennessee Pr; 1979.
2. **Taherian K, Shekarchian M.** Mentoring for doctors. Do its benefits outweigh its disadvantages? Med Teach. 2008;30:e95-9.
3. **Thorndyke LE, Gusic ME, Milner RJ.** Find a Functional Mentor. Association Colleges of Physicians. 2009. Accessed at www.acphysci.com/aps/resources/PDFs/APS%200109_CareerWatch.pdf.
4. **Snyder B.** The Hidden Curriculum. Cambridge, MA: MIT Pr; 1973.
5. **Kamalski DM, Braak EW, Cate OT, Borleffs JC.** Early clerkships. Med Teach. 2007; 29:915-20.
6. **The Arnold P. Gold Foundation.** A Public Foundation Fostering Humanism in Medicine. Accessed at http://humanism-in-medicine.org
7. **Hauer KE, Durning SJ, Kernan WN, Fagan MJ, Mintz M, O'Sullivan PS, et al.** Factors associated with medical students' career choices regarding internal medicine. JAMA. 2008;300:1154-64.
8. **Alliance for Academic Internal Medicine.** Primer to the Internal Medicine Clerkship. A Guide Produced by the Clerkship Directors in Internal Medicine. Clerkship Directors in Internal Medicine. Accessed at www.im.org/Publications/PhysiciansInTraining/Documents/Primer2ndEd.pdf.
9. **Griffith CH 3rd, Wilson JF, Haist SA, Albritton TA, Bognar BA, Cohen SJ, et al.** Internal medicine clerkship characteristics associated with enhanced student examination performance. Acad Med. 2009;84:895-901.
10. Introduction to the Clerkship in Internal Medicine of the F. Edward Hebert School of Medicine. Accessed at www.usuhs.mil/med/clerkshiphandbook2009.pdf.
11. **Myers JS, Bellini LM, Morris JB, Graham D, Katz J, Potts JR, et al.** Internal medicine and general surgery residents' attitudes about the ACGME duty hours regulations: a multicenter study. Acad Med. 2006;81:1052-8.
12. **American Board of Internal Medicine.** ABIM Project Professionalism. 2001. Accessed at https://www.abim.org/pdf/publications/professionalism.pdf. Published 2001.
13. **Ginsburg S, Regehr G, Lingard L.** The disavowed curriculum: understanding student's reasoning in professionally challenging situations. J Gen Intern Med. 2003;18:1015-22.
14. **Ginsburg S, Lingard L, Regehr G, Underwood K.** Know when to rock the boat: how faculty rationalize students' behaviors. J Gen Intern Med. 2008;23:942-7.

15. **Burack JH, Irby DM, Carline JD, Root RK, Larson EB.** Teaching compassion and respect. Attending physicians' responses to problematic behaviors. J Gen Intern Med. 1999;14:49-55.
16. **Fischer MA, Harrell HE, Haley HL, Cifu AS, Alper E, Johnson KM, et al.** Between two worlds: a multi-institutional qualitative analysis of students' reflections on joining the medical profession. J Gen Intern Med. 2008;23:958-63.
17. **Dyrbye LN, Harris I, Rohren CH.** Early clinical experiences from students' perspectives: a qualitative study of narratives. Acad Med. 2007;82:979-88.
18. **Buckley S, Coleman J, Davison I, Khan KS, Zamora J, Malick S, et al.** The educational effects of portfolios on undergraduate student learning: a Best Evidence Medical Education (BEME) systematic review. BEME Guide No. 11. Med Teach. 2009;31:282-98.
19. **Ende J, ed.** Theory and Practice of Teaching Medicine. Philadelphia: ACP Pr; 2010.
20. **Medina-Walpole A, Heppard B, Clark NS, Markakis K, Tripler S, Quill T.** Mi Casa o Su Casa? Assessing function and values in the home. J Am Geriatr Soc. 2005;53:336-42.
21. **Denton GD, Rodriguez R, Hemmer PA, Harder J, Short P, Hanson JL.** A prospective controlled trial of the influence of a geriatrics home visit program on medical student knowledge, skills, and attitudes towards care of the elderly. J Gen Intern Med. 2009;24:599-605.
22. **Yuen JK, Breckman R, Adelman RD, Capello CF, LoFaso V, Reid MC.** Reflections of medical students on visiting chronically ill older patients in the home. J Am Geriatr Soc. 2006;54:1778-83.
23. **DeZee KJ, Thomas MR, Mintz M, Durning SJ.** Letters of recommendation: rating, writing, and reading by clerkship directors of internal medicine. Teach Learn Med. 2009;21:153-8.
24. **Wright SM, Ziegelstein RC.** Writing more informative letters of reference. J Gen Intern Med. 2004;19:588-93.
25. **Grum C.** Annual Review of Medical Education. Clerkship Directors in Internal Medicine Annual Meeting. Nashville, TN: Clerkship Directors in Internal Medicine; 2004.
26. **West CP, Popkave C, Schultz HJ, Weinberger SE, Kolars JC.** Changes in career decisions of internal medicine residents during training. Ann Intern Med. 2006;145:774-9.
27. **Sox HC.** Career changes in medicine: Part II [Editorial]. Ann Intern Med. 2006;145:782-3.
28. **Woolley DC, Moser SE, Davis NL, Bonaminio GA, Paolo AM.** Treatment of medical students during clerkships based on their stated career interests. Teach Learn Med. 2003;15:156-62.
29. **Woolley DC, Paolo AM, Bonaminio GA, Moser SE.** Student treatment on clerkships based on their specialty interests. Teach Learn Med. 2006;18:237-43.
30. **Hauer KE, Fagan MJ, Kernan W, Mintz M, Durning SJ.** Internal medicine clerkship directors' perceptions about student interest in internal medicine careers. J Gen Intern Med. 2008;23:1101-4.
31. **Hirsh DA, Ogur B, Thibault GE, Cox M.** "Continuity" as an organizing principle for clinical education reform. N Engl J Med. 2007;356:858-66.
32. **Ogur B, Hirsh D, Krupat E, Bor D.** The Harvard Medical School-Cambridge integrated clerkship: an innovative model of clinical education. Acad Med. 2007;82:397-404.
33. **Ogur B, Hirsh D.** Learning through longitudinal patient care—narratives from the Harvard Medical School-Cambridge Integrated Clerkship. Acad Med. 2009;84:844-50.

34. **Norris TE, Schaad DC, DeWitt D, Ogur B, Hunt DD; Consortium of Longitudinal Integrated Clerkships.** Longitudinal integrated clerkships for medical students: an innovation adopted by medical schools in Australia, Canada, South Africa, and the United States. Acad Med. 2009;84:902-7.
35. **Stites S, Vansaghi L, Pingleton S, Cox G, Paolo A.** Aligning compensation with education: design and implementation of the Educational Value Unit (EVU) system in an academic internal medicine department. Acad Med. 2005;80:1100-6.
36. **Hauer KE, Alper EJ, Clayton CP, Hershman WY, Whelan AJ, Woolliscroft JO.** Educational responses to declining student interest in internal medicine careers. Am J Med. 2005;118:1164-70.
37. **Pangaro L, ed.** Leadership Careers in Medical Education. Philadelphia: ACP Pr; 2010.
38. **McIlwain-Dunivan GC, Phelan ST, Rayburn WF.** What medical students value most during their clinical clerkships from department chairs. Am J Obstet Gynecol. 2003; 189:659-61.
39. **Hemmer PA, Alper EJ, Wong RY.** Participation of internal medicine department chairs in the internal medicine clerkship—results of a national survey. Acad Med. 2005; 80:479-83.
40. American College of Physicians Awards and Masterships. Accessed at www.acponline.org/about_acp/awards_masterships. Accessed May 26, 2009.
41. **Green K.** 20th Anniversary of the White Coat Ceremony. 16 March 2009. Accessed at www.articlesbase.com/clothing-articles/20th-anniversary-of-the-white-coat-ceremony-819135.html.

第 6 章

住院医生导师制的原则、方法和建议

Joseph C. Kolars, MD, FACP

要点:

- 住院医生和教师一样，需要了解导师制的基本内容和价值。
- 导师制更强调个人的职业素养发展，而不仅仅是获取某个技能或完成某项任务。
- 教师能为住院医生示范什么是自我反省。自我反省对培养洞察力有益，能让住院医生认识自我需求，发现发展的机会。
- 作为导师，教师要构建为住院医生服务的师生关系。教师培训项目会帮助他们如何做到这一点。
- 不管是未来想进入学术领域的住院医生还是那些打算从事临床的住院医生，导师制都会对他们有很大帮助，职业道路上的相关问题是学生对导师的主要需求。

本书其他章节谈及的导师制的许多原则都适用于住院医生培养和毕业后教育。住院医生在前期的教育经历中已经体会了导师制的意义，对导师制在毕业后培训中的意义也有所了解。在这段时间内，他们对于个人自身发展的需求变得各不相同，住院医生培训几乎消耗了他们的所有精力。面对住院医生培训的诸多要求和期望，导师制最终也会成为一种奢侈品。对于很多人来说，住院医生培训是他们正式开始事业前的最后一阶段培训，是对未来事业的准备，这又为导师制提供了推动力。

本章节分为四个部分。第一部分阐述了针对住院医生的导师制的定义和目的。第二部分重点为住院医生如何为建立导师关系做好准备。第三部分探究了住院医生如何选择导师和处理师生关系的方法。最后，第四部分的重点在于招募教师和教师培训，同时也从教师的角度为如何处理师生关系提供建议。本章的一些内容好像主要针对的是住院医生，但其实真正的重点在于项目负责人，尤其是那些负责建立导师制项目的教师，帮助他们指导住院医生如何从导师制中最大获益，帮助他们指导教师如何当好一名导师。

❖ 导师制的定义和目的：住院医生的价值命题

当学生进入毕业后培训，成为住院医生，他们已经成功接受了诸多建议。成功是基于他们驾驭教育体系的能力和为疑惑寻求答案的能力。他们也拥有了各种各样的本领域的前辈，在他们的发展道路上助有一臂之力。这些前辈有些更适合被称为“教学监管者”，他们监管学生的行为表现；或“顾问”，负责提供技术解决方案（如申请哪个项目，如何安排申请步骤）；或“研究指导”，审查学生的科研项目；或“教师”，帮助他们进入或离开一个学科。住院医生经常把那些在事业或事业的某些方面他们仰慕的人视为自己的榜样。在他们眼中，导师的概念是那些拥有上述一个或几个功能的老师。他们可能并不理解更为全面的导师概念，认为寻找另一个类似生活中的“父母形象”的人成为导师的作用有限。

“导师制意味着什么？”

导师不同于教师的其他角色，他们更关注住院医生的个人成长与发展。导师最常用的定义为拥有较高级别和经验的人，能指导、教授和培育新人（1）。住院医生很容易理解导师的前两项作用，即指导和教授，而对于最后一个作用（培育新人）感觉很难琢磨。人们很容易受到完成某些特定任务的吸引，如获得专科培训机会或完成某个项目，对于一些住院医生来说，这些就足够了。但其实导师制的本质在于帮助住院医生的个人发展，使他能成功处理职业发展过程中的各种任务和机会。

“获取技能、完成项目”对比“个人发展”

导师承担着多重角色，如向导、顾问、激励者、赞助者、教练、挑战者、帮助者等（2）。导师是那些在住院医生需要的时候出现在他们身边和他们一起走过一段路程的人。这要求导师需要了解住院医生想去哪里，他们遇到了哪些挑战和选择。只有这样导师才能真正对住院医生有用，帮助他们指引方向和道路。这一过程的开始常常缘于一项共同完成的活动或任务，比如一个研究项目、选择专科培训、寻找第一个工作等。这些活动为深层次的谈话提供了机会，而那些深层次的谈话则有助于个性和职业素养的形成与发展。

住院医生会发现有些导师主要是将自己招募进入一个特定的专科，而对个人自身发展作用不大。他们发现导师常常和职业方向的建立（比如吸引住院医生进入普通内科或基础研究）或某种代表意义（比如提高了学生的多样性或改善了性别平衡）有关（3）。面对某个正在进行的重要日程或当自己探究哪条路最适合自己受限时，住院医生会表现得很小心谨慎。

导师制对住院医生的益处：来自文献的报告

文献中关于导师制的研究多关注教师层面，很少涉及学生层面（4）。有关导师制对住院医生的影响的报道虽然不多，但都是相当正面的。一些研究强调了研究能力的发展和学术生涯的准备。举例说明，内科住院医生指出缺少导师的指导是完成研究项目的主要障碍（5）。一些关于导师制的愿望和可行性的观察性研究也已经发表（4）。

一项来自五个内科住院医生项目 329 名住院医生的问卷调查表明，93%的应答者认为住院医生阶段有一名导师十分重要（6）。虽然有 57%的住院医生报告他们所在的项目鼓励建立导师关系，但只有

42%的人对他们在住院医生阶段接受的导师制表示满意。有导师指导的住院医生认为导师制对于个人发展和研究方面尤其重要，也是衡量导师制质量好坏的关键。在问及导师制实施的障碍时，50%的应答者表示他们从来没有想过要找导师，26%的应答者指出他们对于找导师很犹豫，19%的人报告他们没有遇到值得信赖的人担任自己的导师。这表明我们需要有更强有力的证据来说明导师制的价值，也需要为建立有效的导师制寻找理论基础。

❖ 住院医生为建立导师关系需要做的准备

如果住院医生培训项目已经建立了导师制，事先需要为住院医生提供相应的指导，教他们如何建立成功的导师关系。他们应该被培训成为富有经验的“消费者”，既懂得“消费”正式的导师关系，也懂得“消费”非正式的导师关系。其实，很多住院医生发现这种“消费”充满挑战性，尤其是当压力和责任不堪重负时。对于一些人来说，主要的障碍是不知道如何开始这一“消费”过程。

建立导师关系前的面试、与项目负责人或感兴趣的教师进行探索性的讨论，这些都是能帮助住院医生确定最佳导师关系的要素，同时对于忙碌的住院医生来说，这种讨论和面试也显得并不那么艰巨。讨论的重点不在于选择一个导师，而在于什么是一个合适的导师关系的最佳组成成分。这些活动能帮助住院医生找到一个或一组合适的导师，帮助他们构建一个良好的师生关系来指导自身发展。与学生进行这种面试的教师也可以向住院医生介绍其他教师，帮助他们建立可能的导师关系。

确实，建立导师关系前的面试能帮助住院医生解决目前发展阶段最困扰他们的问题。作为教师可以提出一些需要住院医生认真思考的试探性问题，比如涉及住院医生当前的职业计划的问题，教师可以这么问：*“需要我帮助你弄清你想干什么吗？需要我帮助你一起规划如何实现你的计划吗？”*教师也要注意倾听住院医生希望得到哪方面的帮助，*“你是在寻求评论、指导还是肯定？”*

另一个方法是让住院医生把他们最困惑的问题进行排序（框

6-1)，来决定导师制能提供哪些方面的帮助。作为教师来说，了解住院医生的需求很重要，同样重要的是要指出住院医生可能并没有发现的机会。倾听者要注意不要根据不完整或错误的信息做出决定。机会合适时，这些问题都是在整个导师阶段需要探究的潜在关注点。

框 6-1　住院医生需要回答的问题

- ✓ 我选择的专业合适自己吗?
- ✓ 我选择的单位合适自己吗?
- ✓ 住院医生培训后我将如何选择下一步?
- ✓ 我的事业和我的生活是否和谐?
- ✓ 相对于研究、管理和教学，我希望从事多少临床工作?
- ✓ 我如何为其他领域做调查和准备?
- ✓ 我如何同时开展多项事业?（如公共卫生、商业和法律）
- ✓ 住院医生培训结束后，我是应该继续深造（如专科培训）还是找一个工作?
- ✓ 我是如何看待工作的? 工作对我最重要的意义是什么?
- ✓ 我应该考虑哪种专科培训?
- ✓ 在我感兴趣的领域，什么是对我来说最好的专科培训计划?
- ✓ 我如何最大机会地争取我想要的专科培训计划?
- ✓ 我如何选择正确的研究方向和导师?
- ✓ 我如何在研究领域取得成功? 研究如何和我的事业相适应?
- ✓ 为得到教师的职位我应该做哪些准备?
- ✓ 我应该如何寻求帮助专业地解决一些特定问题?

面试中需要注意，探究一些个人前途问题会让住院医生感觉不舒服。有些住院医生已经“随波逐流”，没有愿望认真反思自己的选择，当他们被问及未来选择或下一步计划时往往会感觉无所适从。对于这些住院医生，最好选择一些更实际的问题，如“*谁是你目前的榜样? 为什么?*”、“*你认为什么是最值得做的日常工作?*”

一旦明确了关注的重点，紧接着需要了解的是在这方面最佳导师需要具备哪些素质，然后列出可供选择的导师名单。应该告诉住院医生，针对不同的需求，他们可以选择几个不同的导师（7）。非常重要的一点是，住院医生需要主动构建导师关系或网络。

面试最根本的目的是让每个住院医生都认识到拥有一名导师对他们的职业发展至关重要，这样他们才会准备在事业的不同阶段建立导师关系。希望住院医生也能从中学到导师的价值、技能和特质，在未来的职业生涯中自己也能成为成功的导师。

让住院医生成为成功的学生

如果能教给住院医生如何当一名导师的学生，这将最大限度地发挥导师的作用，对住院医生大有裨益（框 6-2）。那些有热情、有压力、适应性强的住院医生更容易取得成功。但有些简单的素质往往被忽视，如有组织的、有责任心、对事先约定的事情保持承诺等，如果缺乏这些最基本的素质也会损害专业关系。诚实且可接受的反馈是良好师生关系的关键，那些能表达自己的想法，提出自己问题的住院医生能从导师那里获得更大的帮助。谦逊感恩的形象能吸引导师更多的目光。

框 6-2 导师对学生的期望

- ✓ 在制定议程上承担更多的责任。
- ✓ 主动发现新的想法。
- ✓ 尊重导师的时间和安排。
- ✓ 与导师交流自己的想法。
- ✓ 主动汇报目前工作和项目的进展情况。
- ✓ 接受新的挑战。
- ✓ 主动寻求导师的反馈，并给导师反馈。
- ✓ 了解自己的缺点，知道何时该寻求帮助。
- ✓ 随时对自己的目标进行再评价。
- ✓ 不越界（如过度占用导师的时间、过度依赖导师解决问题）。

改编自：Drossman DA. On mentoring，AM J Gastroenterol，2007；102：1848-52

❖ 选择合适的导师，管理师生关系

一旦了解了导师制对于实现自己个人目标的作用，住院医生会从一些特定的指导中获益良多，比如如何确定和选择最适合自己的导师。让住院医生的需求和导师能提供的帮助相匹配很重要。学生和导师就像在彼此的关系中寻找“正确的化学反应”（8）。导师制的研究表明，最成功的师生关系开始于学生能主动选择导师，而不是被分配或由他人指定（3）。

让住院医生能自己寻找导师

通过建立导师关系前的面试或住院医生自己确定需求，产生至少几位可供学生选择的导师名单。然后住院医生开始预约与导师最初的谈话。通常，让住院医生通过一次见面甚至几次谈话来决定谁将成为自己的导师是很困难的。他们可以考虑几种不同的导师模式，比如：

- 经典一对一的导师模式
- 团队导师制，一小组学生由一名导师指导
- 个人或团队由多名导师指导
- 同伴导师制

不过对于住院医生来说，最常见的形式是拥有一名正式的导师及几位能在某些方面提供建议的关键人物（也称为非正式导师）。

如何和未来有可能成为自己导师的人进行正确交流？相关的培训和指导会对住院医生很有帮助。他们可能会担心老师的期望太高，不能肯定自己能想对老师提什么要求。有时，当他们需要在自己准备好以前做出一些承诺，或者陷入了糟糕的师生关系之时，往往会感觉很紧张。

住院医生希望有一个如何寻找导师的简介或方法。他们懂得一些基本概念，但对概念的真实含义感觉困惑，一些提示会对他们有所帮助。首先，他们需要确定几个教师为可能的导师，可以根据教师声誉的好坏来选择。他们会被和自己专业相当的老师或著名的导师所吸引，这些人往往会成为优秀的导师，但事情也并非都是这样。这些老师虽然自身发展很优秀，但可能并不擅于指导别人。其次，他们要和

可能的导师预约见面时间，了解其成为正式导师的可能性。这样的见面最好是事先安排好的，而不是在走廊上偶遇时的闲谈。打电话预约时，住院医生要清楚表达自己的见面目的，比如希望“得到一些建议”。大部分教师喜欢有人向他求教，尤其这样的请求来自于住院医生。住院医生很担心教师太忙顾不上接待他们，但其实大部分教师都很乐意为学生提供有价值的观点。

住院医生常常对和导师见面很忐忑，不知道该说些什么。他们可以试试以下的说法：

“首先感谢您和我见面。____________提议我可以找您咨询一些有用的建议。你可能认识我，我是__________________（对自己的简介，比如“第二年住院医生”），对____________（简单说说你的兴趣或目标）感兴趣。我正在努力搞清楚这些问题__________________。如果您能帮助我探究接下来的工作，我会感激不尽。”

当然，这只是框架，需要更详细的细节，教师会很喜欢这样一个介绍自己的开场白。另外，以这种方式开始谈话，直切主题，住院医生也会感觉比较舒服自然。随后，谈话会在同事间互相尊重的气氛中展开，一般教师会再问一些问题更深入地了解住院医生的需求和疑问。

住院医生还需要寻找下一次见面的机会，为以后的会面预设一些问题，或根据情况寻找合作的机会，如参加老师的研究课题或临床工作。当然，理想的情况是，住院医生多和几个可能的导师见面，所有不要过早“锁定”一个导师。可以留一个开放性的结尾，如：“*这对我很有帮助，我们能再见面吗？*”或“*非常感谢，您给了我很多值得思考的东西。*”

第一次见面的目标是评估双方“起化学反应的可能性”（8）。再次强调，仅仅通过一次接触就确定导师关系是不成熟的，这仅仅暗示着需要更多的承诺而不是双方此时都已经准备充分。只有经过下一次或几次的会面，住院医生才可能进展到下一阶段。住院医生可以通过首次面谈评估导师的工作风格、承诺以及是否有时间担任导师。这位可能的导师是否做事有条理？见面的时间是否受到保护（或至少负责任地重新预约）？是否谈及下一步计划？谈话是否有进展（还是每次都重复一个话题）？同时，住院医生也可以从其他学生那里了解更多和这个导师相处的经历。

一旦住院医生决定和某位老师确定导师关系，他可以这样表达：“*我从我们的讨论中发现您的指导十分适合我，*”或“*我认为我最需要指导的地方为 __________。您能在这方面给我提供更多的指导吗？*”

接下来可以这么说：“*我们能再安排一些规律的见面时间吗？您认为什么时间合适？*”或“*关于导师，您习惯怎么做？哪种方式最适合您？哪种方式不适合？*”

促进师生见面

与导师规律见面非常重要，住院医生要以主人翁的态度促成面谈。虽然会面的频率一部分是由谈话讨论的内容和目标决定的，但是师生关系的延续需要规律的接触。在一项涉及五个内科住院医生培训项目的研究中，177 名住院医生回答了关于导师关系的问卷。15%报告和他们的导师至少每周见一次面，30%为至少每月见一次面，41%至少每年见两次，10%至少每年见一次（6）。最好保证开始有更高的见面频率（每周或每月），直到关系稳定，建立起一种持续发展的节律。

管理师生关系

成功的学生会学习如何管理师生关系。导师也需要示范这种关系，至少是在开始阶段。每次导师和学生的会面可以遵循一定的结构，比如以常规的社交方式开始谈话；接着是关于日程安排的协商、确定目标；然后讨论两到三个话题；最后结束，包括总结和下一次会面的计划（9）。可以拟定一个管理清单，让学生按既定计划发展良好的师生关系（7）。要鼓励住院医生自己写下目标和时间表，并定期交给导师过目，随着住院医生不断进步，目标和时间表也可以不断修订。师生关系中很重要的成分是学生的主动反思和导师评论的机会。

住院医生要熟悉可能影响师生关系的障碍（后续部分具体讨论）。导师会经历从最初的热情高涨逐渐发展为单调乏味，这种情况很常见。师生关系变得陈旧乏味的最重要原因为每天的日常活动让住院医生注意力分散，限制了他们追逐目标的势头。当他们没有取得进步或没有什么新鲜事可以汇报时，学生会觉得很不舒服，他们会感觉无法继续下去并默默承受，他们认为导师会把这些看作是失败的表现，于是住院医生不再进取。作为导师，其实更愿意住院医生将这些问题和他们分享，并帮助他们调整期望值。这对于住院医生也是一个绝好的学习机会，能从中学到如何保持方向，不断向预期目标前进（7）。导师需要强调在前进的过程中遇到困难，失去动力很常见，不要试图躲避。如果住院医生发现导师关系并不是那么富有成效，认识到这种僵局也很重要，他们可以向项目负责人寻求帮助，指导如何重新开始良好的导师关系。如果住院医生因为遇到没有发挥良好作用的导师关系而因此否定导师制的作用和价值，这将是一件很遗憾的事情（10）。

❖ 招募和培训教师成为导师

作为医生和医学院的老师，培养下一代是他们的天性。虽然导师这一概念很吸引人，但其实很多人在他们自身的成长过程中并没有接受过导师的熏陶。住院医生培训项目要鼓励教师担任导师，并给他们相应的技能培训帮助他们成为合格的导师。

为什么要做住院医生的导师？

学生能从导师制中获益良多，其实导师从中的收获也同样丰富，比如提升职业兴奋度、增加个人成就感与满足感、获得回报职业与社会的感觉等（7）。老师在住院医生的成长与成功道路中发挥作用，一定会获得回报。一般来说，住院医生会和老师的兴趣点趋于一致，逐渐在相似的领域开始自身发展。导师经常会受到来自爱问问题的年轻同事的挑战，为了应对挑战，他们需要在自己的领域与时俱进（11）。所以这种关系会再次点燃教师对自己领域的最初吸引力。通过合作共同承担项目，住院医生能把他们的导师带入一个全新的战场，发展一种全新的职业关系。当学生表现优秀时导师也会觉得“脸上有光”。另外，住院医生和导师共同分担在研究、教学和医疗中的任务，一定程度上也增加了导师的产出。

导师制最让人感到满足的地方是老师常常惊叹于学生取得的成就。虽然有时候导师制本身并不能制造出预期的产出或进步，但在其他因素的共同作用下，住院医生仍能取得导师开始想象不到的成就。这种师生关系常常让导师提高了发现其他学生潜能的预测能力（9）。

导师在指导住院医生过程中的获益往往是隐性的，让这些隐形的益处显现出来会吸引更多的教师担任导师，构建一个导师团队。成功的或引起公众注意的导师往往很乐于招募和发展其他教师成为导师。导师的工作需要得到学系或学院领导的认可，比如在团体中突出他们取得的成绩或通过某些奖励机制（见本书第八章）承认他们的成绩，这是鼓励教师成为导师非常有效的方法。当然作为导师，在他们的成长与发展道路上，没有什么能比获得住院医生的认可和褒奖更强有力的贡献和激励了（9）。

成功导师的法则有哪些？

对于大多数人来说，导师的指导能力是一种可获得的技能，随着阅历的增加而不断丰富。但对于教师来说，分享一些成功导师的共识会很有帮助（8，12-14）。

成功的导师非常好地平衡了和学生关系中的三方面因素：支持、挑战和对学生未来的愿景（15）。也许作为导师，在帮助住院医生的过程中，所起到的最重要的作用是燃起和激励学生的信心，让他们对成功抱有信念。

以下是10项对于住院医生尤其重要的优秀导师的特征（框6-3）：

1. 好的导师*目标明确*。他们帮助住院医生看清未来，指明实现目标的方向。这需要导师有敏锐的洞察力，既要记住学生讲过的话，也要了解学生想说但未说的话。不要武断地表达自己不成熟的期望和建议，尤其是当这些和学生的需求不一致时，要以“住院医生为中心”（16）。优秀的导师不仅仅把知识或技能传授给学生，更是学生探索未知的榜样（11）。

2. 好的导师*拥有专门的知识和专长*，值得信赖。在某些层面，导师应该成为住院医生的学习榜样。但是导师也不可能在所有方面都成为榜样，优秀的导师能帮助住院医生发现其他可寻求帮助的人以弥补自己在某些能力上的欠缺。

3. 好的导师会*激励优秀*。导师的正直和职业素养要超越言行。优秀的导师具有正面乐观向上的外表。他们在职业中的表现和与住院医生的关系能激励住院医生不断成长，延伸自己的发展空间。在与导师的相处中，住院医生要渴望做得“更好”，对实现自己的目标更有自信。

4. 好的导师*不掩饰自己的个人经历*。他们会向学生讲述自己的故事，强调自己成长道路上走过的弯路和成功的转折点。住院医生常常认为导师取得目前的成就是经过精心计算深思熟虑的结果，但其实大部分老师认为并非如此。住院医生需要听听导师们在成长过程中的挣扎和犹豫，他们是如何主动反思、如何处理困境的。这种处理失望与错误的过程去除了导师头上不可超越的光环，告诉住院医生应该如何面对和解释自己的成长道路。

5. 好的导师对住院医生*诚实*且*周到*。他们会在尊重、鼓励、支持的氛围中给住院医生提供建设性的、无偏见的建议。对于其他人觉得难以启齿的话（或者是有些住院医生听不进去的话），他们能找到合适的方式告诉住院医生。在迅速指出机会和指明下一步方向的同时，优秀的导师还会和住院医生一起探讨其中的变数和一些被忽视的可能性。在面对挑战时，他们帮助住院医生总结和理清思路。在面对疑惑和担心时，他们为住院医生提出的新观点和承担的风险提供安全保障。他们同样擅长梳理一些感情因素（如挫折、愤怒、嫉妒等），让住院医生能正确恰当地面对。优秀的导师帮助学生分析和处理失望的情绪，帮助住院医生提升在逆境中的顺应力。

6. 好的导师*可靠*，*值得信赖*，会为住院医生的成长做出*承诺*。他们让住院医生能随时找到自己，随时回答住院医生的提问。他们建立一种氛围，让与学生见面的时间“神圣不可侵犯”。当住院医生需要支持和保护时，他们毫不犹豫。在合适的情况下，他们会为住院医生提供资源和新的机会。

7. 好的导师注意*培养学生的时间管理能力*。如何管理自己的野心和理想？住院医生需要这方面的帮助。不恰当的期望会带来更大的失望，就像一次登山失败，学生会认为是他们根本选错了登山的道路，而其实可能只是因为没有正确估计山峰的险峻程度。优秀的导师会帮助住院医生合理安排时间，将大的任务分解成几个可实现的小目标。他们帮助住院医生从阶段性的成就中获取满足感，而不是一味地等待实现遥遥无期貌似不可能实现的未来目标（14）。

8. 好的导师注意*培养学生的信息管理能力*。他们帮助住院医生学习如何收集、分类、解释相关的信息。优秀的导师为学生示范专业的决策能力，为了让住院医生更好地理解，同时也示范了最佳的沟通方式，不管是书面的还是口头的。许多住院医生刚开始时写作能力很糟糕，但他们急切地想了解如何提高演讲能力。在这种时候，导师的引导不容忽视，他们需要帮助住院医生制定合适的学习计划和方法，让他们了解每一个学习活动都是值得的。创造或使用一些资料对培养这些技能会很有帮助（9，17）。

9. 好的导师会*帮助住院医生进入专业团体*。专业领域的一些规则对于住院医生来说充满神秘感，他们总是依赖学校的帮助，希望学校告诉他们最好怎么做（14）。优秀的导师会向住院医生解释职场文化，指出哪些行为会促进成功，而哪些行为需要避免。潜在的一些冲突和误解正好为学习职场“代码”提供了丰富的材料。优秀的导师努力创造机会开展师生合作活动，从中更好地传达职业价值。这些活动可以是共同参与一项研究项目，也可以是一起讨论一篇文献、一本书、学习资料、医疗政策，或者一起参加一个演讲。优秀导师会努力为住院医生提供职业发展的机会，如给他们演讲的机会、提名进入专业团体、参加专业委员会工作等（8）。

10. 好的导师*让学生尽快自立*。他们鼓励学生接受自我挑战，实现自我满足。通过自我反省的艺术，优秀的导师培养住院医生驾驭自己事业的洞察力（16）。他们让住院医生正确理解知识产权的概念，教他们如何明确著作权，什么是发表文章中作者的权利和义务，什么是违背职业标准的不恰当地纳入或排除作者的行为（10）。

框 6-3 成为住院医生导师，教师所需具备的 10 种特质

优秀导师：

1. 目标明确。
2. 可信的，拥有专门的知识和专长。
3. 激励优秀。
4. 不掩饰自己的个人经历。
5. 诚实、周到。
6. 可靠、值得信赖、承担义务。
7. 培养学生的时间管理能力。
8. 培养信息管理能力。
9. 让住院医生进入专业团体。
10. 让学生尽快自立。

给导师的实用提示和建议

以下是如何让师生关系向正确方向发展的六个小技巧（框 6-4）：

1. 让住院医生感觉舒服。刚开始接触时，最让住院医生感觉不舒服的地方是不知道该谈些什么。导师可以通过一些有针对性的问题鼓励住院医生谈话，了解他们的人生经历和决策基础（比如，“*说说你过去的教育和培训经历*”）。也可以谈谈你自己的经历，和他们分享你自己的故事，如果能加点幽默或自嘲元素，就更能让住院医生在交往之初感觉很舒服。

2. 保持接触，建立关系。有些导师希望保持一种“按需”的导师关系，对学生“敞开大门”，告诉学生“需要帮助时别犹豫，尽管联系我”。但对于住院医生来说，这种途径往往是不够的，最好能建立一种双方达成共识更有规律的会面安排。这种规律性的会面每次能及时了解前次讨论的问题的进展情况（7）。关于会面频率应由双方协商决定，征求住院医生的意见，同时把你认为对你最合适的安排反馈给他们（见后文）。还可以通过电子邮件、电话、走廊上偶遇的交谈等方式维系师生关系（19）。

3. 鼓励自我反省。帮助住院医生认识自我和他人。以下问题帮

助导师评估住院医生的自我反省能力，“*你的解释是什么？*”“*你还会考虑什么？*”“*你怎么看待自己的观点？*”“*你周围的人会怎么看这件事？*”

4. *避免说教*。最好要帮助住院医生形成正确的问题，而不是为他们提供你的答案。老师可以举自己类似的例子，告诉学生自己是如何做出决定的。住院医生很欢迎这种观察老师是如何做决定的机会。导师要区分学生寻求建议的请求和被动接受已做出的决定的请求（10）。

5. *鼓励学生和其他老师建立导师关系*。做一个优秀的“经纪人”，积极与其他可能对住院医生有帮助的人联系。住院医生同样可以通过“同伴导师”获益，尤其是那些与他们更亲近的人，因为相似的成长经历和阶段能让彼此分享各自所学的东西（15）。

6. *正确处理转型*。当师生关系不那么融洽或不那么富有成效时，最重要的一点是认识到这种僵局，从既往经验中发现你能做些什么改变，并继续推进（10）。从项目负责人那里寻求指导，帮助你设计如何和住院医生谈话，让未来的导师关系更成功。

框 6-4 给导师的六个小技巧

1. 让住院医生感觉舒服。
2. 保持接触，建立关系。
3. 鼓励自我反省。
4. 避免说教。
5. 鼓励和其他老师建立导师关系。
6. 正确处理转型。

导师制的潜在障碍和缺陷

教师的动机往往是好的，但有时会身不由己，比如有其他的安排与导师制的任务相冲突。住院医生有时会遇到这样的导师，他们遗漏了导师制的重要价值或根本就没有为学生提供预期的帮助。在有些领域，只有不到20%的教师与学生有真正意义的导师关系（4）。一些教师只是在特定的学术技能（如研究）方面指导学生，这些教师对导师制的看法是传统家长式的，他们主要关注如何“克隆”出经典的学术派医生。这些教师很难指导那些有兴趣探索其他领域或其他发展途径的住院医生。

教师常常在自身经验积累中逐渐成为导师，经验至少会告诉他们一些优秀导师所需的素质，但经验也会阻碍他们成为成功的导师。举例来说，许多教师同时是父母，常常会让住院医生感觉自己被当成孩子看待。许多教师是医生，有时又会让住院医生感觉自己像患者。住院医生确实需要临床工作机会，完全接管住院医生的工作或对住院医生的工作完全放手不给予适当的关注，都是不合适的。在相互信赖的师生关系中也会出现心理问题，导师应该第一时间表示关心，指导住院医生如何寻求恰当的帮助，也可以向他们示范如何自我调节。

导师不应该把自己放在学术监管者的位置上。如果住院医生感觉他们会被导师“打分”，他们就会对做一些冒险行动有顾虑，也不愿意和你分享内心的挣扎和恐惧，因为他们害怕这样的行为会对他们的“分数”造成不好的影响（16）。最后，虽然导师和学生的关系应该是友善的、朋友式的，但仍需注意把握好这种关系的界限，区分其和“好朋友”关系的区别。许多老师发现过于亲密的个人友谊会影响作为教师的职业权威性（10）。虽然我们鼓励师生分享一些社会活动，但不合适的额外帮忙（比如请学生帮忙干家务、照顾孩子或干其他非专业的杂事）显然会玷污导师制的本质（15）。

导师们要注意在住院医生中间流传的对导师制的不正确态度或误解，因为这会影响富有成效的导师关系。消除住院医生的这些误解能帮助建立更有效的导师关系。住院医生的这些错误观点举例如下：

- “我不想打扰你。”住院医生常常会被他们所仰慕的老师的威名所震慑。他们不愿意主动去和导师沟通，因为他们没有觉察出导师其实很重视这种师生关系，或者他们不想给导师留下一个一无所知的印象（2）。作为导师，应该经常提醒住院医生，为什么自己很看重这种师生关系。
- “我不希望看上去优柔寡断。”确定性是医学很重要的“产品”。住院医生不愿意和人分享自己的犹豫不决或改变主意。所以，对于一些观点和决定，虽然结果还不成熟，他们会倾向于提前做出结论。导师要让住院医生消除这方面的顾虑，告诉他们探究和“改变主意”是做决定过程中很正常的一部分。

- “我当然想让你高兴。”住院医生知道如何应对各种外界期望让自己生存下去。他们会发现确定导师想让他们干什么然后按照导师的意愿做比确定自己的目标更容易。他们会希望你在写推荐信时多给他们“说好话”，但很不幸，这会给师生关系带来负面影响。导师要教住院医生如何表达不同意见同时又不让对方感觉不愉快。

- “我不想让你看出我的价值观和你的不同。”住院医生和导师之间存在文化和年龄代沟很常见。比如，与他们的导师相比，住院医生可能更看重工作和生活的平衡，这很自然地会让他们认为在导师眼中他们“工作不够努力”（20）。导师可以向住院医生示范如何用中立的态度表达这些不同。

帮助住院医生为后续的培训做决定

住院医生常常会纠结于有关继续培训的问题，不知道该如何做决定（比如专科培训）。对内科住院医生来说，在此阶段对任何专科的偏好都会发生动摇。导师要让他们知道这时遇到的不稳定性很常见，几乎是规律。导师可以提出一些问题，帮助住院医生思考哪个专科、哪种培训途径最适合他们。比如以下问题可能对内科住院医生如何选择专科培训有帮助（22）：

- *“你是喜欢专注于某个特定的器官系统（比如心脏科或消化科），还是喜欢涉及多系统的科室（比如感染科或肿瘤科）？”*

- *“什么情况下你能获得更大的满足感？是处理危重患者？还是长期管理慢性疾病？你对操作感兴趣吗？”*

- *“你更喜欢给患者提供综合复杂的诊疗还是针对某个特定疾病、特定问题或特殊操作进行会诊？”*

- *“你是倾向于门诊工作为主还是病房工作为主？你喜欢门诊患者和病房患者各占多少比例？”*

- *“你考虑过本专业的哪些“热点”研究领域？如果你对医学院*

校的教师职位感兴趣，你认为你适合哪种学术职位？”

- *“你希望在哪个城市落脚？那个地区的就业市场前景如何？”*

鼓励住院医生与不同的人讨论以上问题，这些人最好能给他们的决定提供反馈意见，并和他们讨论获得这个职位需要做哪些努力，可行性如何。要知道内科的专科很多，各个专科的竞争力（23）和未来在医学院校的就业前景大不相同。

研究和学术在住院医生未来职业生涯中的作用

传统意义上，导师的重点工作是指导学生的研究工作，为未来的学术事业做准备。但其实对于那些不希望走传统学术道路想在医学院校外寻找职业的住院医生来说，导师的作用可能更为重要。

学术成就是许多专科培训项目和传统的学术职位重要的条件。对于缺少学术产出的住院医生来说，起码应该正确理解学术价值观和科学探索精神。他们必须准备好解释学术对他们意味着什么。专科培训项目负责人可能并不看重住院医生是否拥有严格的研究经历，但他们不会容忍住院医生错误地理解为什么学术是建立在调查的基础上。

好的导师会帮助住院医生发现研究对于他们的意义，吸引他们的是研究本身，还是研究“要求”背后的某个临床职位？如果他们仅仅感兴趣某个临床职位，当他们得知自己缺乏对研究的兴趣，学术上不能取得成功时，他们很难继续坚持。导师最常见的错误是仅仅因为学生既往对研究不成功的经历就过早地断定此人不适合研究工作。要想继续专科深造或未来获得学术职位，住院医生需要对各种探究真理的形式保持兴奋。好的导师会帮助住院医生发现针对哪个方向的探索最有可能取得成功。

睿智的导师会在最初提出一些试探性的问题来更好地了解住院医生对于科研的看法，这一点非常重要。住院医生的看法是基于既往亲身经历还是通过旁观而感知？大部分仔细思考过科研的住院医生希望对研究的概念有更全面而深入的了解，不仅了解新的研究发现，还包括研究新知识的整合、应用和传播（24）。他们需要知道研究发现可以来源于实验室、床旁、临床试验或是人群研究（如流行病学）。住院医生可以形成自己的研究问题，但更常见的是参加正在进行的项目，还可能从中发展出自己今后的项目。以研究假设为基础的研究比描述性的研究或病例报告更有价值，但后者往往是前者研究的起始点，从中引入更深层次的探索。最近热门的关于医疗卫生服务、患者安全和医疗质量的研究开拓了研究的新领域，能更好地和临床事业相适应。要鼓励住院医生探索发展新的研究领域，尤其是那些实现他们未来目标所需要的方面。他们也需要和他们的导师探讨自己的担心，担心深陷入研究环境会让他们远离临床工作。

住院医生常常很喜欢自己所处的培训环境，希望从中寻找职位把工作重点放在医学教育上。在大多数有终身聘任职位的传统学术机构，当一名“好老师”和当一名“好医生”情况类似，他们获得晋升的条件并不只是科研。当然，现在他们也可以进行很多关于教学、学习和评估新方法的研究，帮他们接受同行评议的考验。当有住院医生向你表示他们的研究兴趣主要在教学时，你应该提醒他们许多专科培训项目负责人并不把教学研究作为他们项目或科室工作的一部分，他们对教学能给项目带来的受益表示怀疑，也不知道如何用研究的方式进行教学。随着医学教育领域的研究时机日趋成熟，应该把研究重点放在如何创造性地增强学习的方法和结果方面。对教学有兴趣的住院医生可以考虑重点在增强教学研究技能的培训项目，如总住院医生或医学教育研究生项目等。

住院医生临床方面的职业选择

住院医生结束培训后可能希望选择临床方面的职位，导师制在这方面的指导作用并没有引起足够重视。因为大多数培训项目都强调自己的学术特征，希望他们的毕业生能继续深造并选择留在学术机构工作。希望成为全科医生为患者提供基本医疗的需求并不强烈。相信随着医疗改革的进展，新兴的以患者为中心的家庭医疗的开展，全科医生会重新成为住院医生的重要职业选择。

和住院医生讨论关于全科医生的职业选择时，最重要的是回答三个问题。首先，住院医生更喜欢在住院部工作还是门诊工作？住院部医生在很多地方已经越来越流行，因为他们工作时间固定、工作地点相对集中、工作环境与住院医生的培训环境更类似，这些因素都在一定程度上为医院医学加分。有时，门诊的培训和真正社区门诊的实际状况还是有差别的。希望住院医生能有机会经历不同的门诊环境，接触不同的患者人群，找到最适合自己的住院-门诊患者比例，更好地选择未来的职业。

第二个问题是住院医生希望在什么样的区域或社区工作？城市越大，全科医生的团体就越大，你有更多的机会和其他医生一起工作，你可能有更大的空间发展某个特殊领域。小一点社区的全科医生会要求提供更复杂的医疗，有时还会为其他家庭医生担当会诊的工作。

第三，住院医生是否有兴趣和医学生和其他住院医生一起工作？全科医生如果愿意在自己的执业环境中教学住院医生和医学生，他们经常可以在医学院校找到临床教师的职位。诊所是很好的学习环境，教学的机会也为临床工作增添了多样性。同样，许多医学院校的医学中心需要很多全科医生担任正式或兼职的职位，不仅为患者提供医疗服务，同时也完成学校的教学任务。

组织针对导师的教师培训项目

导师不是天生就是导师，需要不断学习和提高（15）。但是，其实大多数导师并没有接受过正规的培训，很少有人观摩过成功的导师与学生之间的亲密关系。新任导师开始接受导师职责时常常会面临很多挑战而缺乏应对的办法。住院医生培训项目和其他学习组织应该考虑举办导师学习班和讨论小组，组织教师讨论如何成为一名导师。学习班需要有经验丰富的导师给大家传授自己的经验，也需要有高年资住院医生，帮助整理住院医生共同的需求。尤其需要关注一些重要技能的培训，如积极倾听、无指向性地引导改变、管理问题等（16）。一些团体活动，如共同设计导师课程、进行关于导师制的研究、设计完善评估导师关系的工具等，这些都是非常有用的教师培训练习（9，12，15）。以案例为基础科学提升导师作用的方法也可以在教师培训课程中运用（9）。可讨论以下问题：

- *“哪些障碍会影响你和学生的关系？”*
- *“你如何能做到帮助你的学生学习如何解决问题，而不是自己代替他们解决问题？”*
- *“你作为一名老师在和学生一起工作的过程中能学到什么？”*

以提高和发展教师导师相关技能为目的的项目同时也传达了一个信息，那就是导师制是非常有价值的，通过培训能提高导师指导学生的能力。

❖ 结论

总结来说，住院医生培训项目负责人和相关教师需要清楚表达导师制的价值，确保住院医生在即使有很多其他需求摆在他们面前时，也能应用这一重要资源，因为这对于他们的职业和个人发展非常重要。不论是住院医生还是导师，在相互接触过程中，在构建和谐、卓有成效、富有回报的师生关系中，在形成个人和职业发展过程中，都会受益良多。

大部分住院医生都在寻找自己的导师。但是显然有些导师并不是出于自身的兴趣，而是为了完成学校任务而担任导师。另外，很多机构并没有很好的机制来确定和建立导师关系，导致许多住院医生对导师的教导并不满意。

帮助住院医生找到合适的导师需要了解他们的个性并指导他们如何建立和管理师生关系。另一方面，老师同样也需要支持和指导，了解杰出的导师需要哪些特质，学习如何做一名优秀的导师。他们还需要关于如何发展和住院医生的良好关系的实用性指南和建议。最后，导师不是天生的，是不断发展进步的，作为学术机构要创造一种导师文化，进行教师培训，不断支持导师制这一医学教育至关重要的组成部分。

（黄晓明译）

参考文献

1. **Carr P, Bickel J, Inui T.** Taking Root in a Forest Clearing: A Resource Guide for Medical Faculty. Boston: Boston Univ School of Medicine; 2003.
2. **Omary MB.** Mentoring the mentor: another tool to enhance mentorship [Editorial]. Gastroenterology. 2008;135:13-6.
3. **Buddeberg-Fischer B, Herta KD.** Formal mentoring programmes for medical students and doctors—a review of the Medline literature. Med Teach. 2006;28:248-57.

4. **Sambunjak D, Straus SE, Marusic A.** Mentoring in academic medicine: a systematic review. JAMA. 2006;296:1103-15.
5. **Rivera JA, Levine RB, Wright SM.** Completing a scholarly project during residency training. Perspectives of residents who have been successful. J Gen Intern Med. 2005; 20:366-9.
6. **Ramanan RA, Taylor WC, Davis RB, Phillips RS.** Mentoring matters. Mentoring and career preparation in internal medicine residency training. J Gen Intern Med. 2006; 21:340-5.
7. **Zerzan JT, Hess R, Schur E, Phillips RS, Rigotti N.** Making the most of mentors: a guide for mentees. Acad Med. 2009;84:140-4.
8. **Jackson VA, Palepu A, Szalacha L, Caswell C, Carr PL, Inui T.** "Having the right chemistry": a qualitative study of mentoring in academic medicine. Acad Med. 2003;78:328-34.
9. **Handelsman J, Pfund C, Miller Lauffer S, Maidl Pribbenow C.** Entering Mentoring: A Seminar to Train a New Generation of Scientists. The Wisconsin Program for Scientific Teaching. Accessed at www.hhmi.org/grants/pdf/labmanagement/entering_mentoring.pdf.
10. **Detsky AS, Baerlocher MO.** Academic mentoring—how to give it and how to get it. JAMA. 2007;297:2134-6.
11. **Chan J, Fortunato M, Mandell A, Oaks S, Mann D.** Reconceptualizing the faculty role: alternative models. In: Smith BL, McCann J, eds. Reinventing Ourselves: Interdisciplinary Education, Collaborative Learning, and Experimentation in Higher Education. Bolton, MA: Anker; 2001.
12. **Drossman DA.** On mentoring. Am J Gastroenterol. 2007;102:1848-52.
13. **DeLong T, Gabarro J, Lees R.** Why mentoring matters in a hypercompetitive world. Harvard Business Review. January 2008:115-21.
14. **Ludwig S, Stein RE.** Anatomy of mentoring [Editorial]. J Pediatr. 2008;152:151-2.
15. **Ramani S, Gruppen L, Kachur EK.** Twelve tips for developing effective mentors. Med Teach. 2006;28:404-8.
16. **Taherian K, Shekarchian M.** Mentoring for doctors. Do its benefits outweigh its disadvantages? Med Teach. 2008;30:e95-9.
17. **Gray T.** Publish & Flourish: Become a Prolific Scholar. Las Cruces, NM: The Teaching Academy, New Mexico State University; 2005.
18. **International Committee of Medical Journal Editors.** Uniform requirements for manuscripts submitted to biomedical journals: writing and editing for biomedical publication. Accessed at www.icmje.org.
19. **Macafee DA.** Is there a role for mentoring in Surgical Specialty training? Med Teach. 2008;30:e55-9.
20. **Straus SE, Chatur F, Taylor M.** Issues in the mentor-mentee relationship in academic medicine: a qualitative study. Acad Med. 2009;84:135-9.
21. **West CP, Popkave C, Schultz HJ, Weinberger SE, Kolars JC.** Changes in career decisions of internal medicine residents during training. Ann Intern Med. 2006;145:774-9.
22. **Kolars J, Clayton C.** A Textbook for Internal Medicine Education Programs. 9th ed. Washington, DC: Assoc of Program Directors of Internal Medicine; 2007:242-6.
23. Match Results Statistics. Medical Specialties Matching Program. Accessed at www.nrmp.org/fellow/match_name/msmp/stats.html.
24. **Boyer E.** Scholarship Reconsidered: Priorities of the Professorate. Princeton, NJ: Princeton Univ Pr; 1990.

第 7 章

临床教师的导师制：最佳实践与制度

Thomas R. Viggiano，MD，Med.

在这个世界上，独来独往会一事无成——所有事情都体现了丰富多彩的人生和千丝万缕的联系。

——桑德拉·戴·奥康纳①

要点：

- 尽管有了相当数量的文献，医学院针对教师的导师制并没有被很好地研究。
- 导师关系的确是一种非常有意义的、独特的、纯属个人的、复杂的、重要发展的关系，双方从中均能获益。
- 导师制对于医学院校的教师来说尤为重要，因为他们需要具备多种技术和能力，才能完成学术性医学中心的临床、教学、科研和服务任务。
- 然而，在医学院校只有三分之一到二分之一的人称曾经接受过导师的指导，女性和临床教师更难找到导师。

①桑德拉·戴·奥康纳（Sandra Day O'Connor）美国最高法院首位女性大法官，坚强的意志、过人的精力和开明的思想造就了她成为美国甚至全世界无数女性法律从业者眼中的法官楷模。

- 成功的导师关系可以影响到教师的个人发展、职业满意度、专业选择、在医学院任职的兴趣、科研产出和教师队伍的稳定。
- 导师和学员的指南，以及医学院校对导师制应承担的责任的建议。

在学术性医学中心，教师在提高公众的健康水平、拓展生命科学的知识领域、培训未来的医生和科学家、改革医疗卫生服务模式以及参与社区医疗服务方面起着举足轻重的作用。近年来，由于医疗服务补偿①的减少，导致医生将更多的时间投入到医疗中，而减少了花在学术活动上的时间（1）。科研资金削减，研究者间的竞争变得更加激烈，医学院校的教师要想在学术界获得成功，面临的挑战越来越艰巨。2000 年，美国医学院协会发起的一项调查显示：北美洲没有一家学术性医学中心有全面综合的教师培训项目（2）。

然而，在学术性医学中心，导师制一直被认为是帮助教师职业发展至关重要的手段。很多教师都从导师那里获益良多，这被赖茨曼形容为关于导师制的本质和价值的“虚假的共识”（3）。不同的导师关系差异很大，什么是好的导师关系并没有很好的定义（4-6）。虽然有一些有意义的事例的支持，但其实导师制并没有被严格地研究过，对其有效性缺乏实验证据（3-8）。学术性医学中心的教师与导师接触的时间经常得不到保证，很多院校也低估了导师在学术晋升中的价值（9）。

本章回顾了相关文献，总结了目前对普遍的导师制和医学院校的导师制的认识，以及在医学院校针对如何最大化地提高导师制的有效性和成果的实践经验。

---

①医疗服务补偿是指政府或保险机构按医疗服务的质和量支付给医院和医生的费用。

❖ 什么是导师制：文献回顾

虽然中世纪的手工业行会和学徒制度不被称作导师制，但是它们其实是医学院校导师制的原型（10，11）。医学学习可以看作是一种学徒关系，临床医生、研究者、教师和领导者在“工作中”向更有经验的医生、科学家和行政管理人员学习。从上世纪八十年代开始，学术界对医学院校的导师制的兴趣开始呈上升势头（5）。其实直到七十年代，几部有影响力的书和文章发表之后，人们对导师制的兴趣才初露端倪。这几部书包括《人生的几个阶段》，作者莱文森对四十个男人的成长过程进行了定性研究，得出的结论是：导师关系是年轻人的经历中最重要的关系。也是在同一时期，《哈佛商业评论》发表了名为《每一个成功人士背后都有一个导师》的报道，指出有导师的商业高管们的事业和工作满足感更高。在《公司里的男女们》一书中，坎特探讨了公司架构对于行为和人际关系的作用，强调保荐人（导师）对于女性和少数民族职业发展的重要性。

在教育、职业、公司等不同环境中，许多关系均被认为是导师关系。人生的不同阶段有不同类型和特点的导师关系，有研究及报道将它们归纳分类为三大类导师关系。*青年导师*：主要关注儿童和青少年的个人、心理、情感和认知发育。*学业导师*：指师生关系，即老师对学生的学业以及个人生活方面的问题提供支持和指导，使学生学业顺利。*工作导师*：在工作单位中关注学生的个人和职业发展。教师的导师属于工作导师（6），但是大多数医学院校的学员是低年资的教职员工，导师制的目标是获得并保持学术方面的成就，因此导师实际是工作导师和学业导师的混合体。希利和维尔切特基于环境发展理论提出了普通导师制的定义，“导师制是在工作环境中建立于高级职员（导师）和初学者（学员）之间的能动、互惠的关系，旨在促进双方的职业发展。”

这个定义强调了导师关系互利互惠的特点，在过去二十多年间，在关于导师制的文章中经常被引用。

其他学者则描绘了导师的作用和职责。克莱姆将导师的职责分为两大类：职业发展和社会心理功能（17）。职业发展功能包括给学员支助、支持、指导和保护，帮助他们提高、接受挑战、开拓眼界，增加他们的表现机会。社会心理功能包括从人际关系方面促进学员的个人和职业发展，提高其竞争力和自信心。与之类似，雅克比提出学术环境下导师关系的三个组成部分：情感和心理支持、工作或职业发展的直接帮助以及行为榜样。

导师关系可以是正式，也可以是非正式的（7）。非正式的导师关系是在双方认同、彼此感觉舒适、认为对方有能力帮助自己实践职业需求的基础上自发产生的。非正式关系一般持续 3-6 年，会面时间安排灵活，目标也随着时间的变化不断发展及调整。正式的导师关系通常由项目的协调者分配，一般持续 6 个月到 1 年的时间，要求有固定的见面时间，有特定的目标。在非正式的导师关系中，导师更倾向于发挥职业发展以及社会心理功能（17）。导师和学员对非正式导师关系的评价都是有意义和有效的。但是，没有证据表明正式与非正式的导师关系中，学员的收获有区别（7）。

虽然有大量关于导师关系的文献，但有关学者仍认为它并没有很好地被研究（3-8）。大多数都是针对一对一导师制的来自学员的横断面研究，方法多采用自我报告的调查问卷。这些研究也受资料来源所限，很难确定不同研究中的导师关系是否有相似之处。关于导师关系的重要细节描述也不充分，比如这种关系是正式的（分配的）还是非正式的（自我认可的）；关系持续的时间；见面的频率；交流的深度；行政支持的力度等。没有关于导师关系整体有效性评估的研究报道，这方面的评估往往缺少来自导师方面的资料，也很难量化。目前的研究由于缺乏对照组，很难明确有益的结局是导师制的结果还是学员的个人特点所致。

不管怎样，导师制仍被看作是对于学术职业发展至关重要的因素。在 1997 年，由国家科学院、国家工程院和医学研究院联合组成的委员会针对科学和技术领域学生的导师制发表了一个共识，题目是“顾问、教师、榜样和朋友”，将导师关系的特点分为五个领域：个人交流、职业发展、技能提高、学术指导和研究领域。耶利米·巴伦德斯医生（内科医生）根据科学和技术领域方面的社会科学研究成果，对该领域内导师的作用进行了如下实用且详尽的描述。

导师经常比学生年长一些，年资更高经验更丰富。对于学生来说，他们肩负着老师、引荐人、顾问和榜样等多重角色：作为老师，他们提高年轻人技能和知识发展；作为引荐人，他们利用自身的影响力协助学生进入该领域并获得初步的成绩；作为引路人，他们协助年轻人进入新的职业和社会环境并帮助他们适应新的价值观、习惯、资源及人员背景；作为顾问，他们给学生提供忠告和道义上的支持，给学生指导；他们通过自身的美德、成就和生活方式成为学生可以模仿的典范（19）。

以上关于导师的总结说明导师的作用是多方面的。不难看出，导师的本质难以捉摸，准确定义其特点很有难度。然而，支持导师价值的证据不能因为不够精准而被看作传闻不予理会。导师制能创造出一种独特的、非常个人的、复杂而重要发展的关系，不仅意义重大而且能使双方获益。对于导师和学员双方，这种关系本身就能带来成就感，学员从中收获了自信心，成为一个真正的专业人士，而导师在协助其实现梦想的过程中体验了传承的力量。

❖ 针对医学院教师的导师制

医学院校的教师需要具备多种技能以完成学术医学中心临床、教学、科研和服务的任务。在教师培训中特别强调的核心技能（20）传统上包括：

- 教学。
- 科研。
- 行政管理。
- 书面交流。
- 专业学术技能。

2007年，为了顺应因患者和社会需求的改变而导致的教师角色和职责的转变，哈里斯和他的同事更新了这些核心技能，增加了以下几项：

- 医学信息。
- 服务管理。
- 多元文化。

如果说在过去导师制对于教师的发展很重要，那么近年来，它更加被认为是教师成功的核心策略（22-24）。

最近有一篇系统回顾阐述了很多现代医学教育中关于导师制的重要观点（25）。总体上，有二分之一到三分之一的教师称其接受过导师辅导，其中女性比男性更难找到导师，临床教师比临床研究者更难找到导师。学员的个性特点，如有良好的自控力、自我监督能力以及情绪稳定，这些都会影响接受导师辅导的可能性。虽然缺乏很强有力的证据，但据报道导师制对于个人发展、职业满意度、专科选择、对学术医学的兴趣、科研产出、教师队伍的稳定性等方面都有正面的影响。有关影响获得导师及对导师满意度的因素研究表明，已经确立在医学院发展的教师较那些未确定者更倾向寻找导师（85%比 15%）（26）。教师们提出了 7 条与其导师的满意度相关的特征（见框 7-1）

框 7-1　教师对其导师的满意度相关的七个特征

教师对这样的导师感到满意：

1. 始终与学员保持联系。
2. 不滥用职权。
3. 对发展目标及职业规划提供意见。
4. 注意提高学员的交流能力。
5. 对于科研提供有价值的意见。
6. 对于专业决策提供参考意见。
7. 帮助建立专业关系网络。

关于教师的导师体验的定性分析显示，教师非常重视获得导师的辅导（27）。绝大多数的医学院校的教师都将缺乏导师指导排在阻碍其职业发展的首位或第二位的重要因素。为了弥补这一缺憾，学员经常从不止一名导师那里寻求支持，认为选择一名特定的导师可能不如多位导师的作用更重要。参与者反复强调人际关系在选择导师中的重要性，例如师生两人最好“气味相投”，“聊得来”等等。

造成导师明显缺乏的一个原因是，当前的学术环境中没有支持导师制的相关措施。普通内科学会（SGIM）曾在院校领导中做过对导师制支持力度的调查（28），发现对导师活动的支持时间从 0%～60%

不等（平均15%），只有17%的导师得到了院校的支持。每个导师平均有6.7个学员，很多导师称这已经超过或达到他们所能辅导的最大数目。85%的导师有联合辅导的学员，很多导师认为联合辅导没有那么吃力，更容易带来满足感，学员的感受也更好。

不仅仅是导师支持联合辅导，有趣的是，有多个导师的教师（作为学员）也比那些只有一个导师的教师感觉更满意。如果没有足够的导师维持长程的导师关系，还可以采用另一种方法，就是让一些有特定技能的导师在指定时间里辅导学员完成特定的项目（30）。这种方法被称为“功能导师”，其核心是基于项目的导师关系，项目的目的作为产出的指标。这种模式可以吸引更多人加入导师队伍，因为项目符合导师的专长，辅导所占用的导师时间相对有限。

导师的数量有限，而多个导师联合辅导又得到了正面的肯定和产出，所以应该突破传统的一对一的导师制，探索更多其他形式的导师制（31，32）。*小组导师制*是一组人为达到特点目标共同参与导师辅导，导师可以是一个或多个。*同伴小组导师*是将有共同兴趣和需求的一组同事聚集在一起，自我指导、自我管理，自己制定和规划学习进度。小组导师制可以在一个缺乏足够导师的机构里拓展导师的作用，其支持者认为，将不同观点的人聚在一起，能给小组带来发散性思维，创造互相包容的小组环境，分享知识，促进团队合作，并提供心理社会支持（31）。

对女性（33-36）和少数民族（37，38）进行导师辅导的教师小组具有重要且独特的意义，本书的第10、11章将重点讨论这个话题。另外还有两组人值得我们特别关注，那就是临床教师和职业发展中期的教师。

传统学术晋升序列的教师比临床教学晋升序列①的教师更容易找到导师（39，40）。然而，从临床教师的反馈来看，他们特别重视导师制，认为导师是他们职业发展中极为重要的一个部分，对其学术活

---

①美国医学院教师需承担临床、科研、教学等工作，根据你承担工作的比重不同可以从不同途径获得晋升。传统的学术序列工作以科研为重，晋升要求获得基金或发表文章。临床教学序列工作以教学为主，晋升要求临床时间和授课数量。

动及产出有重要的影响。由于不同院校对于临床教师的“职位说明书”差别很大，对教师的表现以及晋升的期望值不明确，临床教师更需要导师的指导（42）。临床教师 50~90% 的时间花在医疗服务上，剩下的时间用于医学生和住院医生的教学和督导、医疗质量管理、或在医院管理部门任职。既然临床教师的绝大多数时间用于教学、督导和医疗服务，明确如何评估和评价他们的工作，对于他们的职业发展以及保持学系乃至院所的活力都是至关重要的。

当临床教师的导师需要了解院所的晋升和聘任标准。很多院校使用“教学档案”来详尽记录教师的教学活动和成绩，尤其重要的一点是，教学档案要从教师的任命之初就开始记录，而不是试图建立回顾性档案。关于如何评价临床表现，院校之间差别很大。最近约翰霍普金斯大学湾景医学中心发表一篇报道，他们在临床学系采用半结构式的深入访谈方法，从八个方面评价临床表现（见框 7-2）（43）。导师应该清楚这些要求，注意为担任临床教师的学员提供资源，使其完成临床工作。

框 7-2　医学院校教师临床评价的八大方面

1. 临床口碑。
2. 人际交流技巧。
3. 职业道德和人文精神。
4. 敏锐的诊断能力。
5. 在医疗体系内协商的技巧。
6. 医学知识。
7. 临床实践的学术之路。
8. 对于临床医学的热情。

即使作为临床教师，晋升也主要依靠学术声誉和专业著作。在波伊尔的著作《学术再思考：什么成就了教授》一书中提出：学术包括应用、综合和教学（44）。一些人将其解读为学术性教学，将教与学相结合。还有一些人指出，学术性教学不仅要求从个体层面帮助学生学习，还需要从整体层面推动整个领域的发展（45）。比如将教学资料进行同行评议或印刷发行。现在，越来越多的地方在做这方面的工作，如 MedEd 门户，HEAL（健康教育资料库），和 MERLOT（在线教学多媒体资源）（45）。

美国医学院协会教学事务组在 2002 年召开了关于学术教学的共同发展会议。五类教学活动被确定为学术性教学活动：1）直接教学，2）课程建设，3）导师和顾问，4）学生评价，5）教学领导和管理（46）。此次会议上还提出了对于这五类教学活动的记录和奖励的框架方案（47）。这些指南被学术医疗机构采纳的程度以及其在促进教师的学术活动方面能起到何种作用，尚不可知。

导师最重要的作用往往是提醒临床教师：他们的工作很重要，学系非常重视。对自身及工作的“悲观情绪”，是对临床教师职业发展的威胁（48）。导师要帮助临床教师感受到被肯定，能认识到自己的价值，并照亮了他们在学术发展上的道路。

另一个对导师特别有需求的团体是处于职业发展中间阶段的教师。对这类人的指导真的很有挑战性（48）。职业发展中期的教师一般是高产的，然而，在职称晋升、职位提高之后，外在的激励因素就减少了，教师在职业发展中期经常会经历一个发展平台，会产生职业倦怠和困惑。这时需要进一步明确职业发展的目标，将时间和精力再分配，重新权衡临床实践、科研、教学、服务的比重，但是职业中期得到的导师指导很少，对其满意度也较低。人们期待处于这一阶段的教师担任导师，或者在学会或院系任职，或成为行政管理部门的领导。一些学院会提供领导能力培训，专业组织、协会和学会也会提供教学和培训项目（50）。非正式的导师制在教学医院常作为“培养接班人”的一种方式，但是没有专门针对处于职业中期教师的导师项目的相关报道。

❖ 针对教师的导师制的实践

虽然针对教师的导师制的成功实践资料不多（同样针对学员的相关材料也很少），但是文献报道了一些针对导师关系中的双方的优秀行为。对于导师的相关优秀行为见框 7-3，并在下一段进行详细的阐述。文献同时强调这些行为需要得到教学医院行政管理部门的支持（17，50-55）。

框 7-3 优秀导师的八种行为
一个优秀的导师
1. 关注学生的职业进步。
2. 尊重学生的权利。
3. 值得信任。
4. 与学生共同确定目标并监督学生的行为。
5. 鼓舞、激励学生。
6. 促进其反思。
7. 给予鼓励和支持。
8. 宽宏大量。

优秀导师的行为

1. 一个好导师关注学生的职业发展。导师应该始终关注学生的职业发展，随时方便学生联系和沟通，通过教学和指导提高学生的学习和专业技能。导师为学生提供职业发展的建议，并将学生介绍给其他导师，带他们进入更大的学术圈子，促进其进步。

2. 好的导师尊重学生的权利。导师应该将学生当作真正的合作者，接受学生不同于自己的工作方式，而不是试图制造自己的复制品。导师要敏锐发现学生在人文环境中，如性别、种族、文化和工作等方面面临的挑战。

3. 好导师值得信任。导师与学生以直接、诚实、深思熟虑的方式沟通，保守学生的秘密。导师是学生正直诚实和职业道德的榜样。

4. 好的导师与学生一起制定目标并监督其行动。导师帮助学生制定有针对性的、可测量的、切实可行的目标。导师和学生一起讨论目标的进展情况，发现实现目标过程中的困难，及时制定策略或修改目标，导师和学生的目标和期望要始终保持一致。

5. 好导师鼓舞和激励学生。导师要鼓励学生对工作保持乐观的态度，帮助他们看到新的希望。为了激励学生，导师可以为学

生制定更高的标准，并提供相应的支持来帮助学生面对更大的挑战。

6. *好导师促进学生进行反思*。导师用探索性的问题促进学生提出自己的想法和理论。鼓励学生分享自己的观点，当学生偏离正轨时，导师会温和地引导他。导师会给学生提出建议，并通过不断的交谈了解和丰富学生的思想。

7. *好导师提供鼓励和支持*。导师为学生营造一个安全的环境，将他的小错误转变成学习的机会。导师帮助学生解决难题、分析失败的原因、防止其犯严重的错误。导师向学生传递乐观的态度，并在学生遭受挫折需要帮助时提供支持。可以适当向学生透露一些导师自己作为学生时的奋斗经历，这对他们会很有帮助。

8. *好导师宽宏大量*。导师乐于分享自己的观点，信息和资源。导师邀请学生在合适的时候作为共同作者或者演讲者。导师对学生取得的进步和成就表示祝贺，对他们的成功表示真心的高兴。

优秀学生的行为

文献同时也从学生的角度描述了哪些行为能增加导师指导的有效性，使导师关系的产出更丰富（56-60）（框 7-4）。

框 7-4 优秀学生的四种行为

一个优秀的学生具有以下特点：

1. 对导师关系负责任。
2. 努力做到自我评价、自我监督和自我反省。
3. 尊重并感谢导师付出的时间和给予的建议。
4. 与导师建立和培养恰当的个人关系，从中体现职业精神。

1. *学生对导师关系负责*。学生努力学习，取得预想的目标，成为可以独立胜任工作的职业医生。学生不过分依赖导师的支持，对自己的决定、行为和后果负责。

2. *学生努力做到自我评价，自我监督和自我反馈*。学生不断向目标迈进，致力于批判性的自我评价以找出困难、需求和契机，努力提高自己的工作水平。学生有针对性地寻求帮助，听取导师的反馈意见和建议。

*3. 学生尊重并感谢导师付出的时间和给予的建议。*与导师的会面按约定时间准时到场，不随便打扰导师，在导师要求更改会面时间时积极配合。每次见面之前做好准备，仔细聆听导师的建议，并虚心接纳。采纳导师的建议，并在随后的见面时主动汇报进展。对导师的指导表示感激。

*4. 学生要与导师建立和培养恰当的个人关系如其分的关系，从中体现表现出职业精神。*学生从导师那里学习个人及专业的价值观和行为方式，学习如何做出决策、管理人际关系、处理职业与人生的挑战。学生应该尊重导师关系中的界限，记住导师的个人及专业行为。

❖ 建立和管理导师项目

大多数关于导师制的文章关注的是导师关系本身，很少关注有效导师制背后的管理过程。在目前发表的观察性文章中，提出了在导师制的管理方面很实用的注意事项（60，61）。院校领导的关注，从学院主任、系主任到骨干教师，都给予足够的支持，显示出教师的个人职业发展是学院重要的任务。导师项目必须有清晰阐述的项目目标，并与院校的宗旨、文化和策略一致。项目也包括一些增进学术社团发展的活动，如项目情况介绍、教师培训活动、定期举行的活动与成就交流会、庆祝会、嘉奖等。项目要有评价，可以采用的参数有教师的参与度和满意度、教师学习提高情况、对教师行为、能力和表现的影响、对组织的影响以及投入的回报等。

❖ 个案分析

下面举两个导师经常会强调的例子，通过实例说明导师如何与学生一起解决这些难题。

场景 1：将教学热情转化为学术工作

一位年轻女性，之前是兼职临床助理，希望进入临床教师序列寻求进一步发展。在过去的 2 年中，她积极参与第二年医学生的临床技能课。虽然她只是兼职工作，但在其他老师眼中她是一位有创新精神和教学热情的教师。她对于如何将自己的教学经验转化为职业发展以及学术文章不很清楚。

以下是下一步的建议：

- 导师和学生应该围绕学生的兴趣展开讨论，评估其职业发展需求，把握投身教育角色和责任的机会，提高相应的技能和水平。
- 导师和学生通过认真思考后，结合学生兼职工作的个人现状，形成有针对性、可测量、有意义且的切合实际的目标。
- 导师和学生根据目标制定时间表，定期会面监督目标进展情况。
- 在日常见面时，导师和学生应该评估目标进展情况，探讨资助的来源和发表学术文章的场所，找出克服困难的策略，不放弃希望。如果需要，也可以修订目标或达成目标的策略。

场景 2：开创研究事业

一名低年资教师希望成为一名临床研究者。他的研究没有得到国立卫生研究院（NIH）的 K 奖或 R01 的资助①，他想知道是否有其他基金资助机会能为未来的研究做一些基础工作。他和很多其他同事合作过，但是抱怨没有时间做自己的研究，不能成为发表文章的第一作者以及在全国会议上发言。其中的原因之一是他的研究方

---

①美国国立卫生研究院（National Institutes of Health，NIH）是美国主要的医学与行为学（medical and behavioral research）研究机构，以基金资助形式支持科学家进行生物医学研究。NIH 的基金种类繁多，文中提到的 K 奖是研究事业发展基金（research career development award）的简称，主要资助已获得博士学位开始独立主持研究工作的临床医生和科学家。R01 是研究项目基金（research project grants），资金下拨到美国国内外各研究机构，资助科学家个人的研究项目，是 NIH 资助的主要方式。

向（医学伦理和疾病的社会心理方面的影响）没有很清晰的获得院外资助的途径。

以下是下一步的建议：

- 导师应该评估学生的兴趣和职业发展需求，更精确地进行研究定位。
- 导师和学生应该确定感兴趣的学术组织，寻找可能的研究资金来源和职业发展机会。
- 导师和学生应该确立有针对性、切合实际的目标，比如如何成长为研究者，如何成为独立作者。
- 导师应该经常与学生见面，监督其进展，帮助学生实现其目标。
- 导师应该和学生分享想法，将其介绍给学术团体，帮助他发现机遇，通过学术会议和学术刊物宣传其学术工作。

❖ 下一步

在过去的十年间，北美医学院校的教师事务办公室激增，学术机构的临床科室纷纷开始实施导师项目（2）。2007 年，美国医学院协会正式成立了教师事务组。美国医学院协会的教学事务组则将咨询和导师制作为学术教育的一个部分，提供了记录这些关系的方法，使其可以作为学术晋升的评价依据（46）。普通内科学会（SGIM）发起了一个一对一的导师项目，奖励和资助针对低年资教师和职业发展中期教师的导师（63）。关于导师制在不同职业发展阶段的作用，我们还有许多问题需要研究。学术组织可以进行跨学科、多中心的联合研究。通过研究，我们可以了解什么是最佳的导师关系；如何培养支持奖励教师；如何高效地利用学院的资源；如何提高学术机构教师的能力、幸福感和职业满足感。

（王　玉译　黄晓明校）

参 考 文 献

1. **Kuttner R.** Managed care and medical education. N Engl J Med. 1999;341:1092-6.
2. **Morahan PS, Gold JS, Bickel J.** Status of faculty affairs and faculty development offices in U.S. medical schools. Acad Med. 2002;77:398-401.
3. **Wrightsman LS.** Research Methodologies for Assessing Mentoring. Presented at the Annual Conference of the American Psychological Association, August 1981, Los Angeles, California. ERIC Document Reproduction Service No. ED 209 339.
4. **Allen TD, Eby LT, O'Brien KE, Lentz E.** The state of mentoring research: a qualitative review of current research methods and future research implications. J Vocat Behav. 2008;73:343-57.
5. **Jacobi M.** Mentoring and undergraduate success: a literature review. Review of Educational Research. 1991;61:505-32.
6. **Eby LT, Allen TD, Evans SC, Ng T, Dubois D.** Does mentoring matter? a multidisciplinary meta-analysis comparing mentored and non-mentored individuals. J Vocat Behav. 2008;72:254-267.
7. **Ragins BR, Cotton JL.** Mentor functions and outcomes: a comparison of men and women in formal and informal mentoring relationships. J Appl Psychol. 1999;84:529-50.
8. **Chao GT.** Mentoring Phases and Outcomes. J Vocat Behav. 1997;51:15-28.
9. **Carr P, Bickel J, Inui T.** Taking Root in a Forest Clearing: A Resource Guide for Medical Faculty. Boston: Boston Univ School of Medicine; 2004.
10. **Roberts A, Chernopisakaya A.** A historical account to consider the origins and associations of the term mentor. History of Education Society Bulletin. 1999;64:81-90.
11. **Sox HC.** The ethical foundations of professionalism: a sociologic history. Chest. 2007; 131:1532-40.
12. **Levinson D, Darrow C, Klein E, Levinson M, McKee B.** The Seasons of a Man's Life. New York: Knopf; 1978.
13. **Lunding FJ, Clements GE, Perkins DS.** Everyone who makes it has a mentor. Harvard Business Review. 1979;56:89-101.
14. **Roche GR.** Much ado about mentoring. Harvard Business Review. 1979;57:14-20.
15. **Kanter RM.** Men and Women of the Corporation. New York: Basic Books; 1977.
16. **Healy CC, Welchert AJ.** Mentoring relationships: a definition to advance research and practice. Education Research. 1990;19:17-21.
17. **Kram KE.** Mentoring at Work. Developmental Relationships in Organizational Life. Glenview, IL: Scott Foresman; 1985.
18. Advisor, Teacher, Role Model, Friend. Washington, DC: National Academy Press; 1997.
19. **Barondess JA.** A brief history of mentoring. Trans Am Clin Climatol Assoc. 1995;106: 1-24.
20. **Bland CJ, Schmitz CC, Stritter FT, et al.** Successful Faculty in Academic Medicine: Essential Skills and How to Acquire Them. New York: Springer; 1990.
21. **Harris DL, Krause KC, Parish DC, Smith MU.** Academic competencies for medical faculty. Fam Med. 2007;39:343-50.
22. **Jotkowitz AB, Clarfield AM.** Mentoring in internal medicine. Eur J Intern Med. 2006; 17:399-401.
23. **Saha S, Christakis DA, Saint S, Whooley MA, Simon SR.** A survival guide for generalist physicians in academic fellowships part 1: getting started. J Gen Intern Med. 1999;14: 745-9.
24. **Hazzard WR.** Mentoring across the professional lifespan in academic geriatrics. J Am Geriatr Soc. 1999;47:1466-70.

25. **Sambunjak D, Straus SE, Marusic A.** Mentoring in academic medicine: a systematic review. JAMA. 2006;296:1103-15.
26. **Ramanan RA, Phillips RS, Davis RB, Silen W, Reede JY.** Mentoring in medicine: keys to satisfaction. Am J Med. 2002;112:336-41.
27. **Jackson VA, Palepu A, Szalacha L, Caswell C, Carr PL, Inui T.** "Having the right chemistry": a qualitative study of mentoring in academic medicine. Acad Med. 2003;78:328-34.
28. **Luckhaupt SE, Chin MH, Mangione CM, Phillips RS, Bell D, Leonard AC, et al.** Mentorship in academic general internal medicine. Results of a survey of mentors. J Gen Intern Med. 2005;20:1014-8.
29. **Wasserstein AG, Quistberg DA, Shea JA.** Mentoring at the University of Pennsylvania: results of a faculty survey. J Gen Intern Med. 2007;22:210-4.
30. **Thorndyke LE, Gusic ME, Milner RJ.** Functional mentoring: a practical approach with multilevel outcomes. J Contin Educ Health Prof. 2008;28:157-64.
31. **Zachary LJ.** Creating a Mentoring Culture: The Organizations Guide. San Francisco: Jossey-Bass; 2005:192-210.
32. **Moss J, Teshima J, Leszcz M.** Peer group mentoring of junior faculty. Acad Psychiatry. 2008;32:230-5.
33. **Bickel J, Wara D, Atkinson BF, Cohen LS, Dunn M, Hostler S, et al; Association of American Medical Colleges Project Implementation Committee.** Increasing women's leadership in academic medicine: report of the AAMC Project Implementation Committee. Acad Med. 2002;77:1043-61.
34. **Mark S, Link H, Morahan PS, Pololi L, Reznik V, Tropez-Sims S.** Innovative mentoring programs to promote gender equity in academic medicine. Acad Med. 2001;76:39-42.
35. **Morahan PS, Voytko ML, Abbuhl S, Means LJ, Wara DW, Thorson J, et al.** Ensuring the success of women faculty at AMCs: lessons learned from the National Centers of Excellence in Women's Health. Acad Med. 2001;76:19-31.
36. **Nonnemaker L.** Women physicians in academic medicine: new insights from cohort studies. N Engl J Med. 2000;342:399-405.
37. **Lewellen-Williams C, Johnson VA, Deloney LA, Thomas BR, Goyol A, Henry-Tillman R.** The POD: a new model for mentoring underrepresented minority faculty. Acad Med. 2006;81:275-9.
38. **Mahoney MR, Wilson E, Odom KL, Flowers L, Adler SR.** Minority faculty voices on diversity in academic medicine: perspectives from one school. Acad Med. 2008;83:781-6.
39. **Wasserstein AG, Quistberg DA, Shea JA.** Mentoring at the University of Pennsylvania: results of a faculty survey. J Gen Intern Med. 2007;22:210-4.
40. **Chew LD, Watanabe JM, Buchwald D, Lessler DS.** Junior faculty's perspectives on mentoring. Acad Med. 2003;78:652.
41. **Marks MB.** Academic careers in medical education: perceptions of the effects of a faculty development program. Acad Med. 1999;74:S72-4.
42. **Levinson W, Rubenstein A.** Mission critical—integrating clinician-educators into academic medical centers. N Engl J Med. 1999;341:840-3.
43. **Christmas C, Kravet SJ, Durso SC, Wright SM.** Clinical excellence in academia: perspectives from masterful academic clinicians. Mayo Clin Proc. 2008;83:989-94.
44. **Boyer EL.** Scholarship Reconsidered: Priorities of the Professoriate. San Francisco: Jossey-Basse; 1997.
45. **Fincher RM, Work JA.** Perspectives on the scholarship of teaching. Med Educ. 2006; 40:293-5.

46. **Simpson D, Fincher RM, Hafler JP, Irby DM, Richards BF, Rosenfeld GC, Viggiano TR.** Advancing Educators and Education: Defining the Components and Evidence of Educational Scholarship. Proceedings from the Association of American Medical Colleges Group on Educational Affairs Consensus Conference on Educational Scholarship, 9-10 February 2006, Charlotte, NC. Washington DC: AAMC 2007.
47. **Simpson D, Fincher RM, Hafler JP, Irby DM, Richards BF, Rosenfeld GC, et al.** Advancing educators and education by defining the components and evidence associated with educational scholarship. Med Educ. 2007;41:1002-9.
48. **Manning KD.** The death of a clinician-educator. Ann Intern Med. 2008;149:281-2.
49. **Baldwin R, Dezure D, Shaw A, et al.** Mapping the terrain of mid-career faculty at a research university: implications for faculty and academic leaders. Change. 2008; September-October.
50. **Schwartz RW, Pogge CR, Gillis SA, Holsinger JW.** Programs for the development of physician leaders: a curricular process in its infancy. Acad Med. 2000;75:133-40.
51. **Daloz LA.** Effective Teaching and Mentorship: Realizing the Transformational Power of Adult Learning Experiences. San Francisco: Jossey-Bass; 1986:209-35.
52. **Bhagia J, Tinsley JA.** The mentoring partnership. Mayo Clin Proc. 2000;75:535-7.
53. **Rabatin JS, Lipkin M Jr, Rubin AS, Schachter A, Nathan M, Kalet A.** A year of mentoring in academic medicine: case report and qualitative analysis of fifteen hours of meetings between a junior and senior faculty member. J Gen Intern Med. 2004;19:569-73.
54. **Ramani S, Gruppen L, Kachur EK.** Twelve tips for developing effective mentors. Med Teach. 2006;28:404-8.
55. **Detsky AS, Baerlocher MO.** Academic mentoring—how to give it and how to get it. JAMA. 2007;297:2134-6.
56. **Lee A, Dennis C, Campbell P.** Nature's guide for mentors. Nature. 2007;447:791-7.
57. **Berk RA, Berg J, Mortimer R, Walton-Moss B, Yeo TP.** Measuring the effectiveness of faculty mentoring relationships. Acad Med. 2005;80:66-71.
58. **Rogers J, Monteiro FM, Nora A.** Toward measuring the domains of mentoring. Fam Med. 2008;40:259-63.
59. **Straus SE, Chatur F, Taylor M.** Issues in the mentor-mentee relationship in academic medicine: a qualitative study. Acad Med. 2009;84:135-9.
60. **Zerzan JT, Hess R, Schur E, Phillips RS, Rigotti N.** Making the most of mentors: a guide for mentees. Acad Med. 2009;84:140-4.
61. **Johnson WB.** The intentional mentor: strategies and guidelines for the practice of mentoring. Professional Psychology: Research and Practice. 2002;33:88-96.
62. **Kirkpatrick DL, Kirkpatrick JD.** Transferring Learning to Behavior: Using the Four Levels to Improve Performance. San Francisco: Berrett-Koehler; 2005.
63. **Society of General Internal Medicine.** Mentoring programs. Accessed at www.sgim.org/index.cfm?pageId=298.

第 8 章

同伴导师制：医学院临床教师的培养模式

Stacy Higgins, MD, FACP
William T. Branch Jr., MD, MACP
Jada Bussey-Jones, MD, FACP

要点：

- 同伴导师制是新涌现的一种推进教师职业发展目标的培训方法。这种方法通过类似团队支持的活动促进参与者相互合作，接受来自同伴的反馈、批评和鼓励，提高自信心。
- 同伴导师制也有自己的弊端，比如学生相互争夺有限的资源、缺乏高年资教师所拥有的经验和人脉等。
- 虽然研究同伴导师项目参与者所取得的学术成果的文章很少，但来自商业、教育、护理、医学学术界为数有限的报告中，大多数都对同伴导师给予正面肯定。
- 许多低年资的教师都需要导师的帮助，在有经验的导师相对有限的情况下，同伴导师是对传统的一对一导师的替代或补充。
- 对于临床教师来说，其职业发展的重点主要是对知识的应用和整合，而非创造新知识。同伴导师制尤其适用于这样的人群，为临床教师培训提供了一条有前途的道路。

导师经常能决定学术生涯的成败。不幸的是，很多院校缺乏足够的导师以满足所有年青教师的需求。另外，导师需要同时承担很多不同的功能和角色，并不是所有的导师都能满足学生所有方面的需求。同伴导师制可以扩大传统导师制的作用，是一个可能解决上述这些难题的方法。本章描述了现有的关于同伴导师制的经验，分析了它的优缺点和实施过程可能面临的困难。同伴导师制不应该是唯一的导师制模式，但它可以作为传统导师项目的补充。

❖ 出色导师的性格和行为特点

导师所需要的不是一种单一的品性，而是很多特质的综合，其中最重要的是无私、尊重他人、敏锐、对科学和学术工作发自内心的热情。优秀的导师能够深切地发现并欣赏每个学生所具有的独特天赋和能力，给他们强有力的支持（1）。耐心、诚恳、大度也是优秀导师的品质（2）。

人的个性特点无法被传授，但导师指导学生的特点，诸如易于联系、及时反馈等则不难传授。通过模拟和练习还能学习导师其他方面的技能，如平衡教师建议和学生的自我指导能力，以促进学生个人发展。好导师同时也是好的倾听者和提问者。需要的时候，他们会对与学生讨论的内容保密。他们会为学生选择合适的项目，让学生在一定的时间内可能完成。他们并不替学生写文章、做研究，但善于提供帮助。他们鼓励学生在国内外会议上发言，利用自身广泛的关系网，将学生介绍给学术圈内的同行和同事。他们祝贺学生取得的成功。好导师重视学生独立性的培养，了解学生最终会成长成为自己重要的同事。优秀的导师真正关心学生，在事业的选择和机遇上给他们帮助。好导师在学生从自己这里“毕业”后，还会继续关注他们的成长。最后，强大的导师不会拘泥于一对一的导师关系，他们会在实验室、服务部门或医院里为学生创建一个小团体，给学生支持及帮助。

❖ 什么是同伴导师制?

所有的学生、住院医生、低年资教师都应该得到上述理想的导师关系支持他们的成长。很不幸，不是每个人都有机会遭遇这样的好导师，也不是每一个导师都可以为学生提供所有他所需要的帮助和指导。一个对传统的一对一导师关系的补充手段就是同伴导师制。

同伴导师制是有着类似背景并从事类似工作的一组人，他们常处于职业发展的不同阶段，经常见面，彼此成为导师（3）。同伴导师制还可以辅以一个高年资的导师，也可以由团队或选出的领导自我提高。小组的规模不同，平均6~8人。有时，同伴导师小组会包括一个相对有经验的同伴可以向其他低年资的同事“介绍经验”。在学校缺乏有经验的导师或传统的一对一导师机会有限的情况下，经常会实行同伴导师制。

同伴导师制也有利有弊。例如，如何让同伴导师小组也具有前述优秀导师所具有的性格特点？如果小组达不到这些特点怎么办？与一个优秀的高年资导师相比同伴导师组的弱点和长处在哪里？面临的困难又有哪些？本章将探讨以上问题并提供成功同伴导师项目的经验。的确有文献报道了一些同伴导师小组的例子，认为他们的成果令人满意，小组成员获益匪浅，对他们的职业发展很有帮助（3-6）。我们将描述及评价这些例子。

❖ 同伴导师项目

其他行业的例子

同伴导师项目最早是在医学以外的领域开始发展的，比如商业、中学教育和护理等，这些领域的经验为在医学界开展同伴导师制提供了重要的示范和途径。

商业

在商业领域，由于精简机构、强调团队的作用、消减等级差别等措施，导致高年资导师的缺乏，由此产生了同伴导师。雇员可以寻找一名和自己等级相等但更有经验的同事建立导师关系，于是后者就为前者提供支持并教授新知识和技能。布莱恩特和特尔伯格（7）评价了同伴导师是否可以促进公司内知识的共享还是只能使导师关系内的成员受益。他们发现，在公司开展同伴导师可以有更高水平的知识创新和分享，最终，这样的品质可以提高全公司的竞争力。

中学教育

在 K-12 教育体系①下，由于行政管理的压力、教学环境狭窄、课程时间相互重叠以及学校结构问题，老师之间互相反馈的机会非常有限。然而，由于教师队伍的流失，学校不得不寻找方法在给缺乏经验教师更多支持的基础上构建卓越的教师。来自一名受人尊敬的同道给出的正面的、有建设性的指导和反馈，可以促进其他教师设立更高的目标、激励他们承担更大的风险、采用更具挑战性的教学策略（8，9）。有研究表明，参与同伴导师项目的教师比对照组在很多方面要更成功，比如尝试新的教学方法、正确运用并坚持新方法、理解教学目的等（10）。同伴导师还能提高教师的自信心，相信自己的能力能胜任一名教师（8）。

护理

让高年级的护理学生当新生的导师能缓解刚开始接触患者的新学生的焦虑（11）。这种方法同时也提高了高年级学生的责任感和自信心，以及人际关系和组织能力，培养了他们的领导能力。对于新生来说，从这种同伴导师关系中最大的获益是缓解了焦虑情绪，同时也提高了自信心，提高了组织技巧，增强了作为医疗团队成员的感觉（11）。

普遍结论

通过这些非医学领域的例子可以得出结论，通过同伴导师项目，不仅经验更丰富的学习者可以向刚入门的同伴传授技能和知识，同伴之间产生的友谊和领导力还能让整个机构从中获益。这些结论和原则相信也适用于医学领域。

医学院校的同伴导师模式

我们将重点讨论本书作者所在学校，也就是位于乔治亚州亚特兰大的埃默里大学所开展的同伴导师项目。接下来也先简单讨论一下其

---

①K-12 是美国基础教育的简称，K 代表幼儿园（Kindergarden），12 代表 12 年级（相当于我国的高三），即从幼儿园到 12 年级的教育。也被国际上用作对基础教育阶段的统称。

他医学院校的类似模式。

东卡罗莱纳州大学布罗迪医学院

该学院通过教师培训办公室抽调了八个临床科室的教师开展协作性的导师项目（4）。项目的目标由高年资教师设立，包括团队建设、职业规划、口头及书面表达能力培训等。为了保证项目的顺利实施，由项目主任负责全面监管，各巡回协调员负责解决具体问题。为期两年的项目还进行了定性和定量的评估。总的来说，项目的参与度很高，在两年时间里，共发表了27篇文章。参与者从多方面给项目予正面评价，包括学习环境、内容、团队意识和与他人紧密联系的感觉等。

多伦多大学精神卫生系

多伦多大学精神卫生系针对低年资教师，创建了一种不同模式的同伴导师项目（5）。这一模式不太正式，也没有严密的组织结构，组织者通过电子邮件邀请低年资教师加入同伴导师小组。小组成立后，自行决定其该学年的课程和进度。每两个月有一次2小时的聚会，一般安排在晚上，学系会提供小额的财政支持，但是不提供时间上的支持。被邀请的嘉宾决定聚会的内容，一名高年资教师作为观察者出席每次的聚会。全年的出席率是80%，评价显示参与者对项目的好评主要集中在它独特的课程设置方式，完全不同于以往以“自上而下”方式安排的课程。其他正面反馈还包括同伴的支持；减少了职业孤独感；获取了一些知识，比如如何建立教学文件夹；以及获得了与同伴一起进行反思的机会。

斯科茨代尔的梅奥诊所

在传统一对一的导师制中，女性和少数民族特别难找到导师（12）。在亚利桑那州斯科茨代尔的梅奥诊所，为了弥补这种不平衡实施了同伴导师项目。通过一名高年资导师给同伴导师小组提供设计、指导和支持，该项目旨在拓展数量有限的少数族裔和女性导师的作用（7）。这个试点项目共有四名女性内科医生参加，她们签署了为期一年的契约。项目的目标及参与者的责任包括：组建一个论文写作小组，制定同伴导师的课程表，将同伴关系最大化，关注女医生工作和家庭的平衡。项目实施10个月后，参与者对她们学术上取得的成果、获得了学术提高所需的技能、提高了论文写作能力等方面感到满意。

普遍结论

正如前述不同领域的同伴导师项目那样，医学院校的类似项目也得出类似的普遍结论：

- 同伴导师小组经常是作为传统导师项目的补充，因为调查显示很多地方缺乏高年资导师，无法开展传统一对一的导师项目。
- 每个小组均认为他们在与同伴的合作中获益，比如来自处在人生类似阶段的同伴的社交支持、获得跨学系、跨学科的合作机会、获取了教学、科研、写作的知识。
- 从完成项目后的调查问卷和整个项目的高参与率可以看出，每个项目的满意度评分都很高。

以上描述同样说明了“同伴导师”模式的多重意义。布罗迪为年轻教师进行师资培训计划，提出申请的教师被接纳后，会得到课程表和有针对性的目标。由于有项目基金支持，参加者及导师相当于用“买来”的时间参加项目，不会感到增加工作及责任压力。斯科茨代尔梅奥诊所的同伴导师项目与此有所不同。新教师进入项目后由协调人给他们安排课程，整个小组都可以得到高年资导师的辅导。多伦多大学的项目同伴导师小组则完全是自发形成的，小组成员在业余时间会面，设计课程，制定内部目标，邀请专家作为讲者参与。

详细的案例分析：埃默里内科研究小组项目（IMeRGE）

埃默里大学医学院格莱迪纪念医院普通内科，由于缺乏传统的导师，加之年轻教师急切地希望提高学术技能，这些都成为最初建立同伴导师小组的推动力。这个小组命名为埃默里内科研究小组（IMeRGE）（3），成立之初包括七名工作年限从一年至五年不等的教师，他们希望小组能提高他们的科研及其他学术技能，促进职业发展。因此，IMeRGE 的首要目标，不仅仅是促进合作的氛围，还包括支持大家获得科研的体验、提高教学技能、促进职业发展等。图 8-1 展示了项目的目标。

IMeRGE 项目参加者从几方面获益。例如，参加者在时间和资源上都得到了学系的支持，能很好地协调时间保证大家每周利用同一个半天参加 IMeRGE 小组的活动。那些招募来指导小组的高年资教师会得到教师培训基金的补偿。最后，小组从开始就确定了每个成员的详

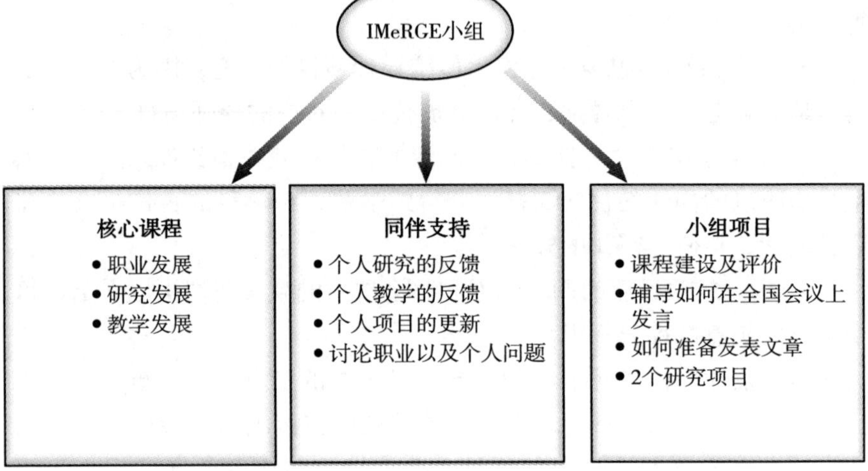

图 8-1 IMeRGE 同伴导师小组的设计

细责任，建立结构严密的讲课课程。接下来将详细描述项目的一些具体细节。

课程安排

这个课程安排除了有传统的讲课形式，还有涉及研究项目合作和个人研究工作进展的内容。课程安排包括以下这些主题的研讨会：基金标书和同行评议的论文的书写，研究方法，公开演讲、时间管理，协商谈判，指导晋升等。研讨会由 IMeRGE 成员及来自本学系或大学其他院系的高年资教师组织。由于与会人员都彼此熟悉，因此讲者与听众之间可以进行热烈的讨论。虽然课程开始就已确定，但还是有一定的灵活性：一年的过程中，会逐渐增加一些介绍各自感兴趣领域的探索性工作的时间，以及分享个人能力和专长的单元。虽然资源有限，创建一个目标清晰明确的组织最大的好处是可以将更多的讲者吸引到小组中来。

同伴支持

在整个辅导过程中，每一个小组成员取得的进展都会得到整个小组的支持。在专门的单元中，组员们展示自己的研究、文章草稿、或教学项目供大家评议。组员还对彼此提供学术上的指导，结合个人经验深入分析和高年资教师或普遍经验协商的过程。可能小组最令人愉快的部分是分享和讨论个人问题，例如如何平衡工作及家庭的关系。在这个方面，IMeRGE 有助于在部门内建立团队氛围，鼓舞小组的斗志。

挑战

虽然参加 IMeRGE 大有收获，但组织和维持这样一个小组仍会面临一些挑战。比如责任冲突、小组责任感、融合不同的兴趣等。下面我们会深入探究这些挑战并讨论如何解决。

责任冲突：IMeRGE 小组成员身负多种职责，职业上，他们要竞争基金资助、有在研的项目、有临床和教学职责、有学校和医院的行政任务；生活上，年轻教师还面临着家庭生活的重大决定，例如婚姻和生育，所有这些都会和参加小组活动相冲突。为解决这个问题，全年的聚会最好都安排在每周的相同时间进行，让组员在这个时间段不安排临床或教学任务。另外，对于没有履行成员职责的组员要进行惩罚，任何 IMeRGE 小组成员在非休假期间缺席了 4 次以上课程，将减少允许参加小组项目的机会。最后，由于一些冲突是难以避免的，最好将活动内容记录保存并通过电子邮件发给组员，让他们及时了解小组活动的最新动态。

小组责任感：在正式的导师关系中，导师的地位比学生高，这种权利差异会产生一种动力。不管这种动力是好是坏，它都会给学生压力，学生害怕让导师失望会促使他们努力完成既定任务。而在同伴导师项目中，这种动力当然不存在，这里没有害怕带来的激励，也没有未达到期望值带来的“惩罚”。为了对抗这种缺点，IMeRGE 小组成员同意遵守一定的工作规范，不遵从规范者有可能被迫退出小组。这虽然不是一个完美的解决办法，但是它权衡了自我约束和小组监督，起到了一定的作用。

融合不同的兴趣：在传统的导师模式中，导师和学生因为相同的研究和专业领域走到一起，或者学生会选择导师给予指导和反馈的项目作为自己的研究方向。而在一个每个人有着相同话语权的七人小组里，很难获得这种程度的一致。为了达到完成一个研究项目的小组目标，体现小组合作精神，IMeRGE 成员做出了一些妥协。没有基金资

助的成员可以选择一个可行并反映小组集体兴趣的项目，会议摘要以及发表文章的署名顺序由组员的工作参与程度决定。从小组成立之初就建立这样的指导方针，可以一定程度满足大家不同的兴趣。由于组员对课题兴趣差异以及各自的责任竞争，小组允许每个人参与项目的程度可以各有差异。

结果

IMeRGE 小组在一起工作了两年，此后仍坚持定期会面。这些组员最终都在学术上获得成功，得到了重要的学术地位及领导职位，成功地在专业期刊上发表文章。

另外，IMeRGE 的成功是可以复制的。埃默里大学在 IMeRGE 之后又成立了三个同伴导师小组，这些小组主要由临床教师组成，他们同样发现同伴导师小组对于他们的学术发展是一个卓有成效的策略。因此，教师们考虑创建一个全新目的的同伴导师小组，其目的不只是关注职业发展，更重要的是为了帮助教师成为人文关怀和职业精神的榜样。来自五个不同医学院的教师成立了这样一个同伴导师小组，由高年资导师监督（13）。职业发展的基础是从批判性反思（比如叙述性写作和综合讨论）中学习。项目的评价显示了参与者的获益，指出团队支持的动力和批判性反思是促进团队中组员职业发展的关键要素（13）。这些都是未来可以应用于发展小组导师制的宝贵经验。

❖ 同伴导师制的优点

传统一对一导师制的成功之处不容置疑，但是单纯依靠这一种形式也会有产生难以避免的问题（表 8-1）。首先，传统导师制等级森严，不利于创新：高年资导师的权威和影响力经常会一直持续存在，直至所指导的学生自己也成长为一名独立的有权威的导师，此过程周而复始，限制了创新精神，导致院所内教授的“千篇一律”（14）。其次，在这种等级森严的导师关系中，有些高年资导师会利用年轻教师来进行自己的个人研究，实现自身的其他职业抱负。关系双方都可能提出过分的要求，产生性格上的冲突，对对方有不切实际的期望（14，15）。第三，传统一对一的导师模式缺乏一致性：有的导师可能善于提供支持和指导，而有的则善于建设职业社交网络或激发学生的独立思想。最后，有的院校可能缺乏指导低年资教师的导师。正如前所述，对于少数族裔和女性尤其如此（14-19）。由于存在这些局限性，能扩大传统导师制作用的补充方法对于低年资教师的职业发展至关重要。同伴导师制的出现为解决上述问题带来希望。

在同伴导师制模式下，一组年龄、经验和等级相似的人互相成为导师。由于小组成员的平等性，关系是对等的，每个人都有贡献和收获。与传统导师关系相比，这种关系更容易得到反馈，收获友谊（19）。小组成员之间可以轻松地分享信息，在讨论一些专业以外的话题时也不那么拘谨。正如在 IMeRGE 小组看到的，最令小组成员满意的一点是关于个人事务的讨论，如如何平衡工作与生活等。传统导师关系维持的时间平均为 6 年，而同伴导师关系经常产生长久的友谊和持续的社团关系（15）。因为相似的级别和地位，同伴关系在几乎每个方面都表现得更加灵活弹性，从安排会面时间到制定导师关系的预期目标。这种关系所固有的对等性使得许多问题能得到双向反馈，如职业规划，甚至导师关系本身。与传统导师关系相似，同伴导师关系同样可以提供职业上的支持，提高幸福感，促进职业发展（14）。这些在多伦多大学的同伴导师项目中得到很好的印证，参与者认为减少职业孤独感和增加同事之间的支持是项目最重要的作用（5）。简而言之，由于同伴导师项目的这些特点，很多教师发现参加同伴导师小组可以得到支持和动力。当然最理想的状态是同伴导师制与传统的导师制同时存在，两者取长补短，进一步强化导师的作用。

表 8-1　同伴导师制的优缺点

同伴导师制	传统导师制
相对于传统导师制的优点	
轻松互惠的关系——允许双向反馈	有明确“领导”的正式关系
获得多种来源的信息	一种观点
创新性职业发展的潜力	同质性的倾向
维持时间长	维持时间短

续 表

同伴导师制	传统导师制
对于个人生活问题能获得更多的反馈和支持	重点主要集中在职业相关问题上
更私人的支持和友谊	更职业化的支持
提高了低年资教师、少数族裔、女性找到导师的可能性	高年资教师的数量与低年资教师的需求不匹配
相对于传统导师制的缺点	
相同等级同事之间的竞争	与事业有成的高年资导师没有竞争关系
普遍缺乏职业上的经验，缺少顾问的角色	工作时间长，经验丰富，更好起到顾问的作用
缺少介绍和提供机会的能力	丰富的社会关系和知识能为学生发现更多机会
对于完成任务缺乏责任感	可能是由于导师与学生的等级差异产生的动力能提高学生的表现，促进完成任务。

❖ 同伴导师制的困难

有效实施同伴导师制面临着很多困难，最主要的是组织资源和支持以及小组参与者的动力问题。采纳同伴导师制的院校至少应该提供一个支持的环境，这不仅能鼓励那些有意愿参加类似项目的低年资教师积极参与，还能确保导师小组成员聚会、高年资导师参与活动的时间，保证年轻教师有时间和精力完成同行导师小组帮助设立的职业目标。多伦多大学同伴导师项目的经验表明（5），上述要求只需要学系很少的经济资助就可以达到。虽然与传统导师制相比，同伴导师制不要求高年资教师都成为导师，但它同样需要一定的资源保证年轻教师的时间。

另外，并不是每一个年轻教师都能被激励参加同伴导师小组，只有那些有需求且热心参与的教师才能有所收获。当同伴导师制趋于完善，会有更多的年轻教师愿意参与其中，这对他们的职业发展会起到相同的激励作用。如果院校领导愿意提供资源保证同伴导师制的实行，它将会成为医学院校教师培训的一个组成部分。

同伴导师制面临的一个普遍问题是成员之间的竞争。为了能在申请基金、发表文章、与院系领导搞好关系等方面取得成功，小组成员之间更容易形成竞争关系，而不是互相帮助、团队合作的关系。另一个挑战则是同伴导师小组成员没有足够的职业经验，与高年资教师相比，指导作用有限。例如，一个年轻教师可能没有能力将自己的同伴介绍给高年资同事，而传统的导师由于级别上的优势，能很自然地建立这种同事间的联系。邀请高年资教师参加团队能一定程度上改进这种缺陷（6）。

以下通过两个场景来具体说明同伴导师制面临的挑战和应对方法。

❖ 案例分析

场景 1：竞争

五名内科医生组成重点关注教学的同伴导师小组。项目的第一年，大家彼此合作，相互支持。第一年结束时，其中两位成员的项目获得了院内基金。到了第二年，项目的参加者显然开始竞争相同的资源和基金资助。组员们不再相互鼓励和支持，会议也蜕变成了组员之间互相攀比的展示。一名小组成员就此问题请教了部门主管。

建议

- 请部门主管或其他高年资教师担任“调停人”。
- 鼓励小组研究/回顾院内及院外的多种基金来源，利用集体的智慧拓展可申请的基金来源，减少竞争。
- 通过共同审阅小组成员正在申请的基金标书在小组中重新建立合作的氛围。已经获得资助的组员可以提出建议和提供成功的案例。
- 可以考虑以小组的名义申请基金，主要研究者的角色给尚未获得过基金的组员。已经获得过基金的组员作为支持和顾问的角色参与其中，项目产生的文章可以使所有成员获益。

- 考虑是否小组成员同时需要高年资导师的个别辅导，以保证每个人都能得到最大的支持，在高年资导师的帮助下获得基金资助，实现研究目标。

场景 2：参与积极性的变化

由于内科学系的政治动荡，几名重要的高年资教师离开了学校。为了鼓舞士气，弥补这几名教师离开造成的损失，几名年轻教师决定成立同伴导师小组。他们希望可以互相支持和鼓励。这个项目在开始阶段吸引了不少人参加，但是从第四、五个月开始，出席率开始下降。虽然学系的士气仍然低落，导师仍然短缺，但是小组还是考虑解散。

建议

- 可以用最近的“政治动荡”为例说明教师满意度和稳定性的重要性，以此争取部门主管对小组的支持。争取一些必要的资源，如保证定期参加会议的时间、管理部门的帮助、开会时的食物供应等。
- 回顾小组的整个过程展开坦诚的讨论，讨论一下组员短期和长期的目标，了解小组为什么不能满足组员的需求。就如何让小组更富有成效的措施达成共识。
- 定期邀请高年资教师出席会议，提出建议或讲课。这可以提高会议的档次，提高出席率与参与度。
- 小组讨论决定每个组员的责任分配，确定任务的时间表和可测量的结果，并设定完成期限，组员要对完成的时间负责。（如：X 医生将在 1 月 1 日上交基金申请标书）
- 可在业余时间增加一些社交活动，改善工作和生活的平衡，提高凝聚力，鼓舞小组士气。

❖ 总结和结论

同伴导师制可以作为传统导师制的补充和促进。如果学术单位组织得当，积极支持，同伴导师项目可以通过彼此合作、互相评判、相互激励来促进年轻教师实现职业目标。即使在没有得到严密组织、充分支持的情况下，同伴导师项目仍然可以激励小组成员，提高他们的自信心。理想情况下，同伴导师制并不能替代传统导师制，只是作为后者的补充。然而，前者能通过合作和支持给导师关系增添一种生机勃勃的感觉，能从愿望的实现中产生额外的激励力量。同伴导师制也能从传统导师制中吸取很多优点。导师小组能成为相互尊重、相互共情、相互赏识、热情、宽容、开明的团体。

同伴导师制是教师培训中的新途径，还没有被充分检验，也没有在学术环境中广泛应用。试行过的院校所提供的报告对此评价不一，但结果以正面居多。临床教师可能是同伴导师制获益最大的人群。临床教师不要求做原始研究，一组同事在一起工作，由一个经验更丰富的高年资同事协助，完全可以满足他们成长的需要。同伴导师制可以培养和促进他们的技能，让他们成长为高级教师、临床或教学的领导者。虽然临床教师这一序列已经提出多年，但是近几年才开始关注培养他们的技能和职业发展。

临床教师逐渐成为医学院校教职员工的重要组成部分，院校正在探索如何培养和指导他们。面临的问题是很多年轻教师需要指导，但高年资教师的资源相对匮乏，同伴导师制为解决这一问题提供了一个可靠的途径。在五个医学院试行的类似模式证明，这种方式能有效树立教师的人文精神和职业价值观（13）。当然，同伴导师制要想得到更广泛的应用，还需要进行相关研究检验其成果。

（王　玉译　黄晓明校）

参 考 文 献

1. **Lee A, Dennis C, Campbell P.** Nature's guide for mentors. Nature. 2007;447:791-7.
2. **Franko M, Ionescu-Pioggia M.** Making the right move: a practical guide to scientific management for post-docs and new faculty. In: Mentoring at Being Mentored. Burroughs Wellcome Fund and Howard Hughes Medical Institute; 2007:97-111.
3. **Bussey-Jones J, Bernstein L, Higgins S, Malebranche D, Paranjape A, Genao I, et al.** Repaving the road to academic success: the IMeRGE approach to peer mentoring. Acad Med. 2006;81:674-9.
4. **Pololi LH, Knight SM, Dennis K, Frankel RM.** Helping medical school faculty realize their dreams: an innovative, collaborative mentoring program. Acad Med. 2002;77: 377-84.

5. **Moss J, Teshima J, Leszcz M.** Peer group mentoring of junior faculty. Acad Psychiatry. 2008;32:230-5.
6. **Files JA, Blair JE, Mayer AP, Ko MG.** Facilitated peer mentorship: a pilot program for academic advancement of female medical faculty. J Womens Health (Larchmt). 2008; 17:1009-15.
7. **Bryant S, Terborg J.** Impact of peer mentor training on creating and sharing organizational knowledge. Journal of Managerial Issues. 2008;20:11-29.
8. **Bruce C, Ross J.** A model for increasing reform implementation and teacher efficacy: teaching peer coaching in grades 3 and 6 mathematics. Canadian Journal of Education. 2008;31:346-70.
9. **McLymont E, DaCosta J.** Cognitive coaching: the vehicle for professional development and teacher collaboration. Paper presented at the Annual Meeting of the American Educational Research Association. 1998. Accessed at www.eric.ed.gov/ERICDocs/data/ericdocs2sql/content_storage_01/0000019b/80/15/91/8b.pdf.
10. **Kohler F, Ezell H, Paluselli M.** Promoting changes in teachers' conduct of student pair activities: an examination of reciprocal peer coaching. Journal of Special Education. 1999;33:154-165.
11. **Broscious SK, Saunders DJ.** Peer coaching. Nurse Educ. 2001;26:212-4.
12. **Ramanan RA, Taylor WC, Davis RB, Phillips RS.** Mentoring matters. Mentoring and career preparation in internal medicine residency training. J Gen Intern Med. 2006; 21:340-5.
13. **Branch WT Jr, Frankel R, Gracey CF, Haidet PM, Weissmann PF, Cantey P, et al.** A good clinician and a caring person: longitudinal faculty development and the enhancement of the human dimensions of care. Acad Med. 2009;84:117-25.
14. **Angelique H, Kyle K, Taylor E.** Mentors and muses: new strategies for academic success. Innovative Higher Education. 2002;26:195-209.
15. **Phillip-Jones I.** Mentors and Proteges. New York: Arbor House; 1982.
16. **Levinson W, Kaufman K, Clark B, Tolle SW.** Mentors and role models for women in academic medicine. West J Med. 1991;154:423-6.
17. **Noe R.** Women and Mentoring: A review and research agenda. Academy of Management Review. 1988;13:65-78.
18. **Powell B.** Mentoring: one of the master's tools. Initiatives. 1999;59:19-31.
19. **Kram KE, Isabella LA.** Mentoring alternatives: the role of peer relationships in career development. The Academy of Management Journal. 1985;28:110-132

第 9 章

临床研究者的导师制：机遇、挑战和最佳实践

Thomas R. Hecker，PhD
Victoria A. Mulhern
Arthur H. Rubenstein，MD，MBBCh，MACP

要点：

- 在当今的经济和临床环境下，针对以科研为工作重心的教师的导师制越来越重要。临床研究者面对申请基金的难度和管理和法规的压力逐年增加。
- 是否能够遇到一名有经验且专注的导师，一定程度决定了临床研究者的职业生涯。
- 一个医学院校导师制成功的政策为：既发展正式的导师项目，也鼓励非正式的导师关系，并在两者之间找到平衡。
- 发现多位导师并和他们保持良好的关系，学员的获益最多。
- 导师应该指导学员如何积极掌控自己的事业发展，建立广泛的关系网络，寻求更多的导师辅导机会。

学术医学是科学发现、医学教育和临床创新的基础，旨在改善患者的生活质量。这种独特的三位一体的要求，给教师的成长和发展提供了广阔的空间。人们还在倡导认识第四项独特的任务，就是把临床、教学和科研工作中的正确价值观和基本原则代代相传（1）。所以，医学院校的一个基本任务就是建立职业发展的环境，而达成这个目的的首要方式就是坚持导师制传统。

成功的导师制一向被认为在高等学府中的职业发展过程中起核心作用。导师制被认为是一种双方受益的关系，学员因此发展了职业技能，增加了自信心，而学员和导师都从中都获得了事业进步，提升了职业满意度（1-3）。的确，学员和导师之间最理想的关系是合作及合议。一个优秀导师的作用类似顾问，指导并挑战学员，帮助他们学习自己已经掌握的技能。理想状态下，导师关系可以持续终生，最终学员自己也成为导师。

近年来，针对以科研为工作重心的教师的导师制变得特别重要。布里克森（Blixen）等人对当前的形势做了很恰当的描述（4），作为传统的职业，医学科学家和临床研究者面临着巨大的压力，临床产出（支持学术创新的最主要收入来源）的要求逐渐增加，同时增加的还有临床研究的复杂性和相关的伦理规范及法规的要求。这些因素加在一起形成了这样一种环境：科学研究越来越复杂，但研究的时间越来越少；为保证科研时间申请基金的预期目标越来越高，但基金的来源越来越少。还要加上希望平衡职业发展与个人追求所带来的压力。因此，临床研究者的数量在减少，很多教职员工选择专注于临床实践，或寻求学术之外的职业发展。

对于经过基础医学 PhD 训练的医学院教师来说，情况一样不容乐观，近年来院外基金的申请难度越来越大。直到 2009 年《美国复苏与再投资法案》① 签署执行，生物医学研究的资助才有所增加，在此之前 3~4 年，国立卫生研究院（NIH）的基金资助已达平台。这种停滞再加上通货膨胀的增长使基金购买力下降，同时，宏观经济形势导致基金会以及慈善捐助的资金进一步减少。在这种情况下，教师只能花更多的时间书写基金申请书，以保证实验室的正常运转。将临床研究者作为其职业的低年资教师面临的关键抉择之一就是，在晋升的压力下，是把宝贵的时间用来写基金标书还是准备发表论文，在事业的早期阶段他们缺乏经验，也没有相关规划技巧，但他们不得不在此时做出抉择。

---

①2009 年 2 月，面对由次贷引发的金融危机，奥巴马总统签署了一项名为“美国复苏及再投资法案”（American Recovery and Reinvestment Act）的振兴经济计划，俗称“刺激法案”（Stimulus Bill）。

❖ 研究者导师制的理论和组织结构

在医学院校极具挑战性的大环境下，一个低年资教师是否获得向有经验的同事学习的机会并得到他们的指导，将决定他们能否成功地开展研究项目并走上事业上升轨道。什么是成功的医学院校导师关系？虽然我们还需要更多经验才能得出明确的结论（5），但是从那些有过成功导师关系的学员身上我们能清楚地看到，导师关系深深影响了他们的职业生涯。确实有几个研究显示，低年资教师如果能遇到很好的导师，预示着他们将达到更高的职业发展阶段，这些研究是用发表文章、获得基金资助、专业职称、领导位置、收入和职业满意度来作为测量指标的（1-3，5）。与之相反的情况，帕里奥（Pololi）和耐特（Knight）（3）发现，缺乏导师的指导会减少学术产出，降低职业满意度，还可能与医学院校教师辞职有关。

加州大学圣迭戈分校的里斯（Ries）等人最近研究发现学校的教师培训项目和导师项目有助于稳定教师队伍（6）。而教师队伍的稳定有利于提高学校的经济效益，因为这减少了学校因更换教师而耗费的资源。

从导师的角度，导师制也会给带来相似的益处。当导师帮助学员在职业上取得发展，自己的角色逐渐由教师转变为同事时，导师自身会获得职业满足感（6）。里斯等人建议（6），导师有着广阔的职业和社交网络，他们能帮助挽留出色的同事，建立和促进同事间的合作，帮助提升学院和学系的品质。

由于可以担任优秀导师的教职员工数量减少（4），只能采取传统的非正式导师制作为促进职业发展的主要模式，医学院校还需要采取更全面的措施，以保证低年资教师获得学术上的成功。单纯依赖非正式导师制会限制学员获得导师指导的机会，威斯康辛大学成功的导师制项目正是基于这样的想法。芬德（Pfund）等人（7）提出，在导师指导下进行的研究经历对于医学研究机构的成功来说至关重要，它可以帮助在医学院校的科研和教育任务中间寻找很多发展机会。另外，他们指出，“科学的多样性依赖于导师指导下进行的研究的质量，因为这样的经历可以吸引一些可能被忽视的人参与到科研工作中来。”如此说来，学术机构和基金会反复呼吁医学院校发展全面完整的导师制项目就不足为奇了（8，9）。项目的目的正如凯撒（Keyser）等人（1）所说的，导师制需要保证“让新兴科研工作者学习到正规和标准的方法，树立正确的价值观，端正态度，掌握必要的知识和技能，成长为一名合格的可独立工作的科学家”。

导师的经典定义是一种固定的学术职业，给学员提供引导、支持和指导，以促进学员的职业发展。萨克特（Sackett）（10）进一步明确了针对临床研究者的成功导师项目的四个基本要素：①资源，提供开展研究项目所需的资源（如空间、设备和经济支持）；②机会，也就是导师的一种思维习惯，遇到任何一件事情时都会想一想它有没有可能对学员的职业发展有帮助；③建议，用积极倾听的方式提出建议，借此导师向学员提出挑战，让他们在面对关键的抉择和机遇时进行理性的思考；④保护，保证学员的时间用在与职业发展最相关的关键事情上，帮助学员躲开一些高年资同事的攻击性行为。这些要素与罗杰斯（Rogers）等人（11）从医学院教师的经历中提出的成功导师制的四大领域相呼应：①个人探索，关于职业发展的目标和选择的系统分析；②结合实际的指导，导师帮助学员正确评价目标和计划；③导师的支持，导师和学员分享个人经验，对学员表现出足够的信任，在学员遇到困难时扮演“智囊团”的角色；④导师的建议，导师和学员沟通特殊推荐、技巧和策略，在此过程中给出自己的建议。

❖ 针对研究者的导师制的五大关键问题

医学院校如何规划和实施针对研究人员的导师制项目？如何让导师关系对研究人员有帮助？凯撒（Keyser）等人（1）在文献中提出的五大关键问题值得我们思考（框 9-1）。

框 9-1　成功研究者导师制的五大关键问题

1. 挑选优秀的导师。
2. 形成一种氛围，鼓励高年资教师担任导师。
3. 促进帮助建立成功导师关系的可能因素。
4. 提升学员成为独立研究者的能力，能够成功地、符合伦理地、有责任心地和他人竞争。
5. 院校为学员和导师的职业发展提供必要的支持。

引自：*Keyser DJ，Lakoski JM，Lara-Cinisomo S，Schultz D，Williams V，Zellers DF，Pincus HA. Advancing institutional efforts to support research mentorship：A conceptual framework and self-assessment tool. Acad Med. 2008；83：217-225.*

挑选优秀的导师

挑选优秀的导师既包括挑选导师的技能和经验，又包括学校/学院遴选和培训导师的过程。正如萨克特（Sackett）（10）所说，优秀的导师自己必须是有能力且自信的临床研究者或基础医学科学家，这样才能保证他的学生在科研项目和发表文章中能担任重要的位置。另外，优秀的导师必须有人际交往的能力，为了事业发展建立多层次的人际交往是很有必要的。布里克森（Blixen）等人（4）认为，导师对科研充满热情，表现出"心里憋着一股劲"的干劲，这一点非常重要。凯撒（Keyser）等人（1）把优秀的导师描述为一个值得信任、鼓励诚实、细致耐心、善于交流的人。

很显然，学员可以感知并体验到上述导师的特征对于成功导师关系的重要性。在一个宾夕法尼亚大学医学院进行的关于导师制项目的定性研究中，认为自己拥有过成功导师关系的低年资教师是这样评论他们的导师的，导师为学生提供的指导不会大肆宣传也不需要得到，他们没有期望自己的付出获得补偿。以下是针对一些特别难得的导师的评论，一名学员说："他（指导师）真诚地想要帮助年轻教师获得成功，即使他们对自己的研究并没有直接的帮助"。另一名学员说："对于指导我，他并没有任何自己暗藏的目的，他的目的就是我的成功。"还有一个学员这样说："他不会让你感觉到你在浪费他的时间，而是他在努力让你的时间变得更有价值。"学员会意识到导师在为他们事业的发展和成功耗费心力，导师相信他们会成功；相应的，导师也经常会流露出他们为学员的成就感到骄傲和自豪，这与罗格斯（Rogers）等人所说的"导师支持"的重要性相一致（11）。导师作为榜样的熏陶和影响作用也不容忽视，学员是这样描述导师给他们带来的深刻影响，每当他们面对挑战时会想"我的导师会怎样做?"

导师的遴选和培训需要学校/学院的持续支持，作为高年资教师职业发展的一部分。例如，芬德（Pfund）等人（7）这样描述威斯康辛大学导师制论坛的目的，"培训导师如何进行有效的沟通；如何考虑到人与人之间的差异；讨论导师指导学生的方法以及如何应用'科学的教学方法'进行指导"。这样的论坛可以使用不同的教学方法，如传统的授课方式和基于实例的讨论；可以单纯针对教师，也可以同时针对教师和学员。布里克森等人（4）就是应用基于实例的讨论形式在克利夫兰医学中心成功建立了针对临床研究者的导师制项目。费尔德曼（Feldman）等人（12）最近发表文章描述了他们在加州大学旧金山分校的临床和转化医学研究所进行的一个成功的导师培训项目，主要针对的是职业发展中期的临床和转化医学研究者，参加了有组织的导师培训项目后，教师们建立了同伴导师网络。这一方法被柏罗丽（Pololi）和耐特（Knight）（3）推荐为设计和实施导师制项目的有效手段。成功导师培训的核心元素是给导师提供结构化的反馈，正如萨克特所说的，他们可以评价自己的表现，发现机会提高自己的技能，而他们的学员则可以获得持续发展并决定是否保留这个导师。

形成一种氛围，鼓励高年资教师担任导师

根据凯撒等人（1）所言，针对研究者导师制的第二个关键问题是院校激励高年资教师为他们的年轻同事担任导师。这种激励可以有很多种方式，例如在每年的学院或学系领导见面会时，回顾导师的表现；以院校的名义为导师的指导活动保证时间，比如晋升高级职称评审前的导师指导；或制定明确的标准确认教师眼中的优秀导师。这些以及其他一些相关活动都能促进院校内开展导师制的氛围，并逐渐让这些观点深入人心。

在宾夕法尼亚大学医学院，为针对教师的导师建立了一个特殊奖项，作为年度奖项之一来表彰先进。这个奖项颁发给那些为同事提出有启发性、富有成效的建议，提供发展的机遇，促进同事取得事业成功的教师。出色的导师与其他同事建立相互支持、互利互惠的关系，帮助他们应对学术发展的复杂要求，提高技能，发现机遇，追求工作和生活的和谐。

自从 2004 年设立这个奖项以来，提名人数就远远超过医学院的其他奖项。一些学系也从中认识到对出色的导师工作认可和奖励的重要性，也纷纷在各自部门内设立了类似的奖项。

促进帮助建立成功导师关系的可能因素

第三个关键问题是促进帮助建立成功导师关系的因素（1）。其中

一个可能因素是采用导师和学员配对的方法。斯特劳斯（Straus）等人提出（13），学员的积极参与非常重要，导师和学员都认为与其让院校指派导师关系，不如让学员自己基于对某个项目的兴趣和职业热情积极寻找合适的导师。爱伦（Allen）等回顾了跨行业（学术性或公司）的导师制项目，注意到学员在选择导师上的投入与导师关系最终获得成功密切相关。理想的情况是，学员可以从一个不断更新的导师“名单”里挑选，包括一对一导师、导师委员会、院校的学习班或研讨会、在线资源等。导师制项目的职责应由院校和学系领导、导师以及学员共同承担。在上述模式中，高年资教师的职责为积极关注低年资同事对导师的需求并作出回应。院校与学系领导的职责为告诉年轻教师他们有接受导师辅导的权利，应该主动积极寻找导师。对于低年资教师来说，导师制让他们有能力掌控自己的职业发展。

杰克逊（Jackson）（15）和瓦萨斯坦（Wasserstein）等人（16）发现，学员经常寻找多名导师并从中获益，因为每个导师可以提供不同的经验和发展机会。例如宾西法尼亚大学医学院一名在终身教职道路上获得晋升的临床科学家说：“名义上，我只有一名导师，但私下里，我有很多位导师。”所以，院校应该鼓励和协助低年资教师多与不同的导师接触，在这种模式下，最初指定的导师可以提供机会让学员接触其他高年资教师，以利于学员找出更适合自己的导师关系。斯特劳斯（13）和爱伦（14）得出同样的支持结论，宾夕法尼亚大学的导师制项目分析显示，最有效的导师关系不是院校指定的导师关系，更多的是学员与导师自发形成的不太正式的导师关系。全国生物医学领域女性的导师领导研讨会提出的口号可谓一语中的：“导师是每一个人的职业。”

为了促进低年和高年教师之间的接触，学员和导师的配对关系越早开始越好。在任职之初，可以通过磋商由系主任来任命导师，一些大的学系可以设置一名负责导师制和教师培训的副主任。在某些情况下，也可以从学系以外任命一名与新教师的研究领域更接近的导师。这很大程度上取决于任命导师的角色预期，是主要的学术导师还是协助建立导师网络？在早期组建一个导师委员会很有帮助，导师委员会或小组可以由来自不同的学系甚至不同的学院的教师组成，大家有着共同的学术兴趣。其次，院校要提供适当的资源，包括与科学、写作、教学和职业管理相关的正式课程安排，这样导师关系不再是孤立存在的，而是融入到关注教师发展的文化中。

凯撒等（1）提出的另一个帮助建立成功导师关系的因素是对导师关系的预期成果的沟通。布里克森等（4）将此描述为“导师关系的密码”，它是克利夫兰医学中心临床研究者导师制项目的组成部分。这个密码使得导师和学员双方对预期成果更加明晰，并确定成功导师关系的基础。宾夕法尼亚大学医学院创建了一个题为“如何在医学院校成就事业：导师与学员交流指南”的书面材料，这个文件会分发给低年资教师以及他们的导师，是发展导师关系的重要资源。材料根据高年资导师提供的经验书写完成，强调了作为基础医学家、医学科学家、临床研究者职业成功的关键，以及如何在导师关系中讨论相关内容的指南和简介。

提升学员作为独立研究者的能力，能够成功地、符合伦理地、公平地与他人竞争

第四个关键问题为如何让学员成为独立研究者，增强他们独立、符合伦理、负责任地进行科研的能力（1）。这是成功导师关系和学员今后职业发展的核心（5，13）。学员经常指出优秀导师最重要的技能是他们作为基金申请人、论文作者和杂志编辑的专长。宾夕法尼亚大学杰出导师奖的提名人集中了那些一丝不苟的审稿人，他们喜欢给出尖锐但建设性的反馈意见，他们对于不同的意见和学术想法持开放的心态。一个学员这样描述他的导师，“艺术地将有建设性的批评意见和正面肯定融合在一起，使客观与同情可以共存”。另一名学员说导师给了他一份成功的 R01① 申请书的复印件。他说“直到今天，我都保留着这份申请书的复印件，我把它作为申请书的模板，时时翻看。”

除了基金申请和发表文章的基本要求，好的导师还会在日常交流中向学生示范符合伦理的行为。像戴斯基（Detsky）和巴尔洛赫（Baerlocher）（18）所说，他们在与学员、同事合作的研究项目中，根据所做贡献合理分配收益，从不占有别人的文章，也不为了低年资教师的职业发展故意让他们担任第一作者。他们会与学员公开讨论一些伦理问题，比如合理地披露和处理利益冲突；他们让学员牢记，坚

---

①美国国立卫生研究院（NIH）研究计划资助项目简称 R01。

持伦理的最高标准是科学家成功的基础。类似，院校也应该在相关培训中强调伦理要求，比如伦理委员会章程、动物福利以及其他与实验室操作相关的行为等。

院校为学员和导师的职业发展提供必要的支持

凯撒等人提出的最后一个关键问题是院校对于学员和导师职业发展的支持。我们已经在前面的章节中提到了教师培训课程。另外，在导师关系的早期，院校支持的一个重要方面是给低年资教师提供机会，使其可以融入周围的学术环境中。这包括将他们介绍给同事、与有可能成为其导师的老师建立关系、与他们分享院校文化，让他们了解学院的政治特性，更顺利地适应与他们的研究活动相关的复杂的行政管理结构。

除了院校的活动，成功的导师还会努力给学员提供交流的机会，正如杰克逊（15）所说的，让他们“得以进入相对封闭但重要的学术圈子”。比如安排他们得到重要全国会议的邀请、给学员提供全国或者国际会议的发言机会、提名学员加入全国委员会或者奖励、与访问教授会面、参加媒体见面会，将学员介绍给重量级的人物、安排学员外出参观学习、为高等级的杂志审稿、写杂志的约稿或书的章节等。这些机会，如果能被学员很好地利用，将成为其在院校展示他们的工作以及建立声誉和知名度的无与伦比的机会。学校应该与导师一起致力于引导学员成为自我激励的研究者。导师要让学员了解学科的“基本法则”，指导学生掌握获得职业成功所需的策略，还需要重点训练学员如何组织简历、如何书写学术论文以及大会发言的技巧等。

正如本章所阐明的，关注那些处于事业发展中期和高年资教师的持续发展才是建立导师制并使之获得可持续发展的关键。费尔德曼等人（12）创建的导师培训项目就是很好的例子。院校支持的教师培训计划与导师制项目都应该关注更高年资同事的职业发展。针对将在院系或行业中担任更高的职位的发展中期的教师，还应该包含领导能力培训课程，介绍关于管理、如何解决冲突和与下级磋商的入门知识。

最后，不管院校是想发展现存的导师制项目，或开始新的项目，很重要的一点是不要忽视针对女性和少数种族教师的辅导。多样性是院校的目标，提供一个知识和文化丰富多彩的环境有助于提高教师的稳定性、成果产出和满意度（19）。为了保持在医学教育的最前沿，所有学校都应该致力于创建多元的，具有包容性的环境。

❖ 案例分析

以下是一些真实案例，借以阐明教师和领导在针对研究者的导师制实施过程中遇到的挑战。针对每一个场景，我们都从院校或教师角度提出了一些可能有用的解决办法。

场景 1：重要导师的离任

格雷格·史密斯医生是一名临床研究者、助理教授，他受聘于此的主要原因是有机会与苏珊·赫尔姆斯医生一起工作，这是他非常敬仰的一名教授，而且两个人有共同的研究兴趣。史密斯医生开始了与赫尔姆斯医生富有成效的合作。虽然两个人不在同一个系里工作，但是她还是成为史密斯医生的主要导师。这一导师关系对于史密斯医生来说很重要，因为他和赫尔姆斯医生的研究属于一个新领域，活跃的研究者很少。正当史密斯医生刚刚招收了他的第一个博士后研究生之时，已是院校多年享有很高声誉的高级研究人员的赫尔姆斯医生却在这时宣布她要到一个企业去工作的决定。

反应和结果

- 史密斯医生与赫尔姆斯医生会谈，后者愿意和他一起选择一个新导师。赫尔姆斯医生在院内甚至全世界都拥有广泛的学术交流网络。
- 史密斯医生与系主任、系主任推荐的高年教授以及全院进行相关研究的教师进行会谈，听取他们的意见，选择新导师，寻找新的合作伙伴。
- 赫尔姆斯医生继续作为史密斯医生院外的导师，并将他介绍给院外的教师。
- 史密斯医生积极寻求院内专家的帮助，并做出快速和有策略的回应，很快建立了富有成效的网络和广泛合作的基础。
- 史密斯医生现在正在准备他的晋升报告，他告诫研究生和新教师，尽早寻找多个富有成效的导师关系。

场景 2：建立申请基金文件夹

安·康维医生是一名副教授，处在她职业发展的中期，她的研究领域竞争非常激烈。和很多同事一样，她也在努力争取科研资助。她偶尔与自己的导师会面，导师是分配给她的，对她的研究领域和职业发展不太感兴趣。康维医生曾经与其他导师非正式的会过面，但是都没有确定正式的导师关系。她已经完成了标书的草稿，需要有经验的人帮助修改。

讨论与结论

- 康维医生觉得如果能得到有基金申请经验的教授的意见，自己获得基金资助的机会将大大增加。她与几个高年资教师取得了联系，其中三位同意帮她审稿。
- 康维医生与这三名教师都讨论了她的研究，并把标书的电子版发给每个人。她让每个人有足够的时间来审阅她的标书，并提出修改意见。
- 康维医生在继续研究的过程中继续和这些导师见面，她还希望这些新导师可以推荐其他可能对她有帮助的人。
- 康维医生报名参加了教师职业发展计划的标书书写培训。
- 康维医生与系主任会面解释了她目前的状况，希望能换一名高年教师担任她的主要导师。

场景3：处理竞争优先级

布鲁克斯医生是一个临床研究者，他工作的小部门最近刚刚发生过大的人事变动。结果，只是副教授的布鲁克斯医生，被系主任任命为负责本部门的行政管理工作。布鲁克斯医生喜欢行政管理工作，但是发现很难挤出时间来做研究和学术发展。他不想向系主任，也是他的主要导师承认他很纠结，但是他又担心自己不能达到晋升的要求。

事件与分析

- 虽然系主任完全可以成为导师，但是由于领导位置带来的利益冲突，他或她不适合作为主要导师。
- 布鲁克斯医生应该寻求另外一个高年资教师的辅导，理想的情况下是几个高年资教师，可以在学术问题以及如何平衡多重角色的方面给予建议。
- 布鲁克斯医生应该请教高年资教师，如何与系主任就自己的日程安排和关于晋升的担心进行深入的讨论。其中一名教师可以作为布鲁克斯医生的辩护者向系主任进行一些解释。
- 布鲁克斯医生应该与人事部门的官员会面，了解晋升的流程，这样他可以熟悉不同的政策、过程、截止时间。他还应该与本系的晋升委员会主席会面，了解关于他的档案的反馈意见，以及如果他继续目前的行政工作获得晋升的可能性。

❖ 结论

导师是一个学术团体所有成员共同的责任，需要院校和每一个教师在整个职业发展中共同的付出。院校对于现在以及将来的教师的发展负有义务，确保导师不仅仅被视为一种“爱好”（2，10，15）或一种姿态，而是一种基本的坚持，是基础与临床医学发展的常规道路。在目前医学教育的氛围中，对可以塑造、引领下一代学科带头人的优秀教师的需求比以往更强烈。当前的经济压力下，研究的方案日渐复杂，传统的研究发展之路岌岌可危。灵活、动态、广泛、深入的导师制项目应包括在院校的发展策略以内，包容和支持每一个教师的职业发展，者对于保证医学院校科研工作持续发展至关重要。

（王　玉译　黄晓明校）

参 考 文 献

1. **Keyser DJ, Lakoski JM, Lara-Cinisomo S, Schultz DJ, Williams VL, Zellers DF, et al.** Advancing institutional efforts to support research mentorship: a conceptual framework and self-assessment tool. Acad Med. 2008;83:217-25.
2. **Zerzan JT, Hess R, Schur E, Phillips RS, Rigotti N.** Making the most of mentors: a guide for mentees. Acad Med. 2009;84:140-4.
3. **Pololi L, Knight S.** Mentoring faculty in academic medicine. A new paradigm? J Gen Intern Med. 2005;20:866-70.
4. **Blixen CE, Papp KK, Hull AL, Rudick RA, Bramstedt KA.** Developing a mentorship program for clinical researchers. J Contin Educ Health Prof. 2007;27:86-93
5. **Sambunjak D, Straus SE, Marusic A.** Mentoring in academic medicine: a systematic review. JAMA. 2006;296:1103-15.
6. **Ries A, Wingard D, Morgan C, Farrell E, Letter S, Reznik V.** Retention of junior faculty in academic medicine at the University of California, San Diego. Acad Med. 2009;84:37-41.
7. **Pfund C, Maidl Pribbenow C, Branchaw J, Miller Lauffer S, Handelsman J.** Professional skills. The merits of training mentors. Science. 2006;311:473-4.
8. **Association of American Medical Colleges.** Compact Between Postdoctoral Appointees and Their Mentors. Washington, DC: Association of American Medical Colleges; 2006. Accessed at: https://services.aamc.org/publications/showfile.cfm?file=version76.pdf&prd_id=176&prv_id=210&pdf_id=76.
9. **National Institutes of Health.** NIH Roadmap Workshop: Clinical Research Training in Medical and Dental Schools. Bethesda, MD: National Institutes of Health; 2004. Accessed at http://nihroadmap.nih.gov/clinicalresearch/WorkshopReport-CRTraining-0504.pdf.
10. **Sackett DL.** On the determinants of academic success as a clinician-scientist. Clin Invest Med. 2001;24:94-100.

11. **Rogers J, Monteiro FM, Nora A.** Toward measuring the domains of mentoring. Fam Med. 2008;40:259-63.
12. **Feldman MD, Huang L, Guglielmo BJ, Jordan R, Kahn J, Creasman JM, et al.** Training the Next Generation of Research Mentors: The University of California, San Francisco, Clinical & Translational Science Institute Mentor Development Program. Clin Transl Sci. 2009;2:216-221.
13. **Straus SE, Chatur F, Taylor M.** Issues in the mentor-mentee relationship in academic medicine: a qualitative study. Acad Med. 2009;84:135-9.
14. **Allen TD, Eby LT, Lentz E.** Mentorship behaviors and mentorship quality associated with formal mentoring programs: closing the gap between research and practice. J Appl Psychol. 2006;91:567-78.
15. **Jackson VA, Palepu A, Szalacha L, Caswell C, Carr PL, Inui T.** "Having the right chemistry": a qualitative study of mentoring in academic medicine. Acad Med. 2003;78:328-34.
16. **Wasserstein AG, Quistberg DA, Shea JA.** Mentoring at the University of Pennsylvania: results of a faculty survey. J Gen Intern Med. 2007;22:210-4.
17. **Office of Research on Women's Health, National Institutes of Health.** National Leadership Workshop on Mentoring Women in Biomedical Careers. Bethesda, MD: National Institutes of Health; 2007. Available at: http://womeninscience.nih.gov/mentoring/documents/National_Leadership_Workshop_on_Mentoring_Women_in_Biomedical_Careers.pdf.
18. **Detsky AS, Baerlocher MO.** Academic mentoring—how to give it and how to get it. JAMA. 2007;297:2134-6.
19. **Nivet MA, Taylor VS, Butts GC, Strelnick AH, Herbert-Carter J, Fry-Johnson YW, et al.** Diversity in academic medicine no. 1 case for minority faculty development today. Mt Sinai J Med. 2008;75:491-8.

第三部分

针对特殊人群的导师制

第 10 章

弥补缺陷：针对医学院校内科女医生的导师制

Holly J. Humphrey，MD，MACP
Kelly Smith，MPP

如果所谓的成功不如你所愿，即使它在所有人看起来都很美好但在你内心的感觉并非如此，那也根本算不上什么成功（1）。

——安娜·昆德兰①

要点：

- 导师需要看到女性在工作、学习与家庭中面临的挣扎，也要意识到女医生比男医生更容易遭遇不友善的环境因素。
- 在指导女学员时，导师要重点关注以下方面：学术兴趣、教师培训机会、职业规划（比如升职和终身教职制度政策）、获取资源以及针对平衡工作与家庭关系的个人指导。
- 女性医学生和住院医生是缺乏导师指导的高风险人群。据报道这一群体遭遇性骚扰的几率仍然很高。怀孕的女住院医生会遇到更多挑战，比如住院医培训的要求与资格认证、专科申请和培训计划的冲突。

①安娜·昆德兰（Anna Quindlen），女性，1952 年出生，美国著名专栏记者、作家，1992 年曾获得普利策奖。

- 在女性未被充分重视的专科领域更加需要导师的帮助，导师需要付出双倍的努力去改变他所在研究机构的文化氛围；据报道在这些地方女性不仅更加缺乏导师指导，而且在性别方面受到更多的骚扰与歧视。
- 对于科研型的女医生来说，导师要积极关注并确保她们能获取到充分的资源以取得研究上的成功。
- 仅仅依靠时间不足以让女性在医学院校升至较高的领导职位，必须积极付诸行动让她们得到机会与支持，以适应领导者的角色。比如建议研究部门在进行系列计划时要寻求并考虑为妇女留一席之地。

现如今越来越多的妇女进入医学院，参加住院医生培训项目，成为医学院校教职员工，其数量超过了以往任何时期。尽管有了这些进步，但是，处于医学院高级职称及领导地位的女性数量仍显不足（2）。女性被不合适地认为只能从事基本医疗领域，在一些特殊专科如心血管、消化、呼吸/重症专业方面她们的人数远远不足（3）。如果妇女没有在领导阶层与专业领域占有一席之地，这种隔阂仍然是影响她们职业发展与主观幸福感的重要原因。如果妇女仍不被重视，各种严重的缺陷会形成恶性循环。进而，女性仍然要比男性更有可能放弃医学学术研究（4）。

改变女性教职员工在学术上升职慢的现状，让她们更容易成为领导，在专科学术方面得到更平等的机会，这些无疑会使她们大大受益，同时医学学术中心也会获益，甚至比个人获益更为明显。一般来讲，妇女是天生的合作者，喜欢团队工作，不像男性那样关注权力（5，6）。面对纷繁嘈杂的医疗环境，女性的这些特质对维持医学学术中心的稳定十分重要。多元化的团队比单一组成的团队更稳定性且更善于随机应变（5），这就是俗话所说的“男女搭配，干活不累”。所以，重视女性的事业发展会让医学院校、科研机构和医学中心（尤其是他们的患者）获益良多。

本章主要关注在医学学术方面如何给女性做导师，包括女性医学生、女住院医生以及不同学术领域的女员工，指导她们如何平衡工作与家庭的关系，如何在医学领域成为领导，如何应对偏见、性骚扰以及不友好的环境等各种复杂情况。

❖ 给学术领域的女性当导师需要考虑的地方

塑造灵魂远不像写简历那么容易（7）。

——安娜·昆德兰

在给女性当导师时有几点特别值得关注。当然，即使无关性别，这些也很重要，但它们在女性中更能引起共鸣（框 10-1）。

框 10-1 给女性当导师时需要特殊考虑的方面

1. 学术兴趣。
2. 选择导师。
3. 职业发展机会。
4. 升职与终身教职制度政策。
5. 各种资源（照顾孩子/休产假的建议，对付性骚扰的策略）。
6. 平衡职业与家庭的关系（个人指导与自我反思模式）。

一个人可能不会对上述所列的各方面知识都了如指掌，但能意识到这些问题所在、并告诉学员去哪里寻求答案也是作为一个成功导师的关键。与给她们这些信息同样重要的是找机会和她们交流，交流的话题可以十分广泛，从如何规划职业道路到休产假或兼职的建议，或寻求新的机遇等。了解所在学院的文化氛围，并为女性在工作领域中指引方向也很重要。例如，对于家中孩子年幼的低年资女员工来说，了解不同会议和委员会职责对自己的重要性，区分轻重缓急会很有帮助。集思广益寻找机会，在教学、临床、科研等方面有所追求，对于学员和导师都有同样的激励作用。医学院校都有关于升职时间表的限制和规定，具体到允许教职员工有多长的时间可以暂停工作处理家庭事务，了解这些很关键，同样重要的是需要承认有时工作与家庭的矛盾是不可避免的。对于老师和指导者来说，重要的干预就是让女性积极面对这些矛盾（8）。当女性们感受到了这种支持，她们就有勇气为实现个人与事业上的目标不懈奋斗。

导师制应忽略性别限制

男性和女性导师能给女性学员提供同样的支持。由于在医学院校处于领导位置的女性仍为少数，很多女性仍需要男性导师的指导。忽略性别界限的导师制有着特别积极的意义，应当被鼓励。实际上，在过去的20年里，妇女已经取得的成就应该部分归功于她们的男性导师的指导与支持。忽略性别界限的导师制需要导师能敏感地发现男女学员对事情的不同感受和判断优先级方面的不同，这将会在本章后续部分进行探讨。然而，这种敏感性并不是限制男导师寻找女学员的借口，反之亦然。男性可以，而且确实能够给女性提供非常好的职业建议并成为她们的导师。本章提到的研究，强调的是“缺乏”导师可能成为阻碍女性取得进步的问题，而非“谁”来做导师。

如何给女性医学生和住院医生做导师

要特别鼓励为女医学生和住院医生担任导师。据报道，仅有三分之一的女医学生和一半的女内科住院医生拥有导师（9，10），在实习医生和少数种族的学生和住院医生中，这一比例甚至更低。这些数据让人很伤脑筋，因为女医学生和住院医生面临的很多问题与女员工是一样的。她们常面临的问题有：

- “我希望在实验室工作中取得成功，但上级领导把最好的项目都给了他最喜欢的医学生了，他比我还晚来两年呢，只因为他是男的。他们参加所有的国内与国际会议去展示他们的工作，而我们几个剩下的忙着在实验室处理数据让他们拿出去展示。”
- “如果在住院医期间生孩子，我还能按时完成培训并开始专科培训吗？”
- “如果我想当心脏科医生还想有时间照顾孩子，这种考虑现实吗？”
- “某医生谈论女性的方式让我感到不舒服。”

本章将探讨解决这些问题的策略，需要特别重视的是，在女性感到十分脆弱的时候，这些问题会让她们感到筋疲力尽。特别需要向女医学生和住院医生反复灌输职业价值与医学的智慧和历史。潜在的课程将会对她们的职业行为产生深远的影响，而这需要学习榜样和导师帮助她们在医学院学习、住院医生培训和新员工期间指引方向。方向指引正确，事业也随之产生；方向指引不当或根本没有人指引，她们就很容易会感到沮丧并随之放弃。在《医学科学杂志》上发表的最新一项研究显示，女医学生很难在病房正确定义自己的角色，她们会遭遇“性别学习曲线”，这会影响她们在医学中对性别角色的预期(11)。在有导师的住院医生中间，认为自己做好充分职业准备的人数是没有导师的同事的两倍。

女医学生和住院医生面对的很多问题都与怀孕和个人生活有关。住院医生，尤其是女性，在疲于应付紧张而忙碌的工作时很容易倍感孤独。没有家庭支持的女性尤其会觉得孤立无援，在一个全新的城市和医院开始紧张的工作，会大大缩小她们的社交圈子，降低她们平衡工作与生活的能力。已婚妇女，开始住院医培训的同时也需要思考什么时候开始真正的家庭生活。这些无法逃避的个人问题必须和医生职业阶段最苛刻、不易改变的教育与培训时期相适应（12）。在如今限制住院医生工作时间和培训项目课程要求更加严格的情况下，住院医生工作的灵活性非常有限，如果女住院医生怀孕，可能会对其他住院医生产生影响，所以怀孕的医生不得不权衡个人情况和教育需求的矛盾。毕业后医学教育认证理事会（ACGME）目前要求所有项目都有关于产假方面的政策，并需要告知受训者。然而，任何做父母的都知道，怀孕与生产仅仅是抚养孩子这一美妙而艰辛历程的开端。在做住院医和专科培训期间生育会十分艰难，因为女性可能在照顾孩子的问题上缺乏来自同事与其他员工的支持，这很常见。能有导师提供支持与智慧会让以上的一系列过程变得截然不同。即使导师对于产假的具体政策和医师执照的认证要求并不熟悉，但他们能够帮助做项目负责人和总住院医生的工作，这不仅是一种支持，更是一种指导和鼓励。

如何给女性临床教师做导师

据报道，和男同事相比，有导师的女员工少得多，而且其指导效果不佳（13，14）。临床教师和其他传统晋升渠道的教师相比，更有缺乏导师的状况（15，16）。进而，女性临床教师尤其面临导师不足的风险。拥有导师的女性临床教师明确指出，导师是她们在医学教育阶段对事业发展起最积极意义的因素（17）。受到有导师指点的临床教师会比没有导师的同事更关注学术活动（15）。所以，让女性临床教师拥有导师，为她们升职提供支持和帮助，可以纠正医疗领域较高职位上男女比例失衡的现状。

女性临床教师要善于利用全国组织的网络资源，比如普通内科协会等（SGIM）。过去的几年间，这个组织创建了一个一对一的导师项目，专门为那些希望从其他院校得到高年资教师的指点并建立导师关系的人提供帮助。SGIM 还有一个妇女核心组织，在地区与国家级会议时定期会面，举办在线讨论等（18）。

很多专业机构同样为妇女提供交流机会和导师项目。例如妇女肾脏学小组和美国胸科协会，都有一对一职业指导和提供职业发展信息的网站（19，20）。这些协会在妇女仍未被重视的专科，为女医生提供了重要的支持网络。

为专科发展的女性做导师

很多内科专科都很犹豫是否吸引妇女到他们的领域来工作，部分原因是传统观念认为家庭因素会影响专科的职业生涯（21，22）。美国心血管协会（ACC）在 2006 年进行的一项关于职业与生活方式的调查显示，女性心脏科医生已婚和有孩子的比例均低于男性心脏科医生（23）。尽管全社会对于事业与家庭的观点已经发生了很大转变，但在受调查的心脏科医生中对于性别和抚养儿女方面的歧视仍然存在。大部分心脏科医生都认为不仅需要导师，还需要相关职业发展的有益经验。这些医生的导师，绝大多数是男性，他们在职业发展方面提供了很大帮助，但并没有成为学员个人生活的学习榜样，相反，他们在某些家庭问题上还起到了负面影响。一项针对消化科专科培训研究生的纵向研究调查显示，在培训结束时，女性更有可能没有孩子或比男同学的孩子少（22）。心内科和消化科专业的女学生被认为更有可能受到性别歧视和性骚扰（22，23）。

商业领域的相关经验能对医学领域普遍存在性别失衡问题做出一些解释。很多男性“事业第一”，事业是他们生活的中心。而女性，往往是“事业与家庭并重”，她们既想追求自己的事业又要抚养儿女。“事业第一”和“事业与家庭并重”的人可能很难彼此认同，也没有相应的工具和资源能给彼此提供支持和帮助（24）。

因而，在妇女不被重视的专科里，导师需要付出双倍的努力，不仅要给自己的学员支持与帮助，还要努力改善其所在学院的文化氛围。针对“事业与家庭并重”的女医生，专科组织应该为她们提供网络帮助。每个人的导师都要反思自己的偏见和臆想，对自己不太熟识的领域进行学习，如家庭休假、照顾幼儿以及其他会对妇女职业发展造成强烈影响的问题。导师不需要都成为这些问题的专家，但知道从哪里获取资源很重要。

上述研究显示，在心内科和消化科性别歧视如此普遍，所以导师还应当对工作领域中有可能对妇女造成歧视的做法与政策提高警惕（22，23）。在和有孩子或计划要孩子的年轻女性谈及她们的困难和问题时要注意共情。女性需要有便捷的方式得到一些建议，比如怀孕的时机、休产假、和人共享专科培训位置的可能、对不同职业道路的考虑等。

为临床-科研型女性做导师

很多医学与科学的优秀团体认为临床-科研型女性的培养渠道是有缺陷的（25）。由于生物医学领域竞争激烈，国立卫生院（NIH）报道仅有20%的高级科学家是女性。女性在她们首次申请R01时成功的几率很高，但第二次申请或续约的成功率就降低了。有几个潜在的原因，比如女科学家发表的文章比男性少（26）。据国家科学院2007年报道指出，“偏见与障碍”以外，女性较男性把时间更多地花在教学与指导学生上，而较少有机会接触能帮助她们做研究的毕业生和博士后（27）。

框10-2中提到的这些问题对于所有从事临床-科研道路的年轻人都十分重要，无论男女，也可以帮助其他医学学术领域的低年资职工（当然包括女性）。

框10-2　临床-科研领域的年轻人（无论男女）需注意的问题

资源：导师需要积极地支持学员，帮助他们能够拥有一定的实验室空间、文秘和研究支持，为他们提供获得基金的途径。一种最简单的支持方法就是鼓励医学生和毕业生和其所辅导的学员一起工作。

机会：导师要给学员机会提高他们的科研履历。比如提供以下机会：撰写述评和编者按；在科研会议上发言；为基金申请和杂志稿件审稿等。应当鼓励年轻的科研工作者参与正在进行中的科研项目并着手申请自己的项目。推荐他们参加地区性或全国性的工作，和院校外人员接触，找到自己的立足点并建立自己的人脉。

会议发言：导师和学员一起进行科研会议发言的预讲，教他们如何在公众演讲时应对棘手的提问，这对于学员的职业发展起关键作用。

临床职责：导师要帮助学员关注高质量地患者诊疗，教他们如何管理实践合理分配住院与门诊职责。导师要帮助学员得到充足的人员支持（护士、研究和管理上的助手），让他们有时间、有精力去从事科研工作。

社会支持：导师可以邀请年轻人参加餐会和实验室的联谊会，以缓解很多人会经历的孤独感。

终身教职制度政策：针对学员的产假和事假，导师要为他们提供合理的建议，因此导师需要理解院校的晋升规定；终身教职制度政策中是否有关于产假和事假的相关规定。一些 NIH 项目不允许兼职工作，所以，对于计划开始家庭生活的年轻研究者了解如何再次获取资助就十分重要。有证据表明 NIH 开始放松限制，最近它允许 K 项目资助者的工作时间可以少于全职（仍不能少于四分之三的全职时间）（65）。

个人事务：学员经常需要导师给他们指导，如何协调工作与家庭间的平衡。帮助年轻的研究者处理压力将鼓励他们继续从事科研事业。

❖ 导师如何指导女性平衡工作与家庭的关系

我们需要坦诚地面对所有的一切：丈夫、孩子、朋友、家、社区，努力伸出手来，展示自己，像微风中的蛛网一样，触及所有它能达到的地方。然而，在相互对抗的压力中取得平衡对于我们来说是如此艰难，让我们的生活正常运转是多么有必要啊。

——安妮·默洛·林德伯格①

①安妮·默洛摩罗·林德伯格（Anne Morrow Lindbergh，1906~2001 年），美国作家及飞行员，著名飞行员及探险家查尔斯·林德伯格的夫人。她是第一位获得美国国家地理学会哈伯德金奖的女性。该奖是为表彰她在 1933 年和丈夫一起行程 40000 英里（64000 公里）飞越五大洲时，作为副驾驶和无线电操作员所做的工作。

医学院校的很多规定使得女性很难平衡她们的工作与家庭生活，潜在传递的信息告诉她们要想从事科研道路必须以牺牲家庭为前提，这是导致很多女性放弃学术生涯的最主要原因，比遭遇公开的性别歧视与性骚扰更为重要。比如院校缺乏照顾幼儿的场所，再比如把科会时间定在一大早或下午很晚时候，这些都让有孩子的女性员工陷入困境。当女性处于工作与家庭两难的境地时，是否有导师能帮助她们在院校文化与晋升道路中找到方向，这对于女性能否取得事业的成功、能否继续医学学术生涯至关重要。医学杂志中的社论性文章经常提到女性渴望平衡好事业与家庭的关系（30-32）。这些文章暗示，有家庭的女性，特别是有一大家子的女性被认为对工作的重视程度不如其他同事（33）。许多研究证实女医生最关心的问题仍是如何平衡工作与家庭关系。

来自美国医学院联合会的数据表明，在医学学术领域，女性离开的比例要远远高于她们的男性同事（34）。一项明尼苏达大学的研究发现，与男性相比，家庭与工作的冲突更容易成为女性离开医学院校的潜在原因，而她们对工作的不满意也往往是因为家庭生活因素（35）。这项研究发现，女性在家务事上所付出得更多，她们平均每周要在家庭和家务琐事上花费 31 个小时，而与之相比她们的男同事仅花费 19 个小时。女医生在家里也很少得到帮助，参加调查的已婚医生中，70%的女性配偶也是全职工作，男性配偶全职工作的只有 36%。

显然，导师并不能改变导致事业与家庭失衡的学术与生活上的所有障碍。不过，拥有一个善解人意的导师能让女性有倾诉的机会，能得到如何应对这些挑战的建议和反馈，能为她们提供一个支持的网络让她们感觉到在工作中自己的价值与渴望。导师有如何平衡家庭与工作关系的经验，即使这种经验是从男性的观点出发，也是非常有价值的。因为分享人生经历能让“下一代医生看到职业的价值，确定职业的方向，找到改变的策略”（32）。

也有可能这些问题将来会变得与性别无关，比如属于 X 或 Y 世代的年轻医生（见第一章），不论男女都有很大的需求希望平衡家庭与工作的关系（36）。本章阐述的重点是已婚的女医生如何平衡上述关系，但值得注意的是，单身女性同样面临着如何协调工作与个人生活的挣扎，而且，她们和能够得到家庭支持的已婚女性相比，更容易感觉孤立无援。导师们应当意识到，家庭与个人压力可能会让年轻的住院医或教师质疑她们的职业选择。

❖ 对女性领导力的指导

对我来说最艰难的时光不是人们质疑我所说的话，而是我的话根本没有人听(37)。

——卡罗尔·吉利根①

学术医学界会面临来自各方的挑战，从解决经费紧张问题到如何营造医学院校的良好氛围，到思考未来生物医学的研究方向，妇女与生俱来的领导才能对于一个正在向符合21世纪需求而转变的医学院校来说是一笔极其重要的财富。在人们常描述的领导风格中，男性被描述成将领导力看作是与下属的一系列交易，他们在等级制度中利用自己的位置并尽可能地控制资源来刺激员工的能动性（5）。而女性则更倾向于把员工的个人兴趣转化到对团体的关注中去。妇女更善于运用处理人际关系的技巧去激励他人，她们和下属分享权力和信息让人们觉得自己很重要。领导风格千变万化，与性别并不直接相关，但是，正如本章前面所提到的，如果一个学校具有大量不同风格类别的领导，那么在这纷乱而快速变化的环境中其生存的几率就会大大提高(5)。而且，有证据表明，领导性别上的多样性可以提升团队各方面的整体表现，从经济运营结果到管理层面（38，39）。

处在公司环境中的女性，互相帮助更容易取得成功。曾经，美国公司的女性严格遵从这些秘籍而取得成功，拥有雄心壮志的妇女为追逐工作中的最高权力位置而奋斗，并排斥所有的竞争者，这就是甚至遭到质疑的“蜂后综合征”。然而如今，帮助女性在事业上取得进步与成功的妇女网络变得越来越规范（40）。由于各行业对妇女才能的需求越来越明显，不仅有妇女网络帮助女性在公司里晋升，不少公司还加大努力培训男性来辅导女性，比如据“华尔街日报”报道，安永会计师事务所正在努力培训男性如何成为女性的导师（41）。因为85%的公司高层领导都是男性，仅仅依靠高层女领导来辅导女性是不

①卡罗尔·吉利根（Carol Gilligan），美国著名女权主义者、伦理学家和心理学家，现为纽约大学教授。

够的（41）。一些男性对给女性当导师有很多顾虑，比如针对女性职业化着装方面的反馈；害怕给予过于严厉的反馈女性会哭；不知道如何帮助女性建立关系让她们获得成功。

在对美国和加拿大医学院校长的一项调查中，校长们认为由于妇女们在高级领导岗位上缺乏表达权，再加上一直存在着的一些教员对女性的傲慢态度，造成了目前领导位置上性别的不平等。他们认为仅靠时间让女性逐渐成为领导是远远不够的，必须改善妇女的工作环境（42）。这项调查中最重要的发现是，女性校长会在员工的领导力培养方面有更多举措，会出台很多政策专门支持女性员工。例如，女性校长会在支持女教职员工方面做以下举措：

- 提名女性员工到院所外进行领导力方面的培训
- 定期与女员工接触，辅导女性下属
- 签订内部的培训合同给女性提供指导
- 任命女性参与高层次的委员会和工作组

医学院校领导项目（Executive Leadership in Academic Medicine，E-LAM）是一项外在的干预计划，几项研究已经证明它在提升女性员工领导力方面的作用，它能帮助她们在医学学术机构获得领导席位（43）。另一项有用的资源是美国医学妇女联合会的“推进你的医学生涯”（44）。这一项目让女性表达她们的目标，你为什么想当领导，列出当领导所需的技能，学习领导者的成功之道，在美国医疗行业中当女领导的最佳方案，以及这其中女性一定要避免的行为等。针对职业早期与中期的教职员工，美国医学院联合会还主办了一项为期三天的职业发展短期课程，以帮助女性获取相关的技能以推进事业发展（45）。

为了让上述的方法可持续发展，医学学术机构的领导需要制定政策优先考虑并保证女性的领导职位。医学院校的高层领导——无论男女——需要付出一定的时间和资源培训年轻教师，让他们获得领导职位所需的技能，还要鼓励委员会积极考虑并寻找妇女担任领导职位。

❖ 导师如何指导女性应对复杂的情况

性别歧视依然存在，女性必须寻找方法规避并超越它。

——凯·克洛维茨，里兹·克莱本公司执行总裁直至今日，在医学界女性受到性别偏见、歧视、性骚扰的情况仍十分普遍（47-50）。和男同事相比，更多的女医生觉得周围的环境充满敌意（51）。大量发生在医学生、住院医生、低年资和高年资教师中的性别歧视和性骚扰事件不断被报道，几乎没有证据表明医学领域中妇女的工作环境得到了改善（51）。为给后续的讨论提供理论基础，框 10-3 统一了关键术语的概念（52，53）。

框 10-3 术语定义

偏见：一种偏向性，特指影响公正判断的倾向。

性别歧视：因为性别受到的不公正对待。

性骚扰：尽管不受欢迎并遭到拒绝后仍不停止的性挑逗、性需求表达、或与性有关的表述与行为。

不友好的工作环境：工作环境中有针对性别、种族及其他受法律保护特征的评论和行为，这种环境影响员工的表现或对员工造成威胁和冒犯。

偏见会影响女性在医学院校的任职和担任领导职位。国家研究委员会最新报告显示，研究密集型大学中生物领域的博士生女性占45%，但申请终生教职位置的女性只占26%（54）。提升女性求职者数量的唯一方法就是让女性担任研究委员会主席或增加女性在委员会中的数量。麻省理工学院（MIT）进行了学校资助的“MIT 女科学家状况调查的研究”，此后院长罗伯特·伯格诺（Robert Birgeneau）出台了一系列政策提高终身教职系列中女科研工作者的数量（55）。这意味着研究机构要超越传统的征集候选人的方式，需要加倍努力寻找有特殊天分的女性（56）。

尽管偏见与性别歧视是造成女职工流失的原因，性骚扰则是更严重的问题，因为它不仅会影响女性在事业上的进步，还会带坏院校的风气与文化。医学生、住院医、专科培训研究生一直报告性骚扰实在是太常见了（50，51）。这些性骚扰的报告有些程度较轻，比如让人反感的带有侵犯性质的调情、暗示性或恶俗的评论、性暗示的屏保、为了显示幽默的（下流）姿势等，而有些则更为严重，如强迫性的身体接触，包括碰触、戳点、性行为的企图和压力等。当这些邀请遭到明确拒绝后，仍有人会继续在工作场所外不断提出交往的要求。

不友好的工作环境在很多工作场所很难被确定，因为受个人的理解不同，也受到权势的影响。最近一期《华尔街日报》的一篇文章幽默地指出，在工作场合的身体接触（拥抱或拍肩膀）是很敏感的话题，对于不同的性别和公司会产生不同的反响（57）。然而，即使考虑到公司与医学中权力的差别，这些小的侵犯行为也会带来不必要的误解。《新英格兰医学杂志》发表的一篇研究发现，在医学学术领域，男性对于性骚扰行为的负面反应少于女性（50）。这种区别可以部分用权力的不同来解释，有权势的人的行为在其他人看来总显得带有威胁和敌意。一个男教师在查房时随口发表的评论，他看来可能就是个毫无意义的玩笑，而在女医学生或实习医生眼中会认为这一评论带有侮辱性或侵犯性，因为双方所处的地位不同。而女性即使有这样的感受，也可能不愿意说出，因为她们担心自己被别人看作“过于敏感”，也许这会影响她们的评价，或给主治医生留下“不合群”的印象。

由于在医学学术领域男性仍然占据领导者的主导地位，他们可能并没有意识到自己的评论会让工作环境变得不友善，或者他们的行为没有受到挑战也不认为自己需要改变。值得注意的是，在女性占绝对多数的专业领域，出于同样的原因她们也需要格外注意对男同事的言行。的确有报道在儿科和妇产科，男性反而感到受到的性别歧视和性骚扰要比女性多（51）。

导师要意识到这种权力的差异，这样才能更好地对她们的忧虑和抱怨给予支持和帮助。在工作场所，如果侵犯者没有意识到他的行为带有侵犯性时，为了阻止这一行为并不引起更大的冲突，女性的个人行动往往是最有效的途径（58）。

表 10-1 列举了如何对令人厌恶的行为说“不”的方式。这些语言十分有用，它给很多女医学生和住院医生一些建议，当她们遭遇不当的评论不知道如何表达时怎么办。如果这些带侵犯性的评论是负责评价学员临床表现的教师说的，那处理起来必须特别小心。最好不要让学员自己去面对教师，导师要建议学员和调查员、系主任或总住院医生去讨论这个状况。导师要熟悉院校关于性骚扰和不良工作环境的政策和资源，这样才能给学员提供建议，包括如果需要的话如何通过正规途径申诉。

表 10-1 对令人厌恶行为说“不”的模板

当你… （描述你不喜欢的行为）	我觉得… （描述你的感受）	因为… （说出为什么该行为让你厌烦）	请您… （提出你希望的行为）
• 叫我“亲爱的”	• 不安	• 我希望被严肃对待	• 叫我名字
• 碰我（和我有身体接触）	• 愤怒	• 我希望被看作专业人士	• 别开下流玩笑
• 拿我的外表开玩笑	• 不舒服	• 我希望被尊重	• 别碰我
• 轻蔑地谈论我的民族	• 有损（我的）人格		
• 交谈时无视（我的）宗教信仰			

引自：Gender and Diversity：A Program of the Consultative Group on International Agricultural Research. A Victim's Guide for Dealing With Sexual Harassment.

www.genderdiversity.cgiar.org/inclusiveworkplace/dignity/harassment/intro.htm.

❖ 案例研究

前面提到及引用的各种研究与报告中均提到了工作与家庭间的权衡、性别歧视、性骚扰等问题，可见这些仍是医学学术领域中女性所面临的挑战，这使得女性所面临的环境较男性更不友好。虽然如今大量女性进入医学院校，但上述问题仍然存在，原因在于系主任、导师、高年教师们仍难于启齿公开讨论这些敏感话题。对于涉及个人隐私的问题讨论起来的确很困难，比如如何维系工作与家庭之间的平衡、讨论遭受到的带侵犯性的语言和行为。下列的案例展示了导师该如何帮助学员表达这些特殊的话题：

案例

场景 1：不友好的工作环境

在每月一次的导师见面会上，一个女医学生提到她开始质疑自己当初为什么选择了学医。她对这个领域感到心灰意冷。当问及她为什么会有这种想法时，她说某个主治医生（她并没有点名）谈及团队中的女性成员时言语相当不雅，比如评论大腿和猜测胸围。

有用的策略

- 承认这个教师的言论是不恰当的、非专业的，与职业精神和院校的校风不符。
- 由于教师处于“评估者”的位置，与学生的权力地位有很大差别，所以建议学生直接和主治医生讨论自己的不良感受是不现实的，会让双方都很尴尬。
- 如果这些评论是当着团队中的高年资成员比如住院医生说的，导师可以建议住院医生和学生和他们信任的某个人（比如总住院医生）讨论自己的不满，后者可以以整个团队的名义而不是代表某个个人去和这个教师交涉。根据团队的意见，讨论可以安排在分配工作时或分配工作后进行。无论事情如何进展，学生和其他团队成员都需要得到反馈。
- 让这个学生（如果可以的话还有团队其他成员）知道院校在这些问题上的保护政策。性骚扰被定义为“尽管不受欢迎并遭到拒绝仍不停止的与性有关的表述与行为”。如果某医生仍然继续这种言论，学生有权利提起正式申诉。给学生提供一份大学或医学院有关性骚扰的政策文件，并鼓励她和相关人员反映问题（比如负责学生工作的院校领导）。
- 学生会因为害怕被报复不愿意向校方报告该医生的行为。很多医学院都有匿名举报机制或者由一名监督员处理这些申诉。如果合适的话，导师应该主动和院校领导、科主任或相关人员反映这些问题。当然再次需要强调的是要注意保护学生的隐私，例如：

“一个学生向我反映，我们的一个教师对团队里的女性成员出言不逊。她不愿意告诉我这个教师的名字，但我想让您知道这件事，可

能还会有其他人来和您反映。我想是时候开展一些有关性骚扰或种族歧视方面的培训来关注这些问题了。”

- 教给学生一些技巧，让她们知道将来发生类似情况时如何应对。例如：

“您对我的衣着评头论足，这让我感到不舒服。我希望咱们把注意力放到讨论患者的治疗上。”

场景 2：处理工作中怀孕的事情

一个见习医生找到你，她显得沮丧且焦虑。她和她丈夫刚刚得知怀上了第一个孩子，他们对此感到很兴奋。但是怀孕不在计划中，她不知道如何向同事们和住院医生培训项目负责人宣布这个消息。她意识到这会改变她的住院医生培训计划，可能还会导致其他住院医的不满。她最担心的是怀孕的时间会对她的前途造成负面影响。

给予信心和指导

- 告诉这个实习医生这个预料外的消息确实是件令人兴奋的事情，会在各方面对她的生活带来很大的影响，而且有些影响可能是她无法预料的。她并不是第一个经历此事的实习医生，有很多更高年资的住院医生、总住院医生或是教职员工面临相似的问题，这些人都会给她提供很多安慰与帮助。
- 认可她对前途的焦虑和怀孕对住院医生培训项目的影响。提醒她现在是决定下一步的关键时刻，要想办法保护她和孩子的健康。应该尽快告知总住院医生和项目负责人，这样他们可以有充分的时间去调整轮转安排和值班时间。可以按以下方式告诉你的领导：

“我发现我怀孕了，我想和您谈谈我的轮转计划，看我是否能及时完成住院医生培训并申请专科培训。我知道自己有可能要延长住院医生培训时间，但我希望了解最好的选择。我也明白这可能会影响其他住院医生的工作，我愿意做任何事情尽量减少此事对他们的干扰。我对自己要做母亲感到很兴奋，但我同样重视我的前途。”

- 通常可以在医院的院内网或其他网点查到关于休产假的细节，但最好还是亲自和总住院医生与项目负责人讨论一下。很多情况下，由于实习医生被聘未满一年，她们并没有带薪产假，也不享有“家庭与医疗休假法案”所规定的12周不带薪产假。

- 如果是在内科，任何打乱36个月整体培训计划（其中允许3个月的休假）的情形都需要延长住院医生培训时间，正如上述谈话中所提到的。关于这些规定的详细内容可以在美国内科医学委员会的网站上查到（www.abim.org）。

场景3：保持工作与家庭间的平衡：兼职工作

一个低年资教师表达了她的焦虑，她没办法处理全职工作和家庭的双重压力。她的丈夫是个律师，同样很忙，他们的两个孩子都很小。无论是医院还是她丈夫的公司里都没有托儿所，他们也很难找到其他合适的育儿场所。她正在考虑转为兼职工作，希望了解这样做对自己的影响。

鼓励思考，权衡利弊

- 鼓励这个员工考虑自己的个人与事业目标。在做出兼职工作的决定之前，他们需要对决定和其可能造成的影响认真思考，这样才有可能获益（59）。问题模版可以参考SGIM霍恩奖学金项目提供的申请问题（60）。此项目为期3年，旨在支持那些努力平衡事业、家庭与社会责任感之间的医生，为他们提供兼职工作机会，帮助他们在职业道路上走下去（60）（表10-2）。

表10-2 霍恩奖学金申请问题

工作、家庭和社会责任
描述你目前生活中的不同职责，你如何支配它们的轻重缓急。在你的不同职责中，你遇到哪些挑战，得到哪些奖励？
职业目标/期望
描述你的工作兴趣、能力、不足和期望
为了实现你人生所有的目标和义务，在更长的时间规划中，你愿意放弃什么？希望完成什么？
近期的教育职责
描述你近期参与医学生、住院医生和专科医生教学的情况，如果你每周只有20~25小时的工作时间，你将对这些指责做出怎样的调整？
近期的医疗职责
描述你近期用于医疗的时间，描述你直接经手的医疗人群的规模和特征。

续 表

思考一下从事兼职工作你将遇到的障碍和支持
描述如果你从事兼职工作，你的同事、系主任和管理者将对你未来事业的帮助或阻碍

引自：Harrison RA，Gregg JL. A time for change：an exploration of attitude towards part-time work in academia among women internists and their division chiefs. Acad Med. 2009；84：80-6.

- 教师要考虑兼职工作的利弊，以及对自己事业带来的潜在影响。明尼苏达大学通过对从事兼职工作的教职员工和支持他们作出决定的科主任所做的调查，总结了兼职工作的利与弊（9）（图 10-3 和 10-4）。

表 10-3 兼职工作的利

事业上的收益	个人生活上的收益
更多的研究时间	更多更高质量的家庭时间
更关注职业目标	能够参加孩子的活动与家长社团
对其他同事起示范作用	属于孩子学校和社区的时间增加了
从临床-教学向临床-科研转变	有读报与文学创作的时间
申请新的奖学金	更充实的精神生活
申请更高的学历	能有时间锻炼和自我保健

引自：Harrison RA，Gregg JL. A time for change：an exploration of attitude towards part-time work in academia among women internists and their division chiefs. Acad Med. 2009；84：80-6.

表 10-4 兼职工作的弊

员工的观点	科主任的观点
报酬低、津贴少	报酬低
与全职者相比工作更多	津贴和医疗保险很少或没有
升职慢/错过事业提升的机会	和全职者相比（工作）时间不能保证
所希望从事的工作较少	潜在地被认为是工作中的后进者
院所气氛/领导不支持兼职工作	无法全面融入科室的团队中

续　表

员工的观点	科主任的观点
缺乏来自同事的支持 在科室中被边缘化	

引自：Harrison RA，Gregg JL. A time for change：an exploration of attitude towards part-time work in academia among women internists and their division chiefs. Acad Med. 2009；84：80-6.

• 在本例中，导师需要了解学员工作上的变动是长期的职业规划还是应对当前照顾孩子的现状而做出的短期调整。在决定从事兼职工作前，这位职工应当让团队其他成员和人事部门了解她照料幼儿的困难，看他们能不能推荐并提供一些托儿所信息。

❖ 结论

作为一个群体，医学领域中的女性是一个仍未被完全开发的智慧宝库。尽管人数众多，她们在高层和领导阶层仍未达到和男性相似的地位。医学院校应坚持充分利用她们善于团队合作的内在潜能，建立一种相互合作而非等级制度的管理风格，相信会获益良多。发展高质量、可持续的导师制项目是临床科室和医学中心可运用的方法之一，这既可以改善院校女职工的工作氛围又能帮助他们在职业道路上取得成功（61-63）。美国医学院妇女联合会的“医学领导力奖”是成功女教师培训项目中的杰出代表（64）。这些项目的共同之处在于，有来自院校领导的资金和人员支持。项目提供定期有计划的研讨会或/和午餐见面会，鼓励女性通过导师制和领导力奖取得成功。

在医学学术领域给女性当导师需要有系统的指导，包括奖学金、职业规划（升职和求职）、工作-家庭平衡，还有部分导师和院校面对的从性别歧视到性骚扰的诸多问题。导师在体系中要被赋予一定的权力，能形成和修订相关政策，能促进院校的气氛变得更有利于女性工作。这是一项充满挑战的工作，不过学术医学中心、医学科学界、患者还有社会都会从中获益。

我希望……与自己平静地相处。我希望拥有一双独特的眼睛，一个纯净的目的，一个我生命的核心，让我能尽我所能承担责任、参与活动。我希望，事实上……在尽可能多的时间里"从容地"生活。

——安妮·默洛·林德伯格

致谢：作者感谢戴安娜·列文（Dana Levinson）对本文的编辑工作，还有维奈·奥罗拉医生（Vineet Arora）、哈利那·布鲁克纳医生（Halina Brukner）和德波拉·布尔奈医生（Deborah Burnet）的指导。

（孟　婵译　黄晓明校）

参　考　文　献

1. **Quindlen A.** Mount Holyoke College. Anna Quindlen's commencement speech. Mount Holyoke College. Published May 23, 1999. Accessed at: http://mtholyoke.edu/offices/comm/oped/Quindlen.shtml.
2. **Association of American Medical Colleges.** Women in US Academic Medicine Statistics and Benchmarking Report, 2007-2008. Washington, DC: Association of American Medical Colleges. Accessed at www.aamc.org/members/gwims/statistics/stats08/start.htm.
3. AMA Masterfile. Chicago: American Medical Association; January 2008.
4. **Lowenstein SR, Fernandez G, Crane LA.** Medical school faculty discontent: prevalence and predictors of intent to leave academic careers. BMC Med Educ. 2007;7:37.
5. **Eagly A, Carli L.** Women and the labyrinth of leadership. Harvard Business Review. 2007;September:63-71.
6. **Rosener JB.** Ways Women Lead. Harvard Business Review. 1990;68:119-25.
7. **Quindlen A.** A Short Guide to a Happy Life. New York: Random House; 2000.
8. **Merriam SB, Clark MC.** Lifelines: Patterns of Work, Love, and Learning in Adulthood. San Francisco: Jossey-Bass; 1991.
9. **Aagaard EM, Hauer KE.** A cross-sectional descriptive study of mentoring relationships formed by medical students. J Gen Intern Med. 2003;18:298-302.
10. **Ramanan RA, Taylor WC, Davis RB, Phillips RS.** Mentoring matters. Mentoring and career preparation in internal medicine residency training. J Gen Intern Med. 2006;21:340-5.
11. **Babaria P, Abedin S, Nunez-Smith M.** The effect of gender on the clinical clerkship experiences of female medical students: results from a qualitative study. Acad Med. 2009;84:859-66.
12. **Jagsi R, Tarbell NJ, Weinstein DF.** Becoming a doctor, starting a family—leaves of absence from graduate medical education. N Engl J Med. 2007;357:1889-91.
13. **Yedidia MJ, Bickel J.** Why aren't there more women leaders in academic medicine? The views of clinical department chairs. Acad Med. 2001;76:453-65.
14. **Fried LP, Francomano CA, MacDonald SM, Wagner EM, Stokes EJ, Carbone KM, et al.** Career development for women in academic medicine: Multiple interventions in a department of medicine. JAMA. 1996;276:898-905.
15. **Wasserstein AG, Quistberg DA, Shea JA.** Mentoring at the University of Pennsylvania: results of a faculty survey. J Gen Intern Med. 2007;22:210-4.
16. **Chew LD, Watanabe JM, Buchwald D, Lessler DS.** Junior faculty's perspectives on mentoring. Acad Med. 2003;78:652.

17. **Marks MB.** Academic careers in medical education: perceptions of the effects of a faculty development program. Acad Med. 1999;74:S72-4.
18. **Society of General Internal Medicine.** Women's Caucus Interest Group. Accessed at www.sgim.org/index.cfm?pageId=592.
19. **Women in Nephrology.** Accessed at www.womeninnephrology.org/aboutus.htm.
20. Women's mentoring program offers networking and career guidance. American Thoracic Society News. 2002; 28.
21. **Saxon LA, Rao AK, Klarich KW.** Shortage of female cardiologists: exploring the issues. Mayo Clin Proc. 2008;83:1022-5.
22. **Arlow FL, Raymond PL, Karlstadt RG, Croitoru R, Rybicki BA, Sastri SV.** Gastroenterology training and career choices: a prospective longitudinal study of the impact of gender and of managed care. Am J Gastroenterol. 2002;97:459-69.
23. **Poppas A, Cummings J, Dorbala S, Douglas PS, Foster E, Limacher MC.** Survey results: a decade of change in professional life in cardiology: a 2008 report of the ACC women in cardiology council. J Am Coll Cardiol. 2008;52:2215-26.
24. **Harvard Business Essentials.** Women and minorities: special mentoring challenges. In: Coaching and Mentoring: How to Develop Top Talent and Achieve Stronger Performance. Boston: Harvard Business School Pr; 2006.
25. **Leboy P.** Fixing the leaky pipeline: Why aren't there many women in the top spots in academia? The Scientist. Accessed at www.thescientist.com/article/print/54076.
26. **Ledin A, Bornmann L, Gannon F, Wallon G.** A persistent problem. Traditional gender roles hold back female scientists. EMBO Rep. 2007;8:982-7.
27. **Committee on Maximizing the Potential of Women in Academic Science and Engineering, Committee on Science, Engineering and Public Policy.** Beyond Bias and Barriers: Fulfilling the Potential of Women in Academic Science and Engineering. Washington, DC: National Academies P; 2007.
28. **Sackett DL.** On the determinants of academic success as a clinician-scientist. Clin Invest Med. 2001;24:94-100.
29. **Lindberg AM.** Gifts from the Sea. New York: Pantheon; 1955.
30. **Andrews NC.** Climbing through medicine's glass ceiling. N Engl J Med. 2007;357:1887-9.
31. **Harrison R.** Evolving trends in balancing work and family for future academic physicians: a role for personal stories. Med Teach. 2008;30:316-8.
32. **Klass P.** So where's my medal? N Engl J Med. 2005;353:2107-9.
33. **Wilson R.** Is having more than 2 children an unspoken taboo? Chronicle of Higher Education. July 10, 2009. Accessed at http://chronicle.com/article/Is-Having-More-Than-2-Child/47015/.
34. **Association of American Medical Colleges.** The long-term retention and attribution of U.S. medical school faculty. Analysis in Brief. 2008;8:1-2.
35. **Shollen SL, Bland CJ, Finstad DA, Taylor AL.** Organizational climate and family life: how these factors affect the status of women faculty at one medical school. Acad Med. 2009;84:87-94.
36. **Bickel J, Brown AJ.** Generation X: implications for faculty recruitment and development in academic health centers. Acad Med. 2005;80:205-10.
37. **Wylie MS.** The untold story: an interview with Carol Gilligan. Psychotherapy Networker – Washington. 2002; Nov/Dec.
38. The Bottom Line: Connecting Corporate Performance and Gender Diversity. New York: Catalyst; 2004.

39. **Kramer V, Konrad A, Erkut S.** Critical mass on corporate boards: why three or more women enhance governance: Executive Summary. Wellesley Center for Women. Accessed at www.wcwonline.org/content/view/585/208.
40. **Hymowitz C.** Women get better at forming networks to help their climb. Wall Street Journal. November 19, 2007.
41. **Hymowitz C.** Coaching men on mentoring women is Ernst & Young partner's mission. Wall Street Journal. June 14, 2007. Accessed at http://online.wsj.com/article/SB118167178575132768.html.
42. **Dannels S, McLaughlin J, Gleason KA, McDade SA, Richman R, Morahan PS.** Medical school deans' perceptions of organizational climate: useful indicators for advancement of women faculty and evaluation of a leadership program's impact. Acad Med. 2009; 84:67-79.
43. **Dannels SA, Yamagata H, McDade SA, Chuang YC, Gleason KA, McLaughlin JM, et al.** Evaluating a leadership program: a comparative, longitudinal study to assess the impact of the Executive Leadership in Academic Medicine (ELAM) Program for Women. Acad Med. 2008;83:488-95.
44. **American Medical Women's Association.** AMWA Online CME Series: Advancing your career in medicine: women as medical leaders. Accessed at www.amwa-doc.org.
45. **Association of American Medical Colleges.** Women in Medicine Professional Development Seminars. Washington, DC: Association of American Medical Colleges.
46. **Koplovitz K.** Bold Women, Big Ideas: Learning to Play the High-Risk Entrepreneurial Game. New York: PublicAffairs; 2002.
47. **Witte FM, Stratton TD, Nora LM.** Stories from the field: students' descriptions of gender discrimination and sexual harassment during medical school. Acad Med. 2006; 81:648-54.
48. **Carr PL, Ash AS, Friedman RH, Szalacha L, Barnett RC, Palepu A, et al.** Faculty perceptions of gender discrimination and sexual harassment in academic medicine. Ann Intern Med. 2000;132:889-96.
49. **Komaromy M, Bindman AB, Haber RJ, Sande MA.** Sexual harassment in medical training. N Engl J Med. 1993;328:322-6.
50. **Nora LM, McLaughlin MA, Fosson SE, Stratton TD, Murphy-Spencer A, Fincher RM, et al.** Gender discrimination and sexual harassment in medical education: perspectives gained by a 14-school study. Acad Med. 2002;77:1226-34.
51. **Schiffman M, Frank E.** Harassment of women physicians. J Am Med Womens Assoc. 1995;50:207-11.
52. **Merriam-Webster Online.** Accessed at www.merriam-webster.com.
53. **University of Chicago.** Unlawful harassment: a guide for faculty, staff, and students 2008-2009. Accessed at http://csl.uchicago.edu/pdfs/unlawfulharassment08.pdf.
54. **Committee on Gender Differences in the Careers of Science, Engineering, and Mathematics Faculty; Committee on Women in Science, Engineering, and Medicine; National Research Council.** Gender Differences at Critical Transitions in the Careers of Science, Engineering, and Mathematics Faculty. Washington, DC: National Academies Pr; 2009.
55. **Massachusetts Institute of Technology Committee on Women Faculty.** A study on the status of women faculty in science at MIT. The MIT Faculty Newsletter. 1999;11.
56. **Lawler A.** Tenured women battle to make it less lonely at the top. Science. 1999;286: 1272-78.
57. **Bernstein E.** Touching me, touching you—at work. Wall Street Journal. July 9, 2009:D6.

58. Gender and Diversity: A Program of the Consultative Group on International Agricultural Research. A victim's guide for dealing with sexual harassment. Gender and Diversity. Accessed at www.genderdiversity.cgiar.org/inclusiveworkplace/dignity/harassment/intro.htm.
59. **Harrison RA, Gregg JL.** A time for change: an exploration of attitudes toward part-time work in academia among women internists and their division chiefs. Acad Med. 2009; 84:80-6.
60. **Society of General Internal Medicine.** Mary O'Flaherty Horn scholars in general internal medicine. Accessed at www.sgim.org/index.cfm?pageId=670.
61. **Georgetown University School of Medicine.** Georgetown Women in Medicine. Accessed at http://gwim.georgetown.edu/support.htm.
62. **Washington University School of Medicine.** Academic Women's Network. Accessed at http://awn.wustl.edu.
63. **University of Pennsylvania School of Medicine.** Focus on Health & Leadership for Women. Accessed at www.med.upenn.edu/focus.
64. **Association of American Medical Colleges.** Women in Leadership Development Award. Accessed at www.aamc.org/members/gwims/award.htm
65. **Linzer M, Warde C, Volberding PA, Kerr E, O'Hara J.** ASP Contributes to new NIH policy on part-time careers. Academic Internal Medicine Insight. 2009;7:2.

第 11 章

非主流少数民族学生、住院医生和教师的导师制：观点、挑战及策略

Clarence H. Braddock Ⅲ，MD，MPH，FACP
Ian L. Tong，MD

要点：

- URM 学生和学员面临着各种挑战，迫切需要导师的指引。
- 医学院校需要积极采取措施完善导师制结构，以满足 URM 学员的需要。
- 招募并保留 URM 教职员工是 URM 导师制获得成功的关键因素，虽然招募的这些 URM 教师在最初并不是导师。
- 国内有很多资源帮助 URM 导师制项目的建立和发展。
- 成为 URM 的优秀导师首先应该理解学生的特殊生活经历，对他们的压力用正式或非正式的途径表达自己的理解与同情。导师需要认识到在大型学术机构人员如果缺乏多样性会影响导师制的效果。
- 拥有一个强势的委员会致力于员工的多样性能对学院的文化产生巨大影响，有助于孕育一种多元而包容的文化传统。
- 院校可以通过任命不同背景的管理者、成立特别工作组和导师制项目来提高 URM 学员成功的机会。

上世纪六十年代末到七十年代的民权运动、平权法案和全国倡议①给社会带来了巨大进步，让更多少数种族背景的学生得以进入医学领域。从 1968 年至 1974 年，医学院校招收的少数民族学生比例增长了 3 倍，从 3%升至 10%，这群学生被称为“医学领域的非主流群体”（underrepresented-in-medicine，URM）（1）。尽管取得了引人注目的初步成果，但这一比例还应进一步增加，使得医生人群能真正反映美国人种与文化的多样性。

美国医学院联合会（AAMC）将“医学领域的非主流群体”定义为：在医学领域所占的比例较其在整体人群的比例明显不足的种族与民族。这一定义不同于传统意义上的非主流人群，比如黑人、墨西哥裔美国人、美洲土著（即美洲印第安人，阿拉斯加原住民和夏威夷原住民）、美国本土的波多黎各人等，它的范围更加宽泛，并随人口统计学的变化而改变（2）。本章使用的“URM”这一术语与 AAMC 所给出的定义相同。

最近的数据仍显示美国医学院校录取的 URM 学生非常有限，直到 2008 年，黑人与拉丁裔医学毕业生的比例仍只有 14%（图 11-1），而与之相比，黑人与拉丁人在美国人口中所占的比例超过了 25%。在医学院校的教师中这一比例更让人失望，少数种族的员工仅占全体人员的 7%（1）（图 11-2）。很多评论员指出形成这一恶性循环的原因：缺乏属于 URM 的导师和榜样，导致很少有 URM 医学生能进入医学学术领域开始学术生涯，随之导致属于 URM 的教职员工的比例停滞不前。

这些倾向表明我们面临的挑战是如何招收更多的 URM 学生并将他们留在医学领域，应对这一挑战我们需要为 URM 学生、住院医生及教职员工提供支持和导师的帮助。本章概括了针对这一人群的导师制所面临的独特挑战，勾勒出有助于 UEM 学生成长、保证 URM 教师获得成功的导师制框架，这些经验来自于文献报道，也有本章作者在与 URM 学生和住院医生的多年工作中观察到的个人经验。

---

①民权运动（civil rights movement）指的是第二次世界大战后美国黑人反对种族隔离与歧视，争取民主权利的群众运动。平权法案（Affirmative Action）是美国最高法院始于 19 世纪中叶在有关人种问题的司法判决中，依据宪法的平等保障原则来保护黑色人种公民的权利的行为。

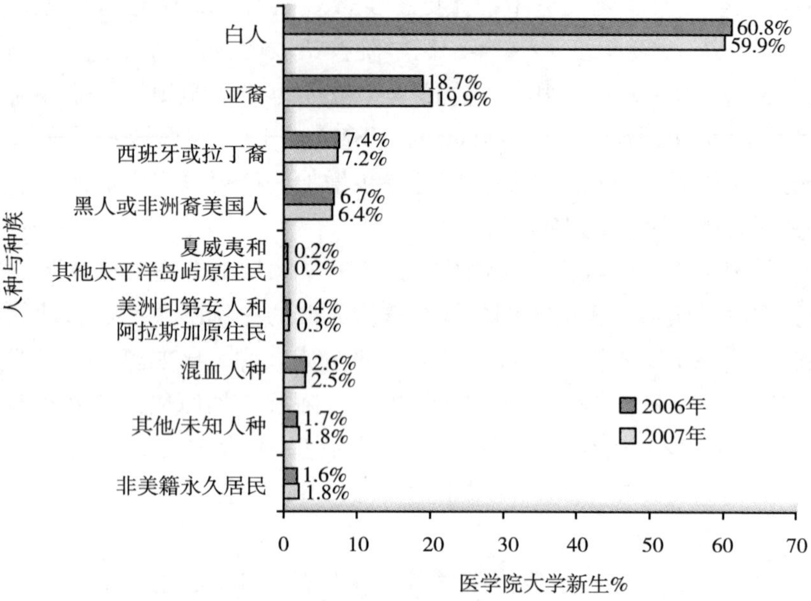

图 11-1 2006~2007 年美国医学院校录取的不同人种与民族学生所占的比例。注：非西班牙裔种类排除了西班牙裔和外国人及国籍不详的居民。自 2002 年开始，个人可以选择单独的人种和民族或与其他人种或民族混血的情况。本图仅针对人种而言，那些属于不止一个人种血统的归入“混血人种”。

*包括古巴人、美洲墨西哥人、波多黎各人、其他西班牙裔和混血西班牙裔人。

© 2008 年数据，美国医学院协会授权许可使用。

❖ URM 学生和住院医生所面临的特殊挑战

所有的学生和教职员工都能从他人的支持和导师的指点中获益。导师能在职业的社会化过程中给予指点，提供职业选择上的建议，并培养良好的个人关系。URM 医学生和住院医生对导师的需要和普通人群是相似的，同样也面临着缺乏完善的制度保证能给所有受训者提供优质导师的挑战。在美国公司，在消除工作中的不平等方面，导师制表现出比其他程序化的努力更胜一筹（3）。图 11-3 是多宾等人总

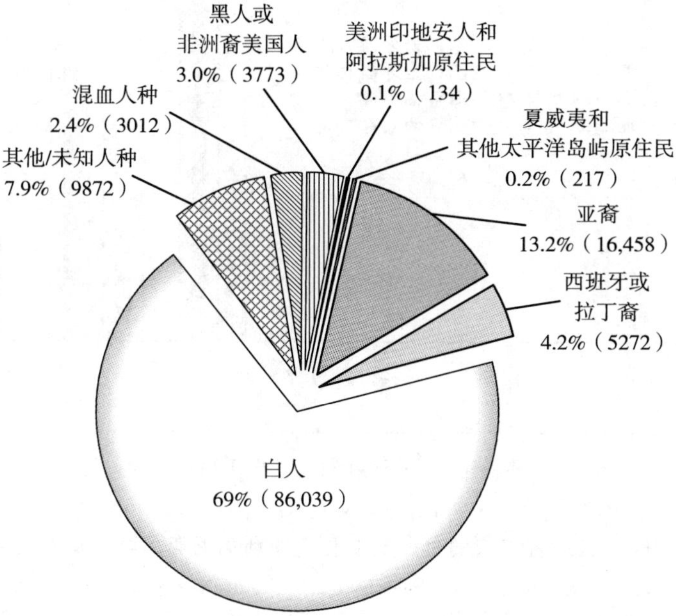

图 11-2　2007 年美国医学院校不同人种与民族教职员工的比例。本图的人种与民族类别反映了自 2002 年以来所收集的数据情况。自 2002 年开始，个人可以选择单独的人种和民族或与其他人种或民族混血的情况。本图仅针对人种而言，那些报有不止一个人种血统的归入“混血人种”。

*包括古巴人、美洲墨西哥人、波多黎各人、其他西班牙裔和混血西班牙裔人。

© 2008 年数据，美国医学院协会授权许可使用。

结的平等就业机会委员会的数据，该研究收集了过去 31 年来 829 家私人公司中 100 名员工的数据，他们设法用特殊的方式衡量不同项目的不同效果，结果发现导师制所起的作用最为重要、影响最为深远。除了给所有学员的整体正面效应外，导师制对 URM 学员还有特殊的重要意义，能满足他们应当特殊挑战的需求。随着时代的变迁，URM 学员面对的需要和困难也在发生变化，这使得这一人群的导师制更为复杂。

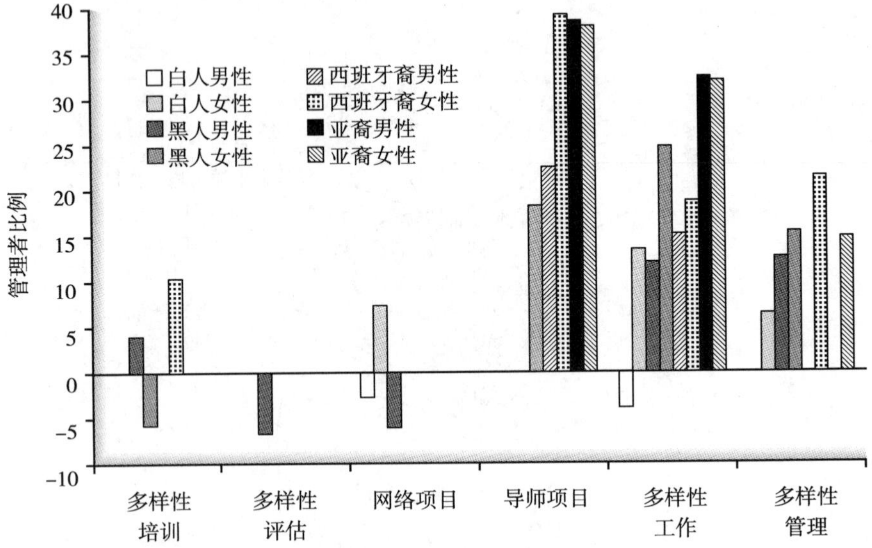

图 11-3 管理者组成的百分比变化。加利福尼亚大学出版社许可转载。Dobbin F，Kalev A，Kelley E. Diversity management in corporate America. Contexts American Sociological Association. 2007；4：21-27.

时代的变迁给 URM 学员带来的变化

在平权法案实施早期，教育仍然处在"隔离但平等"① 的阴影之下，进入医学院校的 URM 学生接受的教育与其他人相比不处于同一水平上（1）。除了公立学校与私立学校教育的明显不同，少数种族学生的医学预科教育和学术文凭也有一定困难，这给医学院运行中的临床前课程带来挑战。所以，医学院校 URM 学生的导师制把重点放在对他们科研方面的支持和课程辅导上。另外，平权法案也给这些学生的学习环境带来负面的影响，他们被一些同学敌视，被贴上"平权法案"学生的标签。这种敌意的隔离直到 60 年代中期甚至 70 年代都依旧存在，结果造成这些少数人种学生普遍受到来自患者、医院员工和教师的歧视。

①隔离但平等（separate but equal）是种族隔离政策的一种表现形式，它将人们的教育医疗等公共设施按人种区分，比如百人学校、黑人学校，政府号称这些设施的质量是平等的。

近些年来，随着社会的进步，URM 学生遇到的这方面困难已经明显减少。随着这些少数种族群体的发展壮大，很多 URM 学生和住院医生都来自富裕家庭，越来越多人的父母本身就是专业人士，更多的人开始享有和他们的同学同样扎实的医学预科教育。同样的，对现如今的 URM 学生和住院医生来说，“平权法案”的嘲讽和来自患者与医生表现出来的明显的种族主义歧视已不常见（5）。

尽管对于旁观者来说，这些社会的进步明显减少或消除了当今医学教育中的种族对抗，但其实，现如今的 URM 学生所面对的偏见与歧视仍然强烈，或者说更隐蔽阴险。有些学者把这比喻为生理上的急性疼痛和慢性钝痛，后者也许程度不那么严重，但它持续存在，所造成的积累效应让人更无法忍受（6）。

随着医学培训所需基础课程不足的情况改善和笼罩在他们身上平权法案的阴影逐渐消散，URM 学生和住院医生目前面临以下两方面最重要的问题：1）作为医学上的少数群体，他们在现实中需要心理支持，2）在学术医学领域，他们需要前进的方向。以下部分描述了 URM 学生和住院医生经常遇到的问题和困惑，这些发现来自于作者的实际经验，以及对 URM 学生和住院医生进行的半结构化的访谈数据。

访谈为期两年，在内科医学生和住院医生中讨论 URM 学生和住院医生所关心的关于种族、性别、性取向和民族问题。这些访谈小组部分是为了提高 URM 学生的入学率和保留率。作者利用这些访谈小组的结果，经医学人员多样性工作组（Association of Professors of Medicine Diversity Task Force）的推荐（7），并与各项目负责人合作，以“医学人员多样性”为题开展午间系列会议，并培训相关人员参与 URM 学生招生工作（Tong I，Braddock C. 集中访谈. 未发表数据；2005~2007）。作者还建立了一个数据收集系统，追踪在住院医生招生中 URM 学生的申请和表现。表 11-1 显示了部分结果。

以上研究中，住院医生项目中 URM 学生的招收比例在逐年增加，其原因是多方面的，还需要进一步研究。然而访谈小组的创建，项目提供可讨论“医学人员多样性”的导师，这些可能是主要的因素。在教师中实施一对一的导师制可能带来的后续效应为招收更多的 URM 学员，但是这种教师层面的一对一导师制并不能直接解决学生和住院医生所面临的困难。

表 11-1 斯坦福大学内科住院医项目招收的 URM 住院医生

年份	已受邀采访，n	已采访，n	配对，n（%）
2005	21	17	1（2.6）
2006	31	28	1（2.5）
2007	54	32	3（7.5）
2008	52	34	8（16）
2009	67	35	8（16）

斯坦福大学内科住院医项目组数据。

URM 学生和住院医生关注的问题

集中访谈数据经过分析得出 URM 学生和住院医生最关注的问题，这些问题帮助理解本研究队列的重要框架。

融入环境

对于 URM 学生来说如何在一个新环境中学习社交规则尤其具有挑战性。这些规矩并不成文，往往是通过近距离的社会交际网络，用非正式的交流方式传播。这些社交网络通常是因为会员关系、或出身于共同宗族或血统而形成的人与人之间的自然纽带，这些最初的陌生人因为感知到他们具有某种共同的特点而联系到一起。马尔科姆·格拉德威尔①在其书《眨眼之间》中提及内隐联想测验②，指出你潜意识中的态度会在一定程度上决定你的行为，比如你如何“在一个黑人身边行事”（8）。URM 受训者经常在能遇到这种行为，成为这种潜意识联系的受害者。

在医疗行业中存在着这样一种不常见但十分不好的现象，就是把“脏活粗活”分配给 URM 学生。此时，非 URM 和 URM 学生都会感觉

---

①马尔科姆·格拉德威尔（Malcolm Gladwell）美国著名作家，具体见《临床教学的理论与实践》引言注解。《眨眼之间：不假思索的决断力》（Blink）是他的另一本畅销书，阐述了直觉思维的魅力。

②内隐联想测验（Implicit Association Tests）是一种评估个体对两个概念的自动化联系强度的间接测量方法，近年来被广泛应用于内隐社会认知研究。其采用的是一种计算机化的辨别分类任务，以反应时间为指标，通过对概念词和属性词之间的自动化联系的评估进而来对个体的内隐态度等进行间接测量。

挑选出了“底层人物”，如果URM学生在人种、民族和文化上又正好和上级医生不同，这种挑选的动机很容易被蒙上种族的因素。人际交往方面的研究已经表明，两个相似人种的陌生人的交往往往比不同人种的人更深入。例如，医患关系的研究发现，白人医生和黑人患者之间的谈话往往只限于生物医学话题，而如果医患双方种族背景一致，他们的谈话会涉及社会因素，显得更均衡（9）。这是URM学生开放分享非正式“游戏规则”的潜在障碍，让他们失去很多关键信息，使他们在新领域中遭受挫折。进而随着人种一致的教职员工越来越少，在医学院校的社交网络越来越薄弱，对于URM学生来说在相似身份中获得自然“援助”的机会也就更少。

社会孤立与缺乏支持网络

在电视剧《希尔街的布鲁斯》① 中有这样一个场景，一个地方警察局的非裔副巡长带着他的白人下属来到一个黑人餐馆。他们一进门，谈话的喧哗立即弱了下来，白人警官感受到逐渐增加的紧张感。巡长问他的下属，“有什么不对吗?”，警官小声说道，“您在开玩笑吧，您难道没有感到我在这里有多别扭？我是这里唯一的白人!”。巡长回答道，“欢迎感受我每一天的感觉”。

由于身边和自己相似身份的人很少，URM学生和住院医生员经常要为一些微弱的存在感而挣扎，“病人会议论我吗?”，“那个人看着我是因为我显得和别人不一样吗?”。在一些文学作品中已经详细描述了这样的情境，比如拉尔夫·埃里森的《隐身人》（10）和爱丽丝的《特权阶层的盛行》（11）。缺乏导师，尤其是在等级森严的医学院校和住院医生培训体系内，会让有色人种的学生感到处身事外。他们在寻找那些能和他们分享人生经历和愿意和他们接触的人。近期研究显示，URM学生需要各种类型的导师（7）。这些导师不一定也是有色人种，但他们必须愿意辅导URM学生。学生和住院医生知道并非肤色方面的一致才是完美的组合，他们的问题是可供选择的导师很少，

---

①《希尔街的布鲁斯》（Hill Street Blues）是美国二十世纪八十年代的电视剧，曾获得八个艾美奖，被誉为“现代电视剧艺术形式鼻祖”。该片描述了一群忘我工作在以芝加哥为原型的美国某内陆城市的警员们的生活。

他们也看不出那个非 URM 教师愿意成为自己的导师。

最容易发现的潜在的导师群体是那些医学院校占极少数的 URM 教职员工。然而，这些教职员工也并不是都胜任这项工作，他们的能力也遭到学生的怀疑。受训者都看到医学院校对 URM 教职员工的需求很多，看到他们工作艰辛但报酬很少，得不到尊敬而且缺乏晋升的机会。最近的一项研究人种和性别对医生报酬的影响，发现黑人、亚裔和拉美裔的女医生薪酬比她们的白人男同事少 25%（图 11-4）（12）。

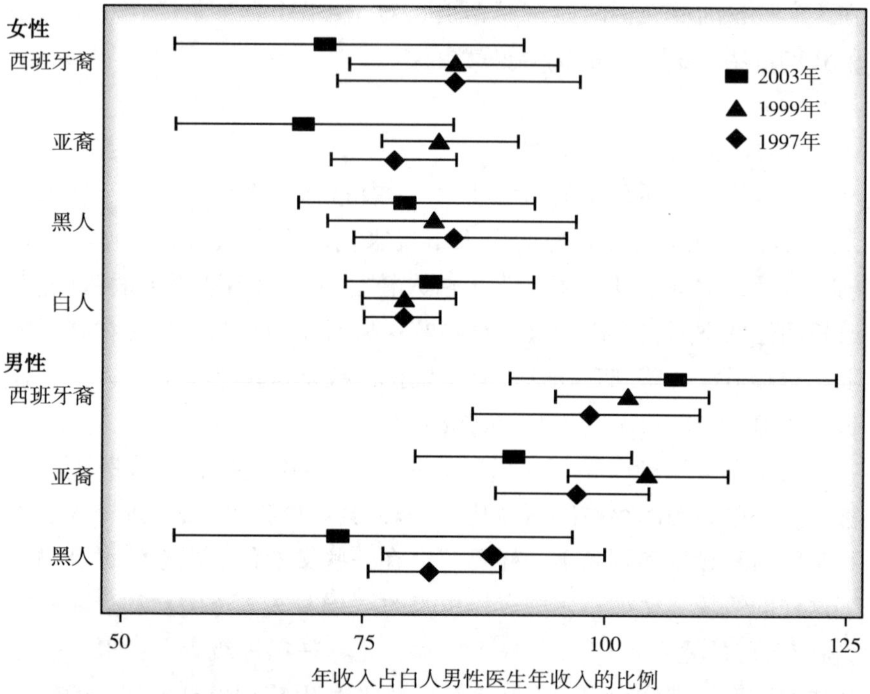

图 11-4 根据性别与种族调整后的内科医生收入。标志代表点估计，95%置信区间。

团队的陌生人

实习阶段和第三年医学生见习期间团队的流动性是 URM 学生面临的一个挑战。上至主治医生，下至第三年见习学生，与团队的合作与互动是决定辛苦轮转期间成败的关键。其中很重要的是 URM 学生、实习医生、住院医生为人处世的技巧。他们的成功直接取决于他们是否能融入其浸身其中的文化氛围之中。

非 URM 团队成员容纳不同文化的能力各有不同，为了让整个团队感到“轻松自在”，URM 实习医生或学生需要在幽默感、学术上的优秀、勤奋的工作和超过常人的对不同文化的领悟力之间寻求平衡，这样才能更好地融入团队的文化中。正如拉迪亚德·吉卜林[①]在《如果》中总结的：“既不装腔作势，亦不趾高气扬”（13）。确实，绝大多数的 URM 医学生、实习医生和住院医生已经在相当程度上掌握了应对这些挑战的方法，否则他们也不会取得如此大的进步。为了实现自己的目标和期望，URM 学员所做的努力要远远超出常人。

然而在处于文化的边缘，涉及社会经济背景下，还会出现很多挑战，这来源于长期萦绕在美国国民心灵深处的仇恨和恐惧中。种族主义依然存在，而且对少数种族团队成员基本上没有什么保护。遇到说西班牙语的患者时，拉美裔学生就应该是团队默认的翻译吗？如果他或她不会说西班牙语呢？团队里其他非 URM 成员会质疑他或她少数民族的身份吗？如果小组成员说“也许你可以和这家人谈谈，既然你也是黑人（和他们一样）”，这个学生应该怎么回答呢？这一过程与杰罗姆·格鲁普曼在《医生如何想》一书中所讨论的医生如何给患者归类的过程十分相似。医生也会像对待患者那样给学生分类贴标签吗？

自我怀疑，尤其对混血的 URM 来说，是确定他们身份的双刃剑。比如一个黑人学生被同学告知“你不是真正的黑人，不应该像黑人那样说话”，他既会感到被侵犯又会觉得很困惑，身份是由什么决定的呢？是肤色？是说话的方式？还是职业？

自我怀疑

尽管取得了成功，URM 学生、实习医生和住院医生仍然会质疑自身的能力，怀疑自己是否被同事所认可。自我怀疑和能力不足的感觉并不仅出现在 URM 医生身上，然而，URM 学生和住院医生总是在

---

①拉迪亚德·吉卜林（Rudyard Kipling），英国著名小说家、诗人，出生于印度孟买。《如果》（If）是一首相当励志的诗，曾被译成 27 国语言，成为许多人勉励自己、激发前进的动力。

焦虑中生活，担心身边的人总是用对自己的人种或民族的刻板印象来衡量自己，而不是把自己看作一个独立的人。这种担忧对 URM 学员造成的影响十分常见，被称作“成见威胁”现象，这在斯坦福大学的克劳德·斯蒂勒（Claude Steele）和乔舒亚·艾龙森（Joshua Aronson）的研究中有详细的介绍和阐述（15）。他们的研究显示，在标准化考试中，如果黑人学生感到考试是在检测他们的智力水平时，他们的分数会比较低。URM 学员正是以这种心态面对苛刻的 MCAT（医学院入学考试）和第一至三阶段的 USMLE（美国医师职业考试），以及后续的医师资格认证考试。URM 学生和住院医生担心非 URM 教职员工会把 URM 等同为质量不佳，对于一些人来说这是前进的动力，而对于另一些人来说则是对自信心的伤害。

高不可攀

即使 URM 学生找到了一位 URM 教师并与之一起工作，他或她也未必找到了一位真正的导师。URM 学生、实习医生或住院医生会下意识地寻找平易近人的或者甚至是有弱点的教师当自己的导师。如果他们认为一位优秀的教师会评估自己，与这些成功且聪明的教师接触对他们来说是一件很困难的事（16）。上面提到的“自我怀疑”让 URM 学员认为自己不可能像那些优秀的 URM 教师那样取得成功，他们把这个老师看作会“凌波微步”的世外高人。而这种个人关系建立的失败也很容易让学生联想到等级森严的导师制，感觉受到了伤害。

❖ 给 URM 学生和住院医生当导师的策略

给 URM 学生当导师并没有神奇的公式。尽管他们面临的困难有特殊性，但他们对于导师的个人需要与其他学生和住院医生是一样的。同样的策略可以去除寻找优秀导师时所遇到的障碍，可以缓解孕育良好学习环境背后所遇到的阻力。

探索一个人的内心

URM 医学生和他们的绝大多数同学相比共性显然要多于不同。在这种情况下，与其去臆测 URM 学生或住院医生的人生经历，不如坦率地探寻他们的内心世界。在丹尼尔·平克（Daniel Pink）的《全新思维》一书中，描述了这种方法的基本原则（18）。

- *共情（Empathy）*：导师的努力和对学生经历的关注会让URM学生受益。导师关注学生遇到的困难和取得的成功，给予他们知识方面的解答，这让学生有机会表达自己的感受和情感。导师有兴趣了解学生的经历，珍视这些经历，把它们看作是学生能力和天赋的体现，URM学生了解到这些会愿意向导师讲述自己的故事，展示自己"走过的路"。在这些故事里，主人公有的是其家族里第一位大学毕业生，有的已经克服了学术上的种种挑战，大部分成功应对了某种歧视。其中的每一个挑战都给导师一个机会，让他们在祝贺学生取得的成功的同时更好地了解他们。

- *幽默感（Humor）*：导师需要为了学生披上职业精神的外衣。在早年的医学院教育中，这代表着行为榜样，是对医生这个职业的认同（见本书第一章）。然而，URM学生并不喜欢不会对他们笑的医生。当这些学生成熟起来并承担起医疗职责，他们希望有机会脱去自身的外衣：自由地大笑，承认自己的脆弱，能和导师真正接触。如果导师的行为真诚且值得信任，他们会赢得学生的尊敬。

- *人生价值（Meaning）*：学生们已经开始探寻人生的价值所在。医学会让URM学生在每天的所作所为中寻找人生意义，但它并不告诉你你的所作所为与你自身的联系，不会告诉"你是谁"。在不否认所做的事情的重要性的同时，将人和人区分开来的关键是每个人自身的存在。对于导师来说，能认识到这些URM学生作为人的存在，了解他们是谁，这和了解他们在做什么同等重要。URM学生常常把自己看作家族、所在社区和大多数的代表，往往没有意识到其他人和他们一样具有潜能。他们成功的轨迹让他们把自己放在领导者和同辈的榜样的位置上。导师的职责之一是让URM学生对自身的重要性和责任感保持清醒。导师在指导、教育和保证少数种族学生取得成功的同时，也必须接受学生的这部分责任。

丰富医学院校教职员工和领导的多样性

任何关于URM学生和住院医生导师制的讨论都会把学员的生活经历和丰富医学中心教职员工多样性的需要联系起来。在美国国内，仅有3%的医学院校教职员工是非裔美国人（2），在院长、系主任这样地位上的URM领导就更少。如果医学院校的教师和领导的比例能和美国人种的多样性一致，克服上述的所有困难就有希望了。

面对没有黑人主教练的耻辱，美国橄榄球联盟（National Football League，NFL）制订了一项名为“鲁尼规则”的政策，规定任何招募主教练的球队，其主帅候选人中必须至少有一位黑人（19）。这一政策实施不到几年，NFL的黑人主教练就不再稀罕了。如今，这些教练还有同行互助的网络，帮助年轻的橄榄球教练更容易达到梦想中的职业生涯顶峰。让我们想象一下医学院校也出台这样一条类似的规则：对于任何开放竞争上岗的席位，招聘委员会必须至少找一位少数种族候选人（和一位女性候选人［因为对于妇女来说存在同样的问题］）。目前，URM学生和住院医生常常在相似人群中找不到自己的榜样，他们感觉紧张焦虑因为在周围找不到和自己身份类似的人，这些都限制了导师制的成功开展。所以，提高医学院校教师的多样性是成功导师制的前提，只有那样才能创造良好的氛围让导师制发挥最大效果。

建立社会支持网络

为URM学生创造一个有助他们成长的环境特别需要注意建立社会网络。很多学生都有这样的经历，当他们在一个接一个地方的轮转中，在一个接一个任务中疲于奔命时，他们的社会孤独感会增加。如前述的很多原因，很多URM学生没有（或至少没有感觉到）被临床团队的其他成员所接纳。医学院校要为这些学生提供支持，建立社会网络。这种网络的形式多种多样，如少数种族讨论小组、与教授见面或者社会实践等。这些活动的意图并不是强迫URM学生参加，也不要猜测这些学生只想参加这样的活动，它最大的意义在于让领导和机构意识到这些学员对于社会网络的需要并给予支持。

同样的情况也发生在培训项目招募URM学生和住院医生阶段。很多URM学生，特别是那些所处的地理位置和人口背景已经让他们的社会孤立感减轻的学生，对于去一个孤立无助的全新的地方会很犹豫。例如，来自斯坦福大学的研究发现，少数种族的住院医生申请人非常希望有机会能和同样属于少数种族的未来的同行和导师共进晚餐，因为这让他们看到未来自己是能够得到帮助的，不会太孤立。在系主任的帮助下，在住院医生招募期间举办几次这样的晚宴是可行的，通过这一举措斯坦福大学已经看到它项目中的少数种族申请人数量显著上升（见表 11-1）。

分享人生经历

另一个给 URM 学生和住院医生创造良好环境的策略是，举办一些会议让他们有机会倾听老师或高年资学长讲述他们的人生经历，或者也可以相互分享自己的经历。如前所述，很多 URM 学生有不如别人的感觉，他们不知道这来源于何处，“是因为我是黑人？还是因为我表现得不够好？”。倾听别人讲述他们类似的感受，以及他们是如何克服这些不良感受的，对于 URM 学生来说这会赋予他们力量。

这类会议不一定只限于 URM 成员参加，还可以向很多面临其他困境的员工开放，如单亲家庭、家境贫寒、身有残疾或其他类似的情况。大家分享不同经历带来的不同感受，并不是要强化这些不良感受，而是要把这些感受整合起来变为力量和骄傲的源泉。

建立 URM 导师制

为了建立一套系统的针对 URM 的导师制，推荐下述一些初始步骤（框 11-1）。

框 11-1　建立针对少数种族学生的导师制项目的 5 个关键步骤

1. 开始师生焦点小组访谈①。
2. 利用国家和地区组织的资源（如 AAMC）。
3. 制定少数种族教职员工招募计划。
4. 动员、支持并鼓励教职员工对 URM 学员招募工作的兴趣。
5. 采用院校或地区内部分学系的成功实施方案。

---

①焦点小组（focus group）访谈源于精神病医生所用的群体疗法，由 8~12 人小组组成，由一个经过训练的主持人以一种无结构的自然的形式对某一主题或观念进行深入讨论。

与 URM 教师和学员的焦点小组访谈

分析此类定性数据有两方面的好处。第一，可以深入了解院校中存在的摆在 URM 学员面前的障碍和负面势力，了解可能存在但并没有被官方机构的领导意识到的资源。第二，此类定性调查的参与者对于有人关注他们的生活经历会心怀感激。

向国家或地区组织寻求相关帮助

一些组织（例如 AAMC）会提供在线数据、报告与专著，帮助指导院校领导处理少数种族问题。很多专业团体会有一些行动倡议，同样是设想和干预行动的良好资源。美国医学生联合会（SNMA）和拉美医学生联合会（LMSA）是全国性的学生团体，拥有丰富的网络，能给预科和医学生领导出谋划策。他们还能帮助增加少数种族的从医者数量（表 11-2）。

组织	网址
美国医学院北美联合会	www.aamc.org
美国医学生联合会	www.amsa.org
美国医学妇女联合会	www.amwa-doc.org
男女同性恋医学联合会	www.glma.org
拉美医学生联合会	http://lmsa.net
国家医学联合会	www.nmanet.org
美国退伍军人事务部人种多样与包容性办公室	www.diversity.hr.va.gov
国家医学学生联合会	www.snma.org

健全决策丰富教职员工多样性

如前所述，教职员工的多样性与 URM 学生的导师制成败有关。往往从焦点小组访谈或其他调查性的定性研究中很容易发现是否存在人员缺乏多样性的问题，如果存在，就需要从院校的层面采取一系列措施增加少数种族教师的招募并减少他们的流失。关于这方面的最佳实施方案已经超出了本章的讨论范围，简单来说包括吸纳少数种族进入遴选委员会、强制遴选委员会面试少数种族应聘者（医学界的“鲁尼规则”）、发展针对少数种族低年资教师的导师项目。

吸引教师对少数种族学员招募工作的兴趣

院校方面容易犯的一个常见错误是臆测只有少数种族员工会对这项工作感兴趣，这使得工作极大地受限。要努力寻找“伟大的导师”，他们有能力并愿意为导师制奉献，他们是构建卓越 URM 导师制项目不可估量的价值。

不同项目间的正式分享计划

在探索少数种族导师制项目的过程中，很多院所都会摸索出不少成功的经验。比如，如何分享实施多年的住院医培训项目或博士后项目的成功经验，关键在于发现它们的成功之处，不仅分享它们的特殊方法，还可以分享项目中呈现的活力与责任感。医学院校的领导可以通过正式肯定和奖励来进一步增强成功项目的影响力，而不是让它们仅停留在培训项目名单上。

❖ 案例研究

场景 1：为 URM 专科培训学员确定导师

海图尔医生是东海岸一个很有声誉的心内科专科培训项目负责人，他本人不是 URM。他正在努力帮助其中的一个女学员茗来莎・穆诺兹。穆诺兹是一名拉丁裔医生，她所在的专科里几乎没有 URM 或女性教师和学员。海图尔医生以前和她接触很少，他想确定是否他所有的住院医生都找到了合适的导师。他担心为穆诺兹找一个导师不容易，因此想和她谈谈。然而，他又不希望将她与其他人区别对待或暗示她需要帮助。他考虑了以下几种做法：

1. 联系学系仅有的一名拉丁裔教师当她的导师，但是那名教师对住院医生培训项目不怎么感兴趣。

2. 进行常规的培训计划，看看穆诺兹医生是否能自己在系里找到一名导师。

3. 叫穆诺兹医生来办公室面谈，和她讨论帮她寻找导师的愿望。

推荐的做法：

尽管没有完全正确的答案，单独考虑的话，更合理的做法应该是第三种方法。海图尔医生十分正确地给予这件事特别的关注，下一步让穆诺兹医生本人参与其中是最周到并尊敬对方的做法。他没有把穆诺兹医生看作一个麻烦或者他无法解决的难题，如果鼓励她参与选择导师的过程中能进一步表达自己对她未来能否取得成功的关心。正如本章前面已经讨论过的很多原因，在一个白人男性占主导地位的专科里，作为女性和拉丁裔人穆诺兹医生在这一过程中可能会感到有些紧张。在交谈中，海图尔医生可以提供导师的建议人选，或听听她自己的意见看看她有没有选中愿意与之一起工作的老师。他也会从中了解她是否希望和拉丁裔男教师一起工作，以便后续的牵线搭桥。海图尔医生也可以自己先给穆诺兹医生当一段时间的导师，直到确定更合适的人选为止。

另一种方法是从之前讨论过的“鲁尼规则”中引申出来的。在这个例子中，当这个项目中有新的临床或科研机会时，海图尔医生要想到穆诺兹医生。这并不是指穆诺兹在所有这些机会中会被优待，而是要保证她不会因为上级的无视而被忽视。

海图尔医生需要一些建议来避免常见的错误，这些错误会影响非URM教师给URM学员当导师的热情。第一，很多非URM教师错误地认为只有URM教师才能辅导URM学员。确实，具有相同的种族背景经常被认为是导师关系的根本，其实对于良好的导师关系来说这既不是充分条件也非必要条件。与其寻找背景相同的导师不如寻找志趣相投并具有一定经验的导师要更为有效。第二，毫无根据地臆测一个人的工作道路和个人经历，比如仅仅通过姓氏来猜测学员的拉丁裔背景。正如在临床实践中强调开放性问题，用开放的问题真诚地询问一个学生的经历，得到的效果肯定远远超过预期，因为这种关心可以缓和他们的孤独感。比如：“我想对我的学员有所了解，和我谈谈你的家庭吧”，或者“你最初是怎么对医学感兴趣的?”，这些问题都是极好的开场白。

场景 2：URM 学生的导师具文化敏感性①

医学生珍妮弗·戴是美洲土著，她在一所著名的医学院校读三年级。在医学院见习阶段，带她的住院医生对她的评价是散漫而且心不在焉。项目负责人琼斯医生找她谈话，了解她的表现：

“珍妮弗，最近你的评估表引起了我的注意，和你在其他科室见习的表现不太一致，我想了解一下你最近还好吗？”

“我的评价表有什么不对的地方吗？”珍妮弗很想知道。

琼斯医生让珍妮弗消除顾虑，“你的住院医生觉得你心不在焉。这可能会有很多原因，在我对这份评估作出最终判断之前我想了解一下你的看法，你认为评价是否正确？更重要的是，如果你遇到了什么困难，我想让你知道，我和医学院都会帮助你。”

珍妮弗解释道，她的弟弟最近刚从伊拉克服役归来，患了创伤后应激综合征。珍妮弗的家里很看重她的指导，希望她能回家，因为他们认为她的第一责任是照顾家庭和部落。

推荐的回答

在这个例子中琼斯医生开始处理得很好，她并没有不假思索地接受住院医生的反馈，而是查阅了珍妮弗在其他地方的轮转表现。绝大部分 URM 学生能够成功地进入医学院表明他们都有一系列成功的过去。琼斯医生并没有直接当着珍妮弗的面给她一个“差”评，而是认为这是一份不正常的反馈；这表明她知道珍妮弗一贯是个好学生。她还指出有很多合理的原因可以造成分心并询问珍妮弗对自己的评价。琼斯医生给了珍妮弗和住院医生同等的地位，并没有让对方处于防御状态。最后，她强调如果需要的话她会给珍妮弗提供帮助。我们不能确定珍妮弗弟弟的未来，但我们能预料珍妮弗的前途很可能是光明的，因为琼斯医生给珍妮弗创造了一个安全无偏见的环境。了解了造

①文化敏感性是指人感知或接受其他文化的能力。具有文化敏感性的人能够感知自己的文化与他人文化之间存在着不同，并且能意识到这些文化方面的不同可能会影响他们之间的关系，以及他们彼此之间的交流。具有文化敏感性的人能够理解其他国家的传统和生活方式，同时会有去主动适应和学习这些文化的意愿。文化敏感度高的人一般会主动消除自己和他人对异国文化的歧视和刻板理解。

成珍妮弗表现不佳的原因，琼斯医生会在总结珍妮弗的实习表现时考虑这些因素。URM 学生会有很多来自于家庭和社区的压力，不能指望导师都能解决像珍妮弗所面对的那样的问题，但他们应该在对 URM 学员的表现做出判断之前对此有所了解。

场景 3：给 URM 教师确定导师

我们已经提过，只有 7%的医学院教师是黑人和拉丁裔人。这个事实表明低年资的 URM 教师很难找到 URM 导师。这也反映出非 URM 高级教师在 URM 导师缺乏时应承担的重要职责。很多高年资非 URM 教师很愿意接受这一任务，正如以下例子中的主人公：马里森医生是非 URM 高级教师、理学博士，雷伊医生是一位美籍非洲裔内科医生，他们在大厅里相遇：

马里森医生认出了雷伊医生，“你就是雷伊医生，对吧?”

“是的，您好。”雷伊医生说，他们握了握手。

“我是莱斯利·马里森。朗达·杰克逊告诉我你想通过卫生保健资源做一些临床研究?”

“是的，我希望今年夏天开始一些课题，可是……”

马里森医生打断了他，“你知道我在这领域给不少人当过导师，我真的对你现在做的工作很感兴趣。你愿意和我谈谈吗?”

“这个月底怎么样？我能给您发邮件确定时间吗?”雷伊医生问。

“可以，好，下周之后怎么样？因为下周我要去参加儿子的毕业典礼。”

“祝贺您。您一回来我就给您发邮件。”雷伊医生说。

“没问题，太好了！很期待和你详谈!”

推荐的回答

很遗憾，这样的情形不是经常发生。他们的谈话看起来只是随便的闲聊，然而，应当全面地审视其中的细节，因为这些表明非 URM 教师与一个 URM 教师确定导师关系是多么容易。对话中没有传递的信息是马里森医生微笑中表现出来的热情。在整个接触过程中，建立关系只需要短短的几秒钟，那是他们两人在楼梯转弯处相遇的一瞬间，马里森医生保持着与雷伊医生的目光接触，从中传达出对雷伊医生的真诚与热情。接下来，简短的交谈，马里森医生表达了在他们共同感兴趣的领域成功辅导他人的记录，并赞扬了雷伊医生在这方面已经做的工作，邀请他与自己一起工作。

根据作者的经验，马里森医生的沟通中传递出一个优秀导师的关键要素，这比成为URM教师的导师更为重要。她与学员分享了共同的兴趣领域，并建设性地提出潜在合作机会。马里森医生传递出一种信心，她有时间、精力和经验帮助雷伊医生在学术上取得成功。

❖ 结论

给URM学生、住院医生和教师当导师，并帮助他们在学术上取得成功，这其中的困难很多，并不只是缺乏种族对应的导师那么简单。然而，重要且必须的步骤是实施完善的导师制，这能更好地帮助URM学生、住院医生和教职员工，让医学领域的URM成员能真正反映美国人种与民族的多样性。同样要重视医学学术中心的URM成员数量非常少。利用国家资源、使用最佳经验实施导师制项目、发挥非URM教师资的力量，这些都是重要的策略。广泛传播对URM学生、住院医生、教职员工面临的特殊困境的理解也很重要，这能确保从医院院校和教师更好地实施支持URM人员的项目。最后，导师在提高院校教师多样性方面也发挥这重要作用。

（孟　婵译　黄晓明校）

参　考　文　献

1. **Ludmerer KM.** Time to Heal: American Medical Education from the Turn of the Century to the Era of Managed Care. New York: Oxford Univ Pr; 1999.
2. **Association of American Medical Colleges.** Diversity in Medical Education Facts and Figures. Washington, DC: Association of American Medical Colleges; 2008.
3. **Dobbin F, Kalev A, Kelly E.** Best practices or best guesses? Diversity management and the remediation of inequality. American Sociological Review. 2006;71:589-617.
4. **Jeste DV, Twamley EW, Cardenas V, Lebowitz B, Reynolds CF 3rd.** A call for training the trainers: focus on mentoring to enhance diversity in mental health research. Am J Public Health. 2009;99 Suppl 1:S31-7.
5. **Elam CL, Johnson MM, Wiggs JS, Messmer JM, Brown PI, Hinkley R.** Diversity in medical school: perceptions of first-year students at four southeastern U.S. medical schools. Acad Med. 2001;76:60-5.
6. **Graham J.** A Chicago doctor talks about racism. Chicagotribune.com. July 10, 2008. Accessed at http://newsblogs.chicagotribune.com/triage/2008/07/a-chicago-docto.html.

7. **Wesson DE, King TE Jr, Todd RF, Torres EA, Hellmann DB, Flack JM, et al.** Achieving diversity in academic internal medicine: recommendations for leaders. Am J Med. 2006; 119:76-81.
8. **Gladwell M.** Blink. New York: Little, Brown; 2005.
9. **Roter DL, Hall JA, Katz NR.** Patient-physician communication: a descriptive summary of the literature. Patient Educ Couns. 1988;12:99-119.
10. **Ellison R.** Invisible Man. New York: Random House; 1952.
11. **Cose E.** The Rage of a Privileged Class. New York: HarperCollins; 1993.
12. **Weeks WB, Wallace TA, Wallace AE.** How do race and sex affect the earnings of primary care physicians? Health Aff (Millwood). 2009;28:557-66.
13. **Kipling R.** If. In: Rewards and Fairies. 1909.
14. **Groopman J.** How Doctors Think. Boston: Houghton Mifflin; 2007.
15. **Steele CM, Aronson J.** Stereotype threat and the intellectual test performance of African Americans. J Pers Soc Psychol. 1995;69:797-811.
16. **Okereke CD.** Mentoring—the trainee's perspective. J Accid Emerg Med. 2000;17:133-5.
17. **Bussey-Jones J, Bernstein L, Higgins S, Malebranche D, Paranjape A, Genao I, et al.** Repaving the road to academic success: the IMeRGE approach to peer mentoring. Acad Med. 2006;81:674-9.
18. **Pink D.** A Whole New Mind. New York: Riverhead Books; 2005.
19. **Collins B.** Tackling unconscious bias in hiring practices: the plight of the Rooney Rule. New York University Law Review. 2007;82:870-912.

第 12 章

如何指导弱势人群走向成功——针对外国医学毕业生的导师制

Steven F. Reichert，MD，FACP
Abey K. Thomas，MD

要点：

- 国际医学毕业生（IMGs）是异质性很强的人群，个人的背景和培训经历差异非常大。
- IMGs 中的外国医学毕业生（FMGs）尤其需要特别适应美国的医疗服务系统，因为他们可能不清楚美国的医疗术语、医院服务、医疗保健实施体系、医疗文书、医疗过失问题和住院医生职责等。
- 一些 IMGs，特别是 FMGs，需要一定的文化适应期，以克服社交孤立带来的压力，更好地适应新的生活环境。
- 持签证接受培训的 FMGs 不仅需要移民律师的帮助，还需要得到了解培训或求职过程中对 FMGs 的特殊限制规定的教师的指导。
- FMGs 可能因为其外国毕业生或者移民者的身份而面临更多的审查或容易受到歧视。
- 要想成为一个成功的 FMGs 导师，除了必须仔细考虑培训其他住院医生过程中面临的共同因素，同时还要关注 IMG 经历的特殊性。

培训国际医学毕业生（international medical graduates，IMGs）如何适应美国的生活和工作环境遇到了很多挑战。这些挑战在过去的许多年里早已为人熟知，也积累了很多经验，但针对这方面一直缺乏严谨的用数据说话的研究。针对 IMGs 的需求已经尝试开展了一些课程，但尚没有形成可广泛推广的标准化的方法。这一人群在美国所有接受培训的住院医生中占不小的比例，理解他们的特殊需求，在医学教育和将来的职业生涯中运用有效的方法支持他们，对他们能否成功融入美国的医疗文化非常关键。

❖ IMGs 的定义和人口学资料

首先需要明确 IMGs 的定义。IMG 是除了美国、波多黎各和加拿大（这些国家的医学院校是得到医学教育联络委员会或美国骨科协会认可的）以外来自于全球任何医学院校的毕业生。IMGs 可以进一步划分为两个不同的亚组：

- *USIMG* 是毕业于国外医学院的美国公民，他们中的大多数在美国参加临床轮转并熟悉美国医院的工作。
- *FMG*（foreign medical graduate，外国医学毕业生）是外国公民，并且在没有经过医学教育联络委员会或美国骨科协会认可的医学院校接受培训，他们中的大多数没有美国临床工作的经验。

本章节的重点是 FMG，他们的需求比 USIMGs 更具挑战性和复杂性。

国际医学毕业生在美国医生中所占的比例日益壮大。总体上，IMGs 占所有医生总数的 26%，大多数 IMGs 选择内科专业（表 12-1 和 12-2）。在过去的几年中，FMGs 申请住院医生匹配①的数量迅速增长，从 2005 年的 8943 个到 2009 年的 11467 个申请（1）。和其他专业相比，申请内科培训的 FMGs 人数增长尤其显著。在 2009 年的 NRMP 内科职位匹配中，FMGs 有 1335 位，占匹配中 4853 个各类内

①美国住院医生匹配系统（NRMP）简称 Match，是申请住院医生培训项目的双向选择系统。通过美国执业医师考试第一和第二步的医学院校毕业生可以根据自己的成绩和意愿在 Match 系统申请住院医生培训职位，Match 成功后方可进入住院医生培训。

科职位的 28%。就百分比而言，紧随其后的是家庭医学专业，FMGs 占了 2296 个家庭医学职位中的 21%（1）。医学院校的领导需要理解这些住院医生，尤其是理解内科学系中的这些住院医生所面临的挑战以及对他们造成的影响。

除了培训以外，还需要注意 IMGs 和美国医学毕业生（USMGs）在医疗实践很多方面的截然不同。通常 IMGs 年龄更大，距离毕业的时间更久，获得资格认证的更少，同 USMGs 相比更有可能被政府雇佣（2）（表 12-3）。

表 12-1　美国医生的特点和分布

医生（数目）	921, 904
IMG 医生（数目）	236, 669（来自 127 个国家）
美国 IMG 医生的比例（%）	26
住院医师项目中 IMGs 的比例（%）	12
初级医疗保健中 IMGs 的比例（%）	37
初级医疗保健中 USIMGs 的比例（%）	33
从事临床工作的 IMGs 比例（%）	78
医学院校里的 IMGs 比例（%）	16

引自：Physician Characteristics and Distribution in the United States. Chicago American Medical Association; 2008.

IMG＝国际医学毕业生（international medical graduate）；USIMG＝毕业于外国医学院的美国公民（U. S. Citizen who graduated from a foreign medical school）

表 12-2　2000＊年美国初级医疗保健医生的人数

医生的专业	USMG	IMG	USIMG	FMG
医生总数（数目）	410, 687	113, 720	15, 678	91, 885
初级医疗保健医生（数目）	140, 587	45, 043	6764	34, 987
占医生总数的比例（%）	34. 2	39. 6	43. 1	38. 1
家庭医生（数目）	53, 346	8786	2115	6151
占医生总数的比例（%）	13	7. 7	13. 5	6. 7

续 表

医生的专业	USMG	IMG	USIMG	FMG
占初级医疗保健医生的比例（%）	37.9	19.5	31.3	17.6
全科医生（数目）	12,239	4220	449	3707
占医生总数的比例（%）	3.0	3.7	2.9	4.0
占初级医疗保健医生的比例（%）	8.7	9.4	6.6	10.6
内科医生（数目）	48,263	21,204	3185	16,083
占医生总数的比例（%）	11.8	18.6	20.3	17.5
占初级医疗保健医生的比例（%）	34.3	47.1	47.1	46.0
儿科医生（数目）	26,739	10,833	1015	9046
占医生总数的比例（%）	6.5	9.5	6.5	9.8
占初级医疗保健医生的比例（%）	19.0	24.1	15.0	25.9

引自：Fink KS，Phillips RL Jr，Fryer GE，Koehn N. International medical graduates and the primary care workforce for rural undersevved areas. Health Aff（Millwood）. 2003；22：255-62。

FMG=外国医学毕业生（foreign medical graduate）。IMG=国际医学毕业生（international medical graduate）；USIMG=毕业于外国医学院的美国公民（U. S. Citizen who graduated from a foreign medical school）。USMG=毕业于美国医学院的美国公民（citizen who graduated from a U. S. Medical school）。

*包括已经完成了住院医师培训参与医疗的非联邦政府的对抗疗法医生和骨科医生。USIMGs和FMGs之间除了初级医疗保健医生的比例无统计学差别以外（$P=0.09$），其他所有岗位USMGs和IMGs之间以及USIMGs和FMGs之间均有统计学差异，$P<0.01$。

表 12-3 在美国执业的国际医学毕业生和美国医学毕业生的特点

特点	IMGs（n=1000）	USMGs（n=1000）	P值*
平均年龄（岁）（SD）	50.5（13.3）	47.6（13.4）	<0.001
毕业后的平均时间（岁）（SD）	23.4（13.0）	18.2（13.0）	<0.001
女性比例（%）	30.0	26.1	0.05
专科执业比例（%）†			<0.001
家庭医疗	8.3	12.1	
内科	21.9	12.0	
儿科	8.7	7.5	
妇产科	4.1	5.5	

续　表

特点	IMGs (n=1000)	USMGs (n=1000)	P值*
基本外科	3.3	4.6	
资格认证（%）‡	72.6	81.1	<0.001
执业类型比例（%）§			0.72
住院医师	13.4	13.8	
医疗人员	83.2	79.6	
行政管理	1.0	1.6	
医学教育	1.3	1.2	
医学科研	1.2	1.1	
执业地点（%）‖			0.60
城市	89.2	88.0	
大乡村	5.6	6.8	
小乡村	1.7	2.2	
偏远小乡村	0.8	0.8	
主要雇主（%）¶			<0.001
政府	6.4	4.6	
单独执业	19.9	13.4	
两人执业	2.6	3.3	
团体执业	20.8	31.2	
健康维护组织	0.5	0.3	
医学院	2.9	2.8	
非政府医院	16.3	17.2	

引自 Akl EA，Mustafa R，Bdair F，Schünemann HJ. The United States physician workforce and international medical graduates：trends and characteristics. J Gen Intern Med. 2007；22：264-8。©普通内科学会 2007。

IMG=国际医学毕业生（international medical graduate）；USMG=毕业于美国医学院的美国公民（citizen who graduated from a U.S. Medical school）。

*对连续变量进行 t 检验（年龄，毕业时间），对分类变量进行卡方检验。

†仅罗列了初级医疗专业。

‡分母不包括住院医师。

§仅列举了相关的分类变量；缺失数据量 n=91。

‖缺失数据量 n=49。

¶仅列举了相关的分类变量。

❖ FMG 的特点

从医学生向住院医生的转变是每位医生面临的最重要挑战之一。实习医生的学习曲线是陡峭的，调整并不容易，而且 FMG 还要面对 USMG 或 USIMG 不会面临的存在于临床和社会环境中的其他障碍，这给 FMG 的导师提出了更多的挑战。

整体而言，FMGs 在文化背景、培训和经验方面差异巨大。其中最大的一组人来自于南亚（主要是印度、巴基斯坦和孟加拉国），其次是非洲、东亚、中东、加勒比海地区和欧洲（包括东欧和西欧）（3）。

美国和加拿大以外国家的医学院培训时间大多数为 5 年半到 6 年。高中毕业后即有资格申请进入医学院，录取的过程通常包括竞争激烈的入学考试。医学院校本科教育课程通常持续 4 年半，之后是一段时间的临床医学培训，包括一年的临床实习轮转，医学生要在外科、内科、妇产科、儿科和其他科室接受培训。培训结束后医学生有资格申请执照，作为全科医生开始行医或者继续毕业后培训。

不同国家的医学教育在侧重点和质量上存在巨大差异（4）。由于资源有限，许多发展中国家医学院的临床课程更重视完整的病史采集和体格检查，而不是进行昂贵的检查。在美国常规进行的诊断检查在那些国家的医学院也许都遥不可及，因此在这些国家接受医学教育的学生对美国的新技术可能相对缺乏了解。在某些保守国家完成医学教育的学生可能对美国患者的常规检查缺乏经验，例如，某些国家或文化要求只有女医生才能检查女性，男医生检查男性，当这些国家的学生被要求像美国的住院医生一样医治与他性别不同的患者时就会产生困难（5）。

另外，国外医学院和医院的等级关系也和美国不同。教师之间的接触往往很正式，和护士及其他辅助人员的接触则很少是同事间的平等关系。在这种环境下工作的人对“团队照护”患者的概念可能相当陌生。由于对患者自主权、隐私、终末期患者照料和决策参与等观点的不同，这些国家的医疗实践较之美国更趋于家长式作风（6）。

可以理解，在这些国家的毕业生在以实践为基础和建立在系统基础上的管理技巧会很有限，而这些则是在美国这样的医学环境下工作所必须具备的技能。除了这些职业上的障碍，大多数移民医生还会面对的文化和社会经济的挑战，许多人远离熟悉的环境、朋友和家庭，努力去适应异乡文化，还要应对别离之苦，这些都可能会对工作有影响。为了适应在美国的生活和工作，FMGs 不仅需要熟悉美国的文化还要理解它的细微差异，在完成住院医生工作的同时实现这个目标并非易事。

❖ 针对 FMG 住院医生导师的策略和案例研究

FMGs 的导师会面对上述提到的及其他挑战，比如如何适应新的医疗实践系统和新的文化氛围、移民及签证的相关问题等。FMGs 还会面临诸如歧视和偏见以及选择职业的特殊挑战和障碍等问题。比如外国医学毕业生在获得专科培训（fellowship）机会方面非常困难，他们感到自己的职业选择相对有限（有合理的原因，也有不合理的原因）。

下面讲述四个具体案例，分析了其中的背景、策略和方法，帮助导师如何指导 FMGs 住院医生克服障碍和取得成功。

案例 1：适应系统

你是一位项目副主任，项目负责人和临床能力委员会要求你当甲医生的导师，她毕业于南亚的一所顶尖医学院，在加入住院医生培训项目之前进行了 5 年的科研工作，目前当了四个月的实习医生，感觉很困难。尽管她的推荐信和研究成果无懈可击，但她的执业医师考试成绩不理想，在实习的第一个月她只能勉强应付。主治医生和带她的高年住院医生对她的评价是效率低、缺乏动力和不积极主动，缺乏获取知识的渴望，病历记录凌乱不完整，诊疗计划粗略。同时，护理人员和病案管理人员也普遍抱怨她冷漠、难以接近，有时待人居高临下。你自己也目睹过令你非常不安的一幕，在诊治一位晚期肿瘤和抑郁症的老年女性患者时，她显得傲慢和不经心。项目负责人要求你对她进行辅导。

背景

在导师提供任何建议之前，应该对表现不佳的实习医生的行为进行充分评估，以确定症结所在。导师的职责是收集支持证据以除外表现不佳的常见继发原因。可以用“5D”来概括住院医生表现不佳的五个常见继发原因：抑郁（depression）、分心（distraction）、剥夺（deprivation）、药物（drugs）和人格障碍（disordered personality）（表12-4）（7）。

表 12-4　表现不佳的“5D”继发原因

抑郁	严重抑郁症、轻度抑郁、适应不良
分心	担心孩子或人际关系；需要处理家人或自己的疾病
剥夺	睡眠、食物、社会交往
药物	酒精、处方药、非法药物
人格障碍	任何非情感性人格障碍

如果怀疑存在上述问题，导师最好求助擅长诊断和处理这些问题的专家，并与学员和临床评估委员会合作，提供必要的支持和帮助。如果排除了上述原因，导师应该进一步探究其他可能的干扰因素。如果导师本人不是 FMG 或/和 FMG 一起工作的经验很少，十分重要的一点是导师是否能理解住院医师所面临的独特挑战。

FMG 所面临的最大挑战是需要适应和医学生时期经历的完全不同的医疗体系。除了和所有其他住院医生一样都会面临刚进入实习阶段的调整，FMGs 还会面临很多特殊的挑战，不管他们是在哪里上的医学院，比如医院结构、病历文书的要求、和护理人员打交道，不清楚其他辅助人员的工作性质等（8）。外国医学院毕业的住院医生一般以前没有和护士或其他辅助人员有过同事式的交往。其他国家的执业护士不像美国那样受过高水平的培训被置于很高的教学地位。在资源缺乏的国家，诸如社工、病案管理人员、物理治疗师和职业治疗师之类的辅助工作人员很少。由于之前缺乏和医疗团队其他成员的交流经验会导致缺乏以医疗体系为基础的实践技能，而这是一个成功的实习医生所必须具备的技能。

对权威的不同态度导致了各国教学方法的不同（9）。在他们自己的国家，教育环境对FMGs的期望是谦虚恭顺，医学院里往往等级森严，同事之间的交往很正式（10）。而这种恭顺的方式在美国会被误解为被动，因为恭顺的住院医生不习惯在权威在场时畅所欲言，他们的知识水平有可能不能被准确评价（11）。

另一个常被提及的挑战是沟通问题，包括和患者的沟通及与团队成员的沟通（12）。导师和项目都需要意识到FMG的沟通技巧常常需要提高，比如用词上的微妙含义及语言的实用性等。其他还有身体语言、姿势、身体接触以及俚语的合理运用更是FMG的劣势。导师要理解和认识FMG对这些问题的担心（13）。值得注意的是，尽管项目负责人认为交流问题是FMG的最大问题，FMG自己却不那么认为，他们更关注实质性的因素，例如药品知识、医院处方手册、对医院系统的了解等，他们认为这些才是自己适应新的医疗体系面临的最大挑战（14，15）。FMG对联邦医疗保险（Medicare）、医疗补助计划（Medicaid）或有控制的医疗保健制度（managed care）了解很少或根本没有了解。另外，他们以往的临床经验可能接触不到目前应用的各种先进技术、诊断检验以及治疗方法。就甲医生而言，她目前面临的种种问题，比如职业考试成绩不够理想、临床经验的缺乏等，这些都表明她正处于住院医生痛苦挣扎的阶段（16）。

导师策略

对导师而言指导这个住院医生是一个巨大的挑战。即使常见引起表现不佳的5D原因被排除（见表12-4），导师仍有必要确定住院医生是否面临上述问题。要做到这一点，导师必须首先理解这些问题，然后评估问题对住院医生表现的影响，可以通过观察评估，也可以通过和学生开诚布公地交流来评估。师生关系是需要培养的，这其中学生的观点的表达也很重要（17），这对于习惯了严格等级制度的FMG来说并非易事。为了建立有效和坦诚的关系导师需要和学生讨论师生关系的界限。一旦建立了平等合作的关系，明确了相互的职责，就可以开始考虑设定目标和期望、提供反馈、确定优先权等问题了。

对甲医生的成功指导需要采取多个步骤。即使通过项目负责人进行的一对一谈话中确实发现她有与适应困难相关的轻度抑郁，但单用抑郁症无法解释不佳的表现行为和冷漠态度。很显然还存在培训不足造成的实习准备不足的问题。同时，她不能理解护理人员和患者对自己的评价。可以给甲医生指派一位总住院医生，和她一起工作，指导她书写病历、安排每日的工作。项目负责人则对她进行360度考评，收集来自护士、社会工作者等多方看法，改善她和工作人员及患者之间的关系。

案例2：适应文化

乙医生是刚从印度毕业的实习医生，开始四个月的实习表现很好，但之后的表现越来越差。3个月后她接到了来自学校的正式警告，你作为项目负责人找她谈话。尽管一开始保持沉默，乙医生最后承认她最近因为包办婚姻承受了巨大的家庭压力。在内科ICU轮转时，她被告知了这个安排好的婚姻，并且要在短短的几个星期内筹备婚礼，她感到压力很大，这也是她表现不佳的第一个月。她丈夫住在另一个城市，结婚后经常要求她去他家，最近还要求她搬去和他一起生活，而婚前他承诺可以等她完成住院医师培训之后再搬家。她的父母和兄弟姐妹都不在身边，她得不到他们的帮助。

背景

除了需要努力适应美国的医疗体系，FMG还面临着巨大的个人和文化适应问题。尽管实习期对于每个住院医生来说都是自信心和安全感的挑战，FMG更面临因为文化差异和缺失带来的额外挑战。文化缺失的程度差异很大，一个在迈阿密接受培训的西班牙裔住院医生或在纽约接受培训的印度裔住院医生，所面临的孤独感要比那些在种族单一的城市接受培训的FMG少一些（10）。和他们的美国同行不同，FMG离开医院后还要适应复杂、陌生、难以应付的社会，学会日常生存和工作，考虑到文化、国家、家人和朋友以及生活方式的缺失，FMG面临严重社会孤独感的风险很大（8）。

对人生不同阶段的考虑也很重要（18），不论是未婚成年人或者是没有孩子的年轻夫妇，孩子很小的夫妇还是孩子大一些的家庭，所有的住院医生在完成严格的住院医生培训项目的同时都会面对人生不同阶段的挑战。FMG在努力适应新文化、完成住院医生工作的同时，可能不足以应对各种变化（10）。案例2中的乙医生需要一个能理解她的成长环境和社会风俗以及对她所面临的特殊挑战有所认识的导师。

导师策略

作为这个住院医生的导师首先应该评估发生问题的原因。和乙医生讨论后发现，她的烦恼和抑郁来自于家庭的压力和希望满足新婚丈夫期待的愿望。因为乙医生面临有可能结束培训项目，项目负责人对她进行了辅导，重申了她在培训项目中的责任。很显然，她不可能同时满足项目的要求和丈夫的期待，她于是决定今年结束后就转到另外一个项目。一旦做了这个决定，她的后续安排就不再纠结了。

案例 3：沟通和社会问题

刚开始实习三个月，丙医生就过得很费劲。主治医生、监管的住院医生、护士、甚至患者都抱怨他冷淡、冷漠和沟通困难。这并不奇怪，尽管他的英语口语还过得去，但在有压力时他的语言变得结结巴巴难以理解。你和丙医生的谈话也很受挫，因为他表达困难且难以理解语言的细微差异。另外，工作人员抱怨他个人卫生情况差。

背景

丙医生的状况说明即使通过了住院医生前的筛选和认证过程，包括通过美国医学执照考试（USMLE）第二阶段的考试（临床技能），FMG 仍经常语言贫乏和缺乏沟通技巧（11）。不能掌握人际交往和沟通的技巧影响了住院医生的整体表现。不善于交流的人在医疗行业容易被误解为知识缺乏或表现不佳。发现 FMG 不容易识别自身或其患者的抑郁，这一现象的原因可能为文化差异以及糟糕的交流技巧（19）。FMG 可能不习惯美国普遍的个人卫生习惯（如洗澡、牙齿卫生、使用除臭剂等）。如果 FMG 在面对患者和同事时散发出异味，他在证明自己是医生之前就失去了别人对自己的尊重。

导师需要能事先预料到受训者的这些问题和他们的需要，这样才能对这些住院医生进行成功的指导。对文化差异的敏感性类似于照顾不同文化背景患者所需要的技巧。尽管导师可能不能意识到每个受培训者特殊的文化细微差异，但他们可以和 FMG 进行坦诚的交流，帮助他们应对重大的文化调整。

导师策略

丙医生的问题说明许多 FMG 面临的文化适应困难。导师可以选择在情况介绍时加入文化适应课程。对于丙医生来说，这个时间段已经没有类似的资源了，所以安排了一位同样也是 FMG 的总住院医生作为他的导师。鼓励丙医生彻底融入语言和地区文化的氛围中，在任何时候，包括和家人或朋友交谈时都讲英语。尽管卫生是一个敏感话题，在一个特殊的辅导环节总住院医生和项目负责人都向丙医生提出了这个问题。随着丙医生对文化越来越适应，他的临床表现也明显改善。

案例 4：移民、签证和专科培训

丁医生持有 H-1B 签证，是第三年住院医生，正在努力争取获得心内科专科培训的职位。尽管他在埃及完成了住院医生和专科培训，持有埃及的高级心内科学位，作为教职员工在开罗一家大型医疗中心工作了四年，发表了很多篇文章（包括两篇在目前的住院医生阶段完成的第一作者文章和三篇在全国会议上的摘要），但在专科培训项目申请中他只得到五个面试机会。使问题更复杂的是，在他回埃及度假后，因为安全调查的延误，他被拒绝返回美国。在未来三月内他不能返回美国，这既延误了住院医生培训的完成，也让他错过了专科培训面试的窗口期。

背景

尽管许多住院医生会面临适应新医院和甚至新文化环境的挑战（例如搬到了一个新的地区），和 USMG 或 USIMG 相比，FMG 面临的最显著和独特的挑战是工作签证问题。对导师而言，没有绿卡的 FMG 是特殊的挑战，需要导师对签证程序有所理解。

FMG 可以持 H-1B 或 J-1 签证在美国接受培训。以前 J-1 签证是在美国接受培训的 FMG 使用最多的签证（20）。然而，2000 年 10 月克林顿总统提高了对 H-1B 的限选，提供了对非盈利组织或机构接受更高级教育的豁免权，允许许多医院的受训者持 H-1B 签证接受培训。目前，住院医生签证中 H-1B 和 J-1 基本均等。为了给持有签证的未来实习医生或已经在项目中接受培训的住院医生提供指导，理解这两种的签证的差异很重要（表 12-5）。

表 12-5 J-1 和 H-1B 签证的差异

签证类型	优点	缺点
J-1 签证	只需要通过 USMLE 第一和第二阶段的考试 处理时间短 费用低 如果培训结束后受雇于资源匮乏地区可以免除“两年之规”（J-1 豁免工作）	培训期限是 7 年 “两年之规”（签证到期后受培训者必须返回祖国两年） 某些专科培训不资助 没有豁免工作就不能转成绿卡
H-1B 签证	可以转成绿卡 没有两年之规 可以被快速处理（收取加急处理费）	培训期限是 6 年 需要通过 USMLE 第三阶段的考试 费用昂贵 等待时间长（除非支付了加急处理费） 某些专科培训不资助

USMLE＝美国医学执照考试

J-1 签证是学生签证，由外国医学毕业生教育委员会（FCFMG）资助，允许住院医生在美国进行最多 7 年的住院医生或专科项目培训。J-1 的条件包括 ECFMG 认证和通过 USMLE 第一步和第二步考试，包括临床技能考试。J-1 签证不能用于科研训练或成为永久进入美国的通行证，要求被培训者至少回到自己的祖国两年后才能返回美国工作。只有住院医生在服务匮乏的社区获得 J-1 豁免位置或自己可以证明返回祖国会对他们的家人会造成显著困难时，才可以免除住院医生培训结束后返回祖国的要求。

H-1B 签证是雇佣者资助的签证，允许住院医生在美国进行最多 6 年的住院医生或者专科培训。H-1B 资格和 J-1 类似，但需要通过 USMLE 第三阶段的考试。因为它由雇佣者资助，签证需要未来的雇主资助住院医生和参与申请过程，对住院医生和雇主而言比获得 J-1 签证更复杂。与 J-1 签证不同的是，H-1B 签证不需要返回祖国两年。另外 H-1B 可以通过绿卡状态转换成永久居留权（如果获得资助的话）。对于不想返回祖国的受训住院医生，这一点使 H-1B 签证更受欢迎。然而对项目申请者或接受培训的住院医生而言，H-1B 签证有几个潜在的问题。首先，H-1B 费用昂贵（签证的最初阶段大约花费 2500 美元），预计由雇佣者支付。其次，许多专科培训项目选择资助 J-1 而非 H-1B 签证，因为联邦政府对支持 H-1B 签证的专科培训项目不报销。最后，尽管 H-1B 签证可以转换成绿卡和永久居留状态，住院医生必须找到愿意承担这个过程的雇佣者。

持 J-1 签证的 FMG 对专科培训项目来说并不受欢迎，因为许多人当可以得到豁免工作时会选择离开专科培训。J-1 豁免工作需由政府批准，给指定的服务匮乏人群提供服务，它允许住院医生在 J-1 豁免情况下继续在美国工作，更重要的是，免除了签证结束后返回住院医生祖国的需要。这给想申请永久居留状态在美国永久工作的住院医生提供了更明确的途径。尽管有些 FMG 进入美国时是带着返回祖国的清晰目标，但很多 FMG 并没有返回祖国的愿望。因此他们会选择一个豁免工作代替他们目前的专科培训，并选择退出培训项目，为了能在美国永久工作放弃专科培训项目。

自从 2001 年 9 月 11 日的袭击以来，通过安全调查日益成为 FMG 的一个问题。通过匹配进入美国境内开始培训的住院医生，或已经参加住院医生培训项目回家度假的住院医生，都会面临安全滞留（security delay）的可能。存在潜在安全问题的国家/地区包括巴基斯坦、叙利亚、菲律宾、海地、以色列、约旦河西岸、加沙、斯里兰卡、格鲁吉亚、尼日利亚、尼泊尔、肯尼亚、也门、伊朗、黎巴嫩、阿富汗、哥伦比亚、沙特阿拉伯和伊拉克。这些国家来的住院医生可能面临旅行障碍，干扰或延迟培训（21）。

需要注意的是，案例 4 中的住院医生和许多同事一样，希望获得专科培训资格。作为导师来说，最常面临的挑战是给学生提供有效的职业指导，对内科住院医生而言这经常意味着帮助他们做有关专科培训的决定。内科住院医生会很快意识到开始住院医生培训并没有真正确定他们的职业范围。因为内科领域的职业选择相当广泛，从专科到初级医疗服务，从私人执业到公共卫生服务。在职业选择方面所有的住院医生都需要导师的帮助。如前所述，FMG 面临的独特问题包括因为签证情况导致的专科培训选择受限。不能获得专科培训对 FMG 来说可能是个问题，因为许多人对获得专科培训很重视，认为这是将来医学生涯成功的关键（22）。

导师策略

作为案例 4 中丁医生的导师，首先需要理解他能做的选择有限。因为签证问题导致他专科培训的选择有限，因为安全调查的延误又令他处于更复杂的两难境地，他现在不得不推迟结束住院医生培训。导师要引导住院医生顺利度过目前的失望与沮丧，既要鼓励他不放弃，又要告诫他不要仓促做决定。他有很好的学术背景和丰硕的研究成果，这些足以确保他能获得专科培训机会，不过他可能不得不努力更改签证类型来获得其他不支持 H-1B 项目的申请机会。

❖ 和偏见相关的问题

偏见是生活中时时存在的现象，FMG 遇到的机会更大，不管是细微的还是明显的偏见。与众不同经常被认为是低人一等，这可能让 FMG 身处来自患者、其他工作人员甚至同事的种族和文化偏见及歧视的境地（23，24）。偏见行为可对从医学院到住院医生培训的任何阶段产生不良的影响（10，11）。医学生同 FMG 住院医生建立职业和个人关系的可能性很小，因此很少正面评价他们的轮转。流行的住院医生项目选择指南会建议美国医学生避免 IMG 人数比例大的住院医生项目，美国医学院毕业生也不愿意和同一所医院里的 FMG 住院医生接触（25）。

英语不流利或有口音的住院医生会被认为“反应慢”，能力不够。

患者和他们的家人也感到这样的住院医生会不理解他们的需求，于是不愿意接受 FMG 的照护。主治医生也不太愿意 FMG 参与照顾自己的患者，同样的担心也会来自医院管理部门。相关研究报道 FMG 挣扎于如何获得承认、害怕被拒绝、担心让患者失望，这些都可能加重对犯错误后受到处分的恐惧感（26）。

这些情绪会严重影响 FMG 对自己在美国医疗体系下照顾患者能力的信心，对他们的工作产生负面影响。项目管理者和科主任要对他们的国际住院医生表示公开支持，并采取措施以帮助 FMG 在医疗体系中更好地工作。

导师要时刻准备和可能遭遇歧视的住院医生共事，这需要对这一问题保持高度敏感性，因为 FMG 可能认为自己没有可求助的对象。导师要和 FMG 一起工作，坦诚沟通，建立信任，以便能评价问题的真实程度。如果发现了明显的歧视，导师有义务告知项目负责人、科室主任和教育处或人事部门的领导，以维护住院医生的权利。为了让 FMG 对可能遭遇的歧视有充分的准备，项目可以采取以下措施，比如通报这些歧视事件、在项目情况介绍时就承认这些偏见的存在、定期开会接受住院医生的反馈等。也可以教会住院医生在遭遇偏见时如何采取合适的反应和措施，这可以通过角色扮演等方式进行演练。所有的住院医生都能从这些讨论中获益，因为他们在自己的职业生涯中也可能遇到类似问题。

导师要理解住院医生如果没有获得专科培训时的失落情绪，导师同时也可以让住院医生理解，纯粹为了追求专科化而进行的专科培训并不一定能获得职业满足感。住院医生要认识到不能进行专科培训并不代表失败，而可能意味着一个更积极而重要的职业选择。随着全国范围内对初级医疗保健的兴趣下降，FMG 可能会在初级医疗保健方面会找到更多的工作机会。

导师也要了解在州和全国范围有很多民族性医学团体，对 FMG 寻找工作可能会有很大帮助（表 12-6）。

表 12-6　民族性医学团体

阿拉伯裔美国人全国医学协会
台湾全美医学协会
菲律宾美国医学会
纽约罗马尼亚医学会
萨尔瓦多美国医学会
塞尔维亚-美国医学会
美国泰国医生协会
北美乌克兰医学协会
委内瑞拉美国医学协会
西班牙全国医学协会
秘鲁美国医学会
波兰-美国医学会
俄罗斯美国医学协会
塞麦尔韦斯科学会
西班牙-美国医学会
土耳其美国医师协会
哥伦比亚美国医学协会
美国越南医学协会

❖ 总结

即使参加内科学培训的 FMG 数目在迅速增长，如何帮助 FMG 更好地适应环境的项目仍未得到很好地推广。教育学家已经呼吁医学院校领导担负起支持 IMG 的责任，让人们更好地理解这些住院医生面临的独特挑战（11）。住院医生项目负责人认为帮助问题住院医生的最有效的干预措施之一是为他们指定导师进行有目的的指导（27）。然而，导师和进入住院医生培训项目的国际医学毕业生都需要资源和支持，理解他们处境的微妙之处。ECFMG 和美国医师协会为受培训者和工作人员提供了可利用的网络参考资源。外科、精神科、家庭医疗和内科住院医生项目中都不乏成功文化适应项目的例子（9，28-30）。可惜，这些项目多是孤立的，需要相应的教育资源，这使得它们在其他地方很难复制。随着人们对 FMG 面临困难的日益认识，为在地区和全国水平继续传播新的教学方法提供了机会。尽管这些资源的增加会促进针对 FMG 教学的发展，针对 FMG 的导师制仍然依赖于每个受培训者和医生的参与。

致谢：作者感谢 Stephen Perlitsh，JD 的帮助。

（黄程锦译　黄晓明校）

参　考　文　献

1. **National Residency Matching Program.** Results and Data: 2009 Main Residency Match. Accessed at www.nrmp.org/data/resultsanddata2009.pdf.
2. **Akl EA, Mustafa R, Bdair F, Schünemann HJ.** The United States physician workforce and international medical graduates: trends and characteristics. J Gen Intern Med. 2007;22:264-8.
3. **Fink KS, Phillips RL Jr, Fryer GE, Koehn N.** International medical graduates and the primary care workforce for rural underserved areas. Health Aff (Millwood). 2003; 22:255-62.
4. **Porter JL, Townley T, Huggett K, Warrier R.** An acculturization curriculum: orienting international medical graduates to an internal medicine residency program. Teach Learn Med. 2008;20:37-43.
5. **Gawande A.** Naked. N Engl J Med. 2005;353:645-8.
6. **Searight H, Gafford J, Mohan V.** Training of international medical graduates. In: Feldmand, M, Christenen J, eds. Behavioral Medicine: A Guide for Clinical Practice. 3rd ed. New YorkL McGraw-Hill/Lange; 2007:440-1.
7. **Reichert S, Beliveau M.** Spanning the Cultural Divide: Case Studies of Chief Residents and IMGs. A Toolkit for Today's Chief Medical Resident. 16th ed. Washington, DC: Association of Program Directors in Internal Medicine; 2008:23-8.
8. **Whelan GP.** Commentary: Coming to America: the integration of international medical graduates into the American medical culture. Acad Med. 2006;81:176-8.
9. **Porter JL, Townley T, Huggett K, Warrier R.** An acculturization curriculum: orienting international medical graduates to an internal medicine residency program. Teach Learn Med. 2008;20:37-43.
10. **Cole-Kelly K.** Cultures engaging cultures: international medical graduates training in the United States. Fam Med. 1994;26:618-24.

11. **Schuster BL.** Strengths and weaknesses of international medical graduates in U.S. programs: a chairperson's perspective. Accessed at www.acponline.org/about_acp/international/graduates/training_in_us/shuster.htm.
12. **Viner E, Joshi AS, Porter BA, Rajput V, Alguire PC, Cavanaugh SK, et al.** Understanding the American medical system. In: Alguire PC, Whelan GP, Rajput V, eds. The International Medical Graduate's Guide to US Medicine and Residency Training. Philadelphia: ACP Pr; 2009:162.
13. **Pilotto LS, Duncan GF, Anderson-Wurf J.** Issues for clinicians training international medical graduates: a systematic review. Med J Aust. 2007;187:225-8.
14. **Zulla R, Baerlocher MO, Verma S.** International medical graduates (IMGs) needs assessment study: comparison between current IMG trainees and program directors. BMC Med Educ. 2008;8:42. IMGs
15. **McMahon GT.** Coming to America—international medical graduates in the United States. N Engl J Med. 2004;350:2435-7.
16. **Part HM, Markert RJ.** Predicting the first-year performances of international medical graduates in an internal medicine residency. Acad Med. 1993;68:856-8.
17. **Zerzan JT, Hess R, Schur E, Phillips RS, Rigotti N.** Making the most of mentors: a guide for mentees. Acad Med. 2009;84:140-4.
18. **Whelan G.** Living in America: popular culture. In: Alguire PC, Whelan GP, Rajput V, eds. The International Medical Graduate's Guide to US Medicine and Residency Training. Philadelphia: ACP Pr; 2009:188-99.
19. **Searight HR, Gafford J.** Behavioral science education and the international medical graduate. Acad Med. 2006;81:164-70.
20. **Mullan F, Politzer RM, Davis CH.** Medical migration and the physician workforce. International medical graduates and American medicine. JAMA. 1995;273:1521-7.
21. **Fitzpatrick E, Wallowicz T.** Transitioning to the United States. In: Alguire PC, Whelan GP, Rajput V, eds. The International Medical Graduate's Guide to US Medicine and Residency Training. Philadelphia: ACP Pr; 2009:58-63.
22. **Khan FA.** International medical graduates. Finished your residency—what's next? American College of Physicians. Accessed at www.acponline.org/about_acp/international/graduates/practicing_in_us/khan.htm.
23. **Gelb AM, Cassell E.** Approaches to the training of foreign medical graduates. J Med Educ. 1972;47:429-33.
24. **Haveliwala YA.** Problems of foreign born psychiatrists. Psychiatr Q. 1979;51:307-11.
25. **Steward DE; Association of Professors of Medicine.** The internal medicine workforce, international medical graduates, and medical school departments of medicine. Am J Med. 2003;115:80-4.
26. **Fiscella K, Roman-Diaz M, Lue BH, Botelho R, Frankel R.** 'Being a foreigner, I may be punished if I make a small mistake': assessing transcultural experiences in caring for patients. Fam Pract. 1997;14:112-6.
27. **Yao DC, Wright SM.** National survey of internal medicine residency program directors regarding problem residents. JAMA. 2000;284:1099-104.
28. **Curran V, Hollett A, Hann S, Bradbury C.** A qualitative study of the international medical graduate and the orientation process. Can J Rural Med. 2008;13:163-9.
29. **Kramer M.** Educational challenges of international medical graduates in psychiatric residencies. J Am Acad Psychoanal Dyn Psychiatry. 2006;34:163-71.
30. **Horvath K, Coluccio G, Foy H, Pellegrini C.** A program for successful integration of international medical graduates (IMGs) into U.S. surgical residency training. Curr Surg. 2004;61:492-8.

后　记

来自我的导师的经验之谈：医学院生活和学习的建议

Holly J. Humphrey，MD，MACP

本书从几个不同的角度探讨了导师制的方方面面以及医学生、住院医生和教职员工职业素养培养的问题。然而导师制的一个关键方面可能很难通过本书传达，即我们能从导师那里获得哪些关键的经验，导师如何塑造和引导学生的职业生涯并获得自我实现。

从作为学生、住院医生、总住院医生、项目主管十二年医学生涯的最开始，我就经历了人生中最重要的礼物之一——具有变革意义的导师制。我从自己的导师那里学到了许多很棒的经验，直至今日仍然能引起共鸣并发挥作用。这些经验给有意于在医学院培养下一代领导者的导师提供了有用的框架。除了本书讨论的原则和最好的实践外，我愿意分享从导师那里学习到的众多经验。这些经验中的许多都来自于对我的导师，也是后来的科主任的观察，他总是与学生、住院医生和同事进行深层次的接触，对作为项目主管的我从来不会横加干涉，他的方法总让人觉得是合作性的，对自己很有帮助。我希望这些经验不仅本身对读者有用，也通过这些经验传递一种人际交往的方式和原则，能够更好地塑造个人经历与未来。

❖ 经验1：照顾住院医生的秘诀就是关心住院医生

这句话演绎自弗朗西斯·皮博迪（Francis Peabody）医生的那句名言，“照顾患者的秘诀就是关心患者”，他强调患者应该是医生关注的中心，这同样适用于同事之间的关系和科室领导对住院医生的关系。只有真正关心住院医生的人才可能全方位地教育指导他们。长期以来内科都十分重视住院医生和专科培训项目，但任何形式来自学系的支持或教学课程都不可能替代对住院医生的关心，当他们在学医的经历中面对个人和职业的双重挑战时把他们当作一个人来对待。住院医生面临着来自多方面的压力和负担，他们是直接面对患者的医生，他们要学习许多从未接触过的技术，他们背负着沉重的教育贷款，他们有对配偶、孩子和年迈父母的个人责任。

有一年夏天，新的实习医生刚到校园没多久，一位实习医生离开医院时遇到了我们的科主任，主任问他实习第一个月过得怎么样。年轻的实习医生说他的病人情况很好，他的住院医生对他也很照顾。他提到了最近他上下班代步的新自行车被偷了。主任立即表达了对偷车事件的遗憾。第二天，他把总住院医生叫到办公室，让总住院医生转交一张个人支票给那位实习医生。主任让总住院医生告诉那位实习医生，钱由科里的“特殊基金”支付，是用来补偿他被偷自行车的经济损失的。

在我当住院医生项目负责人的时候，总住院医生不止一次问我，科里是否真有这么一笔“特殊基金”。尽管从来没有明说，我们都知道“特殊基金”实际上是科主任和他妻子的个人资金。科主任对实习医生表达的这种个人关心不仅充分表明了他的慷慨，还体现了他真正关心在新城市里开始实习生涯的新实习医生的生活。

❖ 经验 2：如何面对不愉快

医学院校的领导常常会面临痛苦的选择和不受欢迎的决策。计划的成败与否常常与领导者的处事方式有关，而与计划的优劣几乎无关。如何处理令人尴尬的状况，如何公开、慎重和宽容地对待那些对科室或学校的选择及方向不满的人，这是领导者面临的最大挑战。

我刚开始做培训项目负责人时，面临着是否要把原先的“开放式”重症监护病房（ICU）改为“封闭式”重症监护病房的问题，后一种 ICU 是普通病房和专科的首诊医生把他们的患者完全转交给重症监护团队管理。考虑到这一改变有可能对很多教职员工心中的科室使命和目标带来不小的震动，科室主任并没有采用自上而下的方式公布决定，而是组织了一个专门委员会讨论不同的意见。委员会成员不仅包括专科和普通内科的教职员工及住院医生，还包括伦理学家、社会科学家和健康结局专家。通过这种方式，决策过程集中了学术性科室的力量：学术性的讨论，公开分享数据，充分探索差异以达成最强有力的结论。确实，最终科室不仅改变了临床运作和结构，还就这一过程在《美国医学会杂志》（Jounal of the American Medical Association）上发表了一篇文章（1）。尽管有些人不赞同这个选择，但没有人怀疑它的必要性。最初的时候这个过程看起来像在不必要地消耗时间，但一旦就应该怎么做达成了一致，科室的教职员工和住院医生团结起来一起实施了必要的改变。最后证实通过广泛征集意见和想法、公开和详细制定及解释决议的程序是最有效的方案。

❖ 经验 3：迅速果断纠正不良行为

当科室主任需要处理很多问题时，他们倾向于忽略“小”问题。只关注那些有可能传到教务长、校长、董事会或当地媒体的大事件。然而，恰恰就是日常生活中小事情的日积月累才造就了我们的工作和教育环境。根据涉及人员的地位来判断事件的“大小”是不对的。曾经有一次，一个住院医生被部门主管气哭了，部门主管骂她在门诊只看自己的患者不照顾他的患者。主任知道这件事情后，立刻打电话冷静提醒部门主管，住院医生和我们一起工作的目的是完成培训和教育，而不是帮上级医生看门诊。在电话中，主任用以礼貌的语气告诉部门主管，他的行为像“闯进瓷器店里的公牛”一样鲁莽，他应该尊重住院医生的竞争优先权。主任要求部门主管向住院医生道歉，这件事发生后，所有人都确信类似的事不会再发生。

❖ 经验 4：不要把别人的成果据为己有

不能正确评价或分配成果所造成的冲突是一个和医学本身一样古老的话题。尽管某些领域有明确的规定，例如杂志对作者的规定，但对于很多情况下的利益分配医学院校缺乏清晰的界定。在这种情况下，这方面的决定主要取决于对是非的个人判断。

1989 年，我刚刚结束专科培训，被任命为内科住院医生项目负责人。六个月之前，我们的主要附属教学医院宣布计划推出项目。由于我们的许多专科培训项目是和住院医生培训项目整合在一起，并由主要教学附属医院资助，我们需要立刻对我们的住院医生培训项目和所有的 11 个专科培训项目进行重新认证，这项任务必须在我上任后的六十天内完成。在进行实地考察之前，我在主任办公室努力劝说他和我一起参加考察，由他担任主任，我当副主任。当年我 30 岁，刚刚上任，对我而言如果系主任能处于“官员”的位置，我们的工作会更好做。而他的建议是：“你已经做了所有工作，如果我把你的工作归功于自己，这不符合我的做事原则。我会和你一起进行现场考察，但你是项目主任。”尽管他授权给我对他而言是一个不小的冒险，但这让我充满自信和力量地开始了项目负责人的生涯。

今天，当我和年轻同事一起工作的时候，看着他们的成就我感到由衷的高兴。我经常回想起导师在我职业生涯之初所表现的正直和对我的信任，这让我在我能力所及范围内尽可能和他人分享慷慨大度的精神。

❖ 经验 5：激励追随者，加强团队建设

尽管学术机构内科的专业人员是一支积极向上的团队，他们也需要前进的方向，让他们成为团队的一分子集中力量朝相同的目标努力。从我的导师那里，我学到了实现这一目标的三条基本原则。首先，花时间和你的团队在一起。其次，除了关注团队成员的贡献更要关心他们本人，把他们作为人来了解，了解他们在医院外的家庭和生活。最后，当鼓励人们去做自己不喜欢的工作时要有一点幽默感。

口述病历记录是一个大部分人都不喜欢但又是必须做的工作。院长每周会公布每个科缺口述病历记录的数量，因为我们科收治的患者最多，我们总是名列前茅。主任并没有给总住院医生和项目负责人发措辞严厉的备忘录，而是在他的每周报告上画上微笑或哭泣心情漫画。如果我们看到“笑脸”，就知道我们做得很好。如果看到漫画中的“他”的脸上挂着很多泪水，我们会被他的幽默所鼓舞，更加努力地工作。他非常努力地在个人层面了解他的住院医生，比如参加他们的社交活动、组织晚餐、花时间和他们交谈，因此住院医生都愿意帮助和支持他。甚至他流露出极细微不易被察觉的失望也会被住院医生

注意到，并引发积极和建设性的反应。

❖ 经验 6：尊重他人

我们每个人每天都会和很多人接触。因为工作性质的原因我们和某些人经常交往，而另外一些人仅偶尔接触。这些人中有些是我们的上司，有些是我们的同事。我们常会遇到这样一些人，他们的行为举止会因人而异。有的住院医生在主治医师面前表现优秀，而让实习医生和学生苦不堪言。有些科主任能达到教务长和院长的期望但叫不出总住院医生的名字。教务长每天花大量的时间处理和董事会成员的关系，但对科主任、教职员工、住院医生或医学生根本不关注。

作为住院医生我们从科主任那里学到的经验之一就是，医生的一生中不应心存傲慢。主任经常在和患者以及医疗团队的其他成员工作时分享这一经验，其实这条经验同样也适用于其他很多领域。让人印象深刻的例子是他和打扫办公室的中年跛足妇女的交往，每当看到她时，主任总是叫她的名字，和她打招呼，询问她孩子的情况，询问她的疼痛，问她需要什么帮助。显然对他而言，打扫办公室的妇女和他的同事、住院医生、学生、董事会的成员、校长或他的患者一样重要。对这个行走困难的妇女表现出的真心尊重和友好证明他是一个真诚的人，告诉我们如何去发现生活中的普通人所做出的贡献，他是我们的表率。

❖ 经验 7：注意措辞和气氛

语言的力量十分强大，这方面的箴言自古以来即有。精神病学家和心理学家一直在努力，如何训练人们在合适的时机使用合适的语言来帮助患者进行治疗。有很多如何进行有效演讲的书面材料，以及如何把感兴趣的人转变成沟通高手的课程。但我们却很少关注和同事进行日常交流时的注意事项。其实，正是每天发生的成百上千次交流造就了我们工作和学习的氛围。

我们的住院医生培训项目有每周一次午餐聚会的传统，所有的住院医生都会参加，进行社交活动、宣布项目相关的通知、庆祝某个住院医生获得的成绩等。这个聚会被称为住院医生午餐会，是非正式的，由总住院医生主持。在我开始一年的总住院医生生涯前夕，科室主任给我的建议是："你的任期成功与否将由你在住院医生午餐会上的说话风格决定"。这让我很吃惊，他继续解释道，当住院医生集合在一起听总住院医生的领导时，他们会根据总住院医生对他们讲话的方式和风格是否对他们胃口来决定自己的意见！他让我明白了我的评论，不管多么不正式，都可能在住院医生中间造成积极或消极的强烈影响。

多年后我开始了解他自己也遵循着这条建议。他每年会参加几次住院医生午餐会，告诉住院医生科室新的战略方向，或就住院医生项目增加新的附属医院事宜咨询住院医生的意见。不管什么时候他总是有备而来。这意味着在前一天晚上，他会把准备说的话写在纸上，而且不是一个发言提纲，而是完整的句子和段落。第二天早上他会给我看写着发言的几页纸，让我就内容和风格提出批评。虽然他数年前给我的建议已经结束，但仍让我俩互有收获。

让我吃惊的是，忙碌的科室主任如此关注和住院医生谈话的措辞和语气，每次他都把要说的话用笔写下来。有时他直接根据笔记发言，有时他也谈话式的发言，但每一次他都把要说的话预先写下来。通过仔细考虑自己的措辞，积极参与科里各层面的活动，他维持了良好的氛围，确保这种氛围是支持和鼓励性的，住院医生能够在相互尊重和友好的环境中学习。

今天当我自己站在一大群学生或住院医生面前时，我回想起导师非常仔细地准备和住院医生的每一场会议，即使是日常会议。当我和他们的交流进行很顺利时，我知道我的准备足够充分。当情况不如我所期待的时候，我知道我的准备不够充分，或没有考虑到听众会如何理解我说的话。

❖ 经验 8：同事去世时应该怎么办

面对死亡一直是件很困难的事。医生接受培训以理解导致死亡的原发病的病理生理以及接踵而至的血流动力学崩溃。医学生学习传递坏消息的方法，住院医生通常以远超过他们所希望的频率实践这一技巧。但当死者是他们自己中的一员：一位信赖的同事、朋友或同龄人时，又该如何引导医生面对死亡？

夏末当一位高年住院医生意外死亡时，我的导师教给了住院医生如何处理这一悲剧。这个悲剧发生时主任正在度假，当他得知这一消息后立即返回医院，在晨读会上和所有住院医生见面，充满同情地面对他们的震惊和悲痛。他跟大家讲了面临这一悲剧时培训项目需要采取的措施，但令人印象更深刻的是，他还讲了个人能采取的行动。他说每个人面对死亡都很难过，但不应该因为难过而不做正确的事。首先最重要的是向死者的家人伸出援助之手，和沉浸在悲痛中的住院医生一样，家人的痛苦更为强烈。他告诉住院医生应该伸出手去帮助这个家庭，安慰他们，坐在他们身旁，不离不弃。

会议室里的同情和共情，流泪的交流和强烈的情感，无一不深刻铭刻于在场的住院医生脑海和心中，这种影响延续至今。那天在场的有一位总住院医生，7 年后在一场不幸的车祸中她失去了丈夫，成为一位寡妇，带着两个年幼的孩子，还有未出生的第三个宝宝。这位女士那时仍记得科室主任教给她的难忘经验。

住院医生项目负责人那天却不在会议室内，相当意外的是，他的妹妹和这位住院医生同一天去世。我就是那个项目负责人，现在的教务长。在那个悲痛的死亡之日后的十多年里，我有了安慰因孩子意外死亡悲痛万分的家人的经验，这些孩子是我们的学生和住院医生。每当这样的事情发生时，我就回想起在悲痛和丧失亲人的情况下学到的痛苦经验。

❖ 经验 9：处理好同事的去留

你在医学院校待过一段时间，就会理解系主任会花大量的时间和精力留住他们的明星教师。在他的主任任期里，我的导师做了巨大的努力挽留教职员工。这些努力投入了他大量的个人时间和精力，大部分时间他的努力是成功的，但如果最后不能成功挽留他们，他也会迅速将重点转移到如何支持他们，祝贺和祝福他们离开。

当我的导师受聘于东海岸即将离开工作了 30 年的大学时，我从他身上学到了最后一课。他采取了很多步骤有条不紊地准备离开科室：他整理文件，做好标记；他给工作人员升职，关顾教师；他任命临时主任，为交接过程做准备。他首先把这个消息告诉了自己的行政管理团队，然后在住院医生午餐会上告诉了住院医生，然后是教师和工作人员，最后一点点逐步告诉他的患者。他想亲自告诉他的每个患者这即将到来的离去，很多患者已经跟随他三十年了。尽管我不希望他离开，但我深得他的真传：我支持他的离开，祝贺他，祝福他，会为他另一个单位获得成功和声望感到高兴。

❖ 经验 10：牢记家庭第一

在和我的导师一起工作的这么多年里，我清楚地感知到对他而言没有什么比家庭更重要。这不仅可以从他自己的生活态度中看出，也可以从他和学生、住院医生、教职员工、工作人员或患者的每次谈话中体会到，因为他总是在谈话中提及他们的家人。家庭是他生活的组织原则。

我第一次意识到这一原则是在一次“单身联谊会”上，当时我还是医学生，而他是新任命的科室主任。我就应该在哪里进行住院医生培训征询他的意见，他的建议和其他教师的截然不同。每个人都建议我应该首先考虑对职业发展有益的选择，然后再考虑最好和我的丈夫在一个城市。而我的导师的建议是，许多培训项目都能给我很好的教育机会，我应该更关注家庭的利益，什么选择对我的新婚丈夫、父母和兄弟姐妹最好。我应该优先考虑家庭，因为家庭的完整能让我更好地工作。这个建议是我的事业和家庭的基石，几十年来我也把它分享给许多咨询我意见的学生和住院医生。

回想导师的这个建议给了当时还是年轻女性的我非常大的帮助和支持。我的导师指导我经过了人生的各个阶段，医学生时独自一人、住院医生时结婚、总住院医生时做了新妈妈、当了医学院教师后成了三个孩子的妈妈。在人生的各个阶段他给了我生活和事业上的培养，这是我一生收到的最大礼物之一，我也希望能把这个礼物传递给我的学生。

同样重要的是，在我和作为科主任的导师一起工作的过程中，我学到了以上所有的经验。如果你是一名在实验室里做基础研究的科研人员，你也可以从作为科学家的导师身上学到人生的经验。如果你是一名临床医生，你可以从你的导师照顾疑难患者的身上学到人生的经验。一个专注的导师可以在科学、临床医学、教育和领导力方面产生广泛的影响，并将其传递给下一代，在这个过程中，职业精神的真正价值和理念也得以传承。

我情愿终生奔波劳碌至殚精竭虑，工作得越辛劳，人生就越丰盛。生命本身就值得予以歌颂赞叹，它不是一根燃烧殆尽的蜡烛，而是绽发光辉的熊熊火炬。在传递这火炬给下一代之前，我会把它高举手中，让它绽放出最耀眼的光芒。

——乔治·萧伯纳

（黄程锦译　黄晓明校）

参考文献

1. **Carson SS, Stocking C, Podsadecki T, Christenson J, Pohlman A, MacRae S, et al.** Effects of organizational change in the medical intensive care unit of a teaching hospital: a comparison of 'open' and 'closed' formats. JAMA. 1996;276:322-8.